航空危险品运输

主　编　付　赟　王国保
副主编　刘晓玉　郭利利

中国财经出版传媒集团
中国财政经济出版社

图书在版编目（CIP）数据

航空危险品运输／付赟，王国保主编．-- 北京：中国财政经济出版社，2020.9

ISBN 978－7－5223－0002－3

Ⅰ.①航…　Ⅱ.①付…②王…　Ⅲ.①航空运输－危险货物运输　Ⅳ.①F560.84

中国版本图书馆 CIP 数据核字（2020）第 169753 号

责任编辑：彭　波　　　责任印制：史大鹏
封面设计：卜建辰　　　责任校对：徐艳丽

中国财政经济出版社 出版

URL：http：//www.cfeph.cn

E－mail：cfeph@cfemg.cn

社址：北京市海淀区阜成路甲 28 号　邮政编码：100142

营销中心电话：010－88191537

北京密兴印刷有限公司印刷　各地新华书店经销

787×1092 毫米　16 开　18.25 印张　450 000 字

2020 年 9 月第 1 版　2020 年 9 月北京第 1 次印刷

定价：58.00 元

ISBN 978－7－5223－0002－3

（图书出现印装问题，本社负责调换）

本社质量投诉电话：010－88190744

前　言

近年来，民航危险品的运输种类和运输数量逐年增加，从事民航危险品运输的人员繁多且复杂，这给危险品的安全监管带来了挑战。然而，大量实践表明，只要严格遵循危险品运输的相关法律、法规及管理规定、运输规则的要求，所有与运输相关的工作人员接受专业培训并通过考核，明确各自责任并履行职责，对危险品进行正确包装和操作，那么大部分危险品是可以安全空运的。

作为一门实践性和专业性都很强的课程，航空危险品运输是正在和即将从事航空运输相关工作人员的必修课。本书根据国际航空运输协会2020年发行的第61版《危险品规则》（简称DGR）、国家民用航空局颁布的《民用航空危险品运输管理规定》（简称CCAR－276－R1），并结合国际航空运输协会2020年最新发布的《锂电池操作指南》等资料，以及国际民航组织发布的《国际民用航空公约》附件18和《危险品航空安全运输技术细则》（简称TI）编写。本书系统地介绍了航空危险品的概念、运输限制、分类、识别、包装、标记与标签、运输文件、操作、锂电池及放射性物质的运输等内容。

与同类教材相比，本书有以下三个特点：第一，规范性。以行业操作标准为核心，本书以2020年第61版DGR和《锂电池操作指南》为基础，突出当前国际国内通用的民用航空危险品运输基本准则。第二，逻辑性。考虑教学的逻辑性，本书总体以航空危险品运输的基本作业流程为组织原则，同时考虑到锂电池和放射性物质的特殊性，以专题形式编写，便于教学活动的组织，也适应不同教学需求的人员选择。第三，实践性。为突出应用能力培养，本书针对航空危险品运输的重要环节和作业给出了有代表性的例题分析，并以航空危险品运输的实际作业场景为基础设置了相应的习题，以提高学生的应用能力，从而实现理论联系实际。

全书共分十章。除主体内容外，每一章均附有学习目标、DGR参考、小结及习题。编写工作分工如下：郭利利编写第一、第二和第十章；王国保编写第三章；付赟编写第四、第五和第六章，并担任本书的主审，负责本书的内容组织、结构框架及全书审核；刘晓玉编写第七、第八和第九章，并负责全书的统稿。

本书内容从2019年8月就开始准备，历时近一年时间终于完成书稿。合上书稿，“长风破浪会有时，直挂云帆济沧海”的感觉油然而生。但是，“不登高山，不知天之高也；不临深溪，不知地之厚也”。限于编者的水平，书中难免会存在一些错误和问题，恳请读者批评指正。

编者

2020年7月

目　录

第一章
概　述

【学习目标】

1. 掌握危险品的概念、分类；
2. 了解危险品航空运输的法律法规；
3. 正确区分托运人、经营人的责任；
4. 了解培训的有关规定及各类人员培训的最低要求。

DGR 参考：第一章

近年来随着民航事业的不断发展，航空货运量不断增加，同时伴随着化工产品进出口贸易的发展，民航危险品的运输需求也在日益增长。由于危险品具有危险特性，在运输储存过程中，如果操作不当容易造成火灾、爆炸、中毒、腐蚀、辐射等危害，不同程度地造成人员伤亡、财产损失和环境污染等。安全运输危险品对航空运输行业安全管理及民航专业人才培养提出了更高的要求。大量实践证明，只要掌握危险品的性质，正确加以区分，合理包装，正确书写、粘贴标记标签，妥善组织各作业环节，就可以减少危险事故的发生，保证货物的安全运输。

第一节　危险品事故案例

危险品在航空运输过程中受到很严格的要求和限制，必须严格按照国际航空运输协会《危险品规则》操作，任何违规操作都可能造成事故发生。以下是一系列与航空危险品运输有关的事故或事件。

一、1973 年波士顿空难

1973 年，美国泛美航空公司一架从纽约起飞的货运包机在空中起火，在波士顿机场迫降时飞机坠毁，3 名机组人员全部遇难。此次空难的原因是飞机上装有未正确申报的危险品硝酸，硝酸发生泄漏造成飞机事故。

后经调查发现，该批货物品名标记为“电子设备”，而其实该批货物由两部分货物组成，一部分是零件和设备，另一部分是 160 只装有硝酸的木箱。货主说知道应填写危险品申报单（DGD），但交运时化工厂用卡车将物品送给货运代理，却没有被要求填写 DGD，承运人接收时也没有提出任何疑问。货运代理将物品交给包装代理时，由于包装代理不了解硝酸的包装要求，用木屑作吸附材料，也没有在外包装上做相应的标记和标签。组装集装板时，由于无法适合飞机的轮廓，加上外包装上没有粘贴向上标签，部分包装件被倒置。装机前没有任何泄漏，到达巡航高度发现烟雾，飞机迫降，坠落在跑道上。由于飞机的飞行高度到达巡航高度时，瓶子内外就会产生压力差，造成硝酸瓶盖松弛或脱落，导致硝酸外溢与木屑接触。试验证明，硝酸与木屑接触后会起火，8 分钟后冒烟，16 分钟后木箱被烧穿，22 分钟后爆燃 32 分钟后变为灰烬，本案例中，实际起火的木箱最多只有 2 个，却导致了整架飞机的坠毁。

二、瓦卢杰航空 592 航班事故

1996 年 5 月 11 日，美国 VALUJET 航空公司一架从迈阿密飞往亚特兰大的 DC－9 客机，在飞机起飞 10 分钟后坠毁，105 名乘客和 5 名机组人员全部遇难。事故调查显示，货舱内有 119 个隐瞒申报的危险品“化学氧气发生器”和 2 个 DC－9 飞机轮胎，该“化学氧气发生器”放置不当，起飞后由于颠簸而升温爆炸并引起火灾。化学氧气发生器属于 5.1 项氧化性物质，该物质会放出氧气引起其他物质燃烧或起助燃作用。针对该事故，在 2008 年 8 月，美国联邦法官做出判决，要求 Sabre 科技维修公司对此事故赔偿 1100 万美元。

三、放射性物质谎报事故

1999 年 10 月 10 日，长春至北京 X2518 航班运输的一票危险物品，货物被卸回仓库后，仓库内的放射性物质检测装置报警，后来经过北京市卫生防疫站和 401 所检测，确定此票货物放射性活度达到 15 居里，人体近距离接近会产生严重后果，此次事件引起公安和环保部门高度重视。经过调查，托运人未按照危险物品运输规定办理有关手续。

四、化学物品泄漏事故

2000 年 3 月，北京接收了大通国际运输公司的一票货物，在货运单上标注的品名为八羟基喹啉，该物质为固体，而实际运输的是淡黄色有毒的、有腐蚀性的液体——草酰氯。该批货物在吉隆坡机场发生泄漏，造成 5 名工人中毒，飞机报废。马航向我国民航总局投诉，并将我国 6 家公司告上法庭。据新闻报道，马航要中国公司赔飞机，航空巨额索赔案开庭时，原告起诉书念了一个半小时，被告仅证据就搬来五箱。2007 年 12 月国内相关网站和报纸刊登了北京市高级人民法院对此案进行判决的报道，北京市高级人民法院判决大连化建等公司赔偿 5 家境外保险公司 6506.3 万美元。

类似案例：

2007 年 11 月 8 日，某航空公司浦东至法兰克福的航班，到达目的地卸机时发现一件邮包泄漏，有白色粉末溢出，粉末误入搬运工眼睛造成短暂失明，在该区域活动的其他人员也出现了嗓子不适、咳嗽症状，伤者接受医护治疗。经调查，寄件人交给邮局的邮件中装入了三氯苯乙酮的化工品，三氯苯乙酮具有腐蚀性和毒性，属于危险品。

2018 年 2 月 7 日早上，某航班从布里斯班飞抵墨尔本机场，机上有 5 升化学品发生泄漏。消防机构接报后，派出 6 ~ 7 辆消防车赶赴现场进行处理。据了解，泄漏的化学物品可能来自机上的一个滤毒罐，由于发生泄漏事故的地点并不靠近跑道，因此机场进出港航班并未受到影响，也没有造成任何人员受伤。

五、锂电池起火事故

2006 年 6 月 2 日，广州—成都 CA4302 航班离港滑行阶段，机组发现货舱火警即报塔台，并按塔台指示脱离滑行道至指定位置。白云机场立即启动应急程序。地面机务与驾驶舱联系，机长报告前下货舱上有火警显示并要求确认货舱是否有火警状况，地面机务人员随即将前货舱打开，发现有轻微烟雾冒出并伴有异味，通知机组释放灭火瓶及下客，飞机断电。检查过程中，发现两纸箱货物发热，其中靠近舱门处的一箱货物外包装被烤焦，冒烟并散发异味。初步断定发生燃烧的货物为锂离子聚合物电池组。每个电池组含 10 个电池芯，每个包装内有 18 个电池组，共有 12 个同类型货物包装。

类似案例：

2010 年 9 月 3 日，一架从阿联酋迪拜飞往德国科隆的 UPS 货机，起飞不久后货舱起火，失去控制坠毁，2 名机组人员全部遇难。调查发现，飞机装载了许多锂电池和含有锂电池的电子产品，飞行途中锂电池起火，导致浓烟充斥整个驾驶舱，机长缺氧，并最终造成飞机事故。

2011 年 7 月 28 日，韩亚航空 991 号航班，从韩国仁川国际机场飞往上海浦东国际机场期间，报称因“机件故障”需要折返，在济州外海附近坠毁。后经调查发现是由于锂电池起火造成。

2016 年 10 月 2 日，某航班巡航阶段，旅客放在行李架上的一个背包内的充电宝冒烟，机组使用了 4 个灭火瓶进行处置，航班最后备降敦煌机场。

2018 年 2 月 25 日，广州—上海虹桥 CZ3539 航班在登机过程中，一名已登机旅客所携行李在行李架内冒烟并出现明火，机组配合消防和公安部门及时进行处置，未造成进一步损害。经初步了解，事故原因为旅客所携带充电宝冒烟并着火，事发时充电宝未在使用状态。

通过以上案例可以知道，危险品具有爆炸、燃烧、毒害、腐蚀、放射等危险特性，只有掌握危险品的性质，正确加以区分，合理包装，粘贴标记标签，妥善组织作业环节，才能避免或降低危险事故的发生。

第二节 危险品的概念

一、危险品的定义

不同国家、行业对于危险品有着不同的名称和定义，化学行业称为危险化学品，民航业称为危险品。航空运输中的危险品指的是在航空运输过程中因气压及温度变化、飞行中的振动、空间限制等可能对飞机、生命、货物等造成伤害的货物。

根据国际航空运输协会发布的《危险品规则》（Dangerous Goods Regulations，DGR）中对危险品的界定，危险品是指能危害健康、危及安全、造成财产损失或环境污染，且在DGR危险品表中列明，或依据DGR分类的物品或物质。

一般认为，凡具有爆炸、燃烧、毒害、腐蚀、放射等性质，在航空运输中可能明显地危害人身健康、安全或对财产造成损害的，并且列于DGR或依据DGR分类的物质或物品都称为危险品。

二、航空器上危险品的来源

危险品可通过货物、邮件、公司物资、旅客行李等途径带入航空器，如图1－1所示。航空器上危险品的来源主要有以下几个方面：

（1）AOG（Aircraft on ground spares）航材、经营人物资。

（2）邮件快件，本书在第二章列出了邮件中可运输的危险品。需要注意，我国不允许在邮件中夹带任何危险品。

（3）危险货物，按照DGR分类的各类/项危险品。

（4）集运①货物，符合DGR相关规定的集运货物中的危险品是可接受的。

（5）机上消费品等，许多国际航班的客舱服务提供免税品销售，其中部分香水、酒等属于危险品，另外给餐食做制冷剂的干冰也属于危险品。

（6）旅客机组人员携带的危险品，包括交运行李、手提行李等。

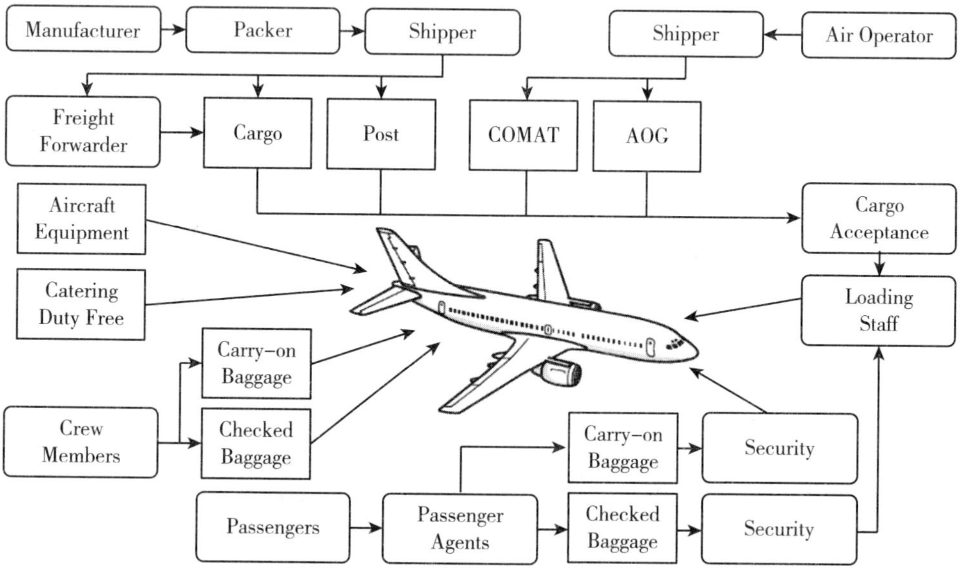

图1－1 航空危险品运输系统

① 集运是指由一个以上托运人与集中托运人签订运输合同，然后由集中托运人将不同托运人托运的货物集合为一批（票）货物的运输。

三、危险品的类别/项别

危险品按其性质不同一共分为9类。其中，第1、第2、第4、第5、第6类各自包括的范围比较广，因此又被细分为多个项别。危险品的类别、项别仅为使用方便，与其相应的危险等级无关。

第1类爆炸品：

1.1项——具有整体爆炸危险性的物质和物品；

1.2项——具有喷射危险性而无整体爆炸危险性的物质和物品；

1.3项——具有起火危险性，轻微的爆炸危险性和/或轻微的喷射危险性但无整体爆炸性危险性的物质和物品；

1.4项——不存在明显爆炸危险的物质和物品；

1.5项——具有整体爆炸危险而敏感度极低的物质和物品；

1.6项——无整体爆炸危险且敏感度极低的物质和物品。

第2类气体：

2.1项——易燃气体；

2.2项——非易燃无毒气体；

2.3项——毒性气体。

第3类易燃液体。

第4类易燃固体、易于自燃的物质及遇水释放易燃气体的物质：

4.1项——易燃固体；

4.2项——易于自燃的物质；

4.3项——遇水释放易燃气体的物质。

第5类氧化性物质和有机过氧化物：

5.1项——氧化性物质；

5.2项——有机过氧化物。

第6类毒性物质和感染性物质：

6.1项——毒性物质；

6.2项——感染性物质。

第7类放射性物质。

第8类腐蚀性物质。

第9类杂项危险品。

四、危险品的包装等级

根据危险品的危险程度，将除第1类、第2类、第7类、4.1项中的自反应物质、5.2项和6.2项的危险品划分为三个包装等级：

（1）Ⅰ级包装——较高危险性的货物；

（2）Ⅱ级包装——中等危险性的货物；

（3）Ⅲ级包装——较低危险性的货物。

第三节　危险品航空运输的法律法规

航空运输业的发展离不开良好的法律环境支持，航空危险品的运输更需要严格的法律、法规来保障。在众多的危险品航空运输法律法规中，联合国危险品运输专家委员会制定的《关于危险货物运输的建议书——规章范本》及国际原子能机构制定的《放射性物质安全运输规则》是最基础和最根本的法规。在此基础上，不同国家及行业根据实际情况，分别制定了各自的危险品安全运输相关的法律、法规和文件等。

一、国际组织及有关法律、法规和文件

从国际上来看，危险品航空运输的法律、法规、文件主要有联合国危险品运输专家委员会颁布的《关于危险货物运输的建议书》、国际原子能机构颁布的《放射性物质安全运输规则》、国际民用航空组织颁布的《危险物品航空安全运输技术细则》、国际航空运输协会发布的《危险品规则》等。它们的关系如图 1－2 所示。

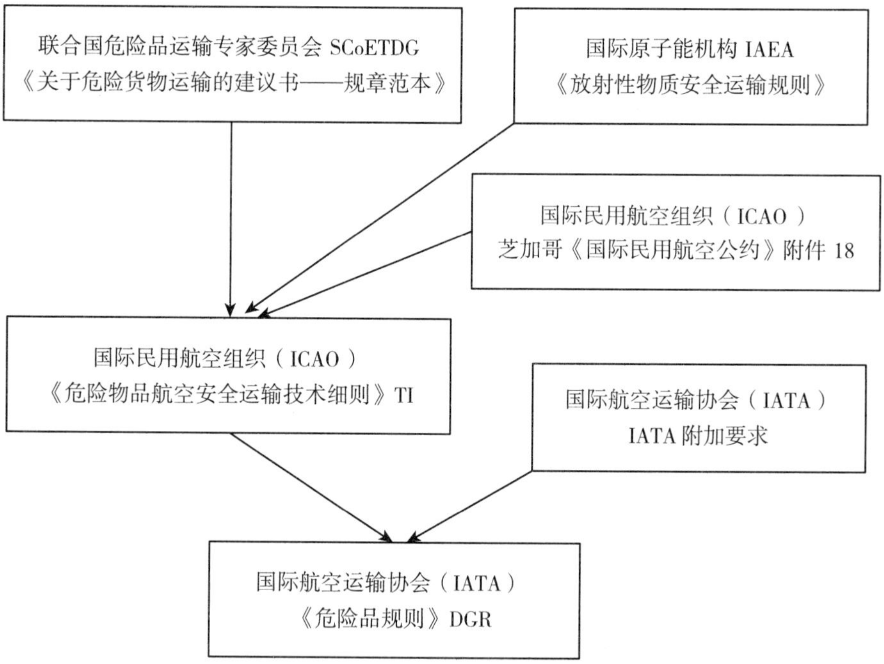

图 1－2　危险品航空运输的国际法律、法规和文件

（一）联合国危险品运输专家委员会

• 《关于危险货物运输的建议书——规章范本》

联合国危险品运输专家委员会（United Nation Sub-Committee of Experts on the Transport of

Dangerous Goods, SCoETDG）是联合国经济与社会理事会下属的专门从事危险品运输、等级分类、包装、标记和危险等级划分试验方法、判据研究并提出建议的一个专门组织。该委员会对于非放射性物质的危险品运输制定了规章范本、试验和标准手册两个重要文件。

（1）规章范本。

《关于危险货物运输的建议书——规章范本》（Recommendations on the Transport of Dangerous Goods-Model Regulations）简称《规章范本》，又称为橙皮书或橘皮书，于1956年首次公开出版。主要涉及危险品货物的分类、危险货物一览表、包装件和便携式罐体的使用、制造、试验和批准，以及粘贴标记标签、文件等内容。《规章范本》定期修订和增补，目前最新是第21修订版，如图1－3所示。

图1－3　规章范本

（2）试验与标准手册。

《关于危险货物运输的建议书——试验和标准手册》（Recommendations on the Transport of Dangerous Goods-Manual of Test and Criteria），简称UN《试验与标准手册》。该手册载有根据《联合国关于危险货物运输的建议——规章范本》的规定对危险货物进行分类的标准、检验方法和程序，以及根据《全球化学品统一分类和标签制度》对具有物理危害的化学品进行分类的标准、检验方法和程序。该手册分由五个部分和附录组成，每两年定期更新和修订一次，目前最新是第七修订版，如图1－4所示。

图1－4　试验与标准手册

（二）国际原子能机构

- 《放射性物质安全运输规则》

国际原子能机构（International Atomic Energy Agency，IAEA）是国际原子能领域的政府间科学技术合作组织，同时监管地区原子安全及测量检查，并由世界各国政府在原子能领域进行科学技术合作的机构。其成立于1957年，总部设在奥地利的维也纳。

IAEA根据放射性物品运输的有关安全要求，制定了建议性规则——《放射性物质安全运输规则》（Regulation for the Sale Transport of Radioactive Material of Dangerous Goods），如图1－5所示。

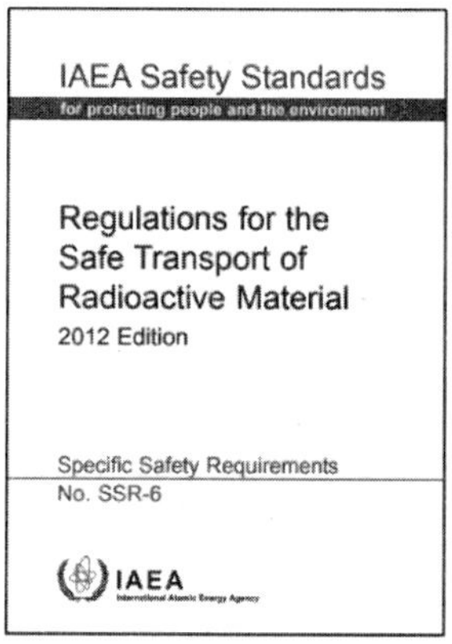

图1－5　放射性物质安全运输规则

该规则的主要内容包括：包装箱的设计、制造、维护和修理，放射性物质和包装箱货包的准备、托运、装载、在运和贮存的车辆及最终目的地的卸货和接收等。

应联合国经济和社会委员会请求，1961年以来IAEA一直定期颁布咨询性《放射性物质安全运输规则》，并以IAEA“安全丛书”NO.6形式出版。这些规则被公认为该领域内国际运输安全要求的统一基础。IAEA大约每隔10年对这些规则进行修订，以满足最新的辐射防护和不断发展的运输技术等要求。

（三）国际民用航空组织

- 《国际民用航空公约》附件18
- 《危险品航空安全运输技术细则》（简称：技术细则或TI）

国际民用航空组织（International Civil Aviation Organization，ICAO）是联合国的一个专门机构，1944年为促进全世界民用航空安全、有序的发展而成立。ICAO总部设在加拿大蒙特利尔，其主要活动是协调国际民航关系，解决国际民航争议、研究国际民航问题，制订国际空运标准和条例等。

ICAO在联合国危险品运输专家委员会《关于危险货物运输的建议书——规章范本》和国际原子能机构《放射性物质安全运输规则》的基础之上，于1981年6月26日发布了《国际民用航空公约》附件18——《危险物品的安全航空运输》（Convention on International Civil Aviation-on the Safe Transport of Dangerous Goods by Air），简称附件18，如图1－6所示。《国际民用航空公约》属于国际性公约，所有缔约方必须执行。附件18是纲领性文件，是管理危险品国际航空运输的概括性规定，各缔约方可以在此公约和附件的基础上制定适合本国（或地区）情况更加严格的法律法规。

图 1－6 国际民航公约附件 18

ICAO 会定期发布一个国际性文件——《危险物品安全航空运输技术细则》（Doc9284－AN/905）（Technical Instructions for theSafe Transport of Dangerous Goods by Air），以下简称《技术细则》或 TI，如图 1－7 所示。TI 对安全空运做出了详细说明，是一套详细、完备的国际技术资料，用以支持附件 18 中的各种规定。该文件每两年发布一次。

图 1－7 技术细则 TI

除《技术细则》外，ICAO 还会定期发布另一个建议性指导文件——《与危险物品有关的航空器事故征候应急响应指南》（Doc9282－AN/928）（Emergency Response Guidance for Aircraft Incidents Involving Dangerous Goods），又称为红皮书，如图 1－8 所示。编制该文件的依据是 ICAO 附件 18 和 TI 中有关向机组成员提供危险物品运输紧急情况下的应急行动指南的要求，目的是指导各国（或地区）和经营人员制定处理航空器上危险品事故征候的政策和程序。该文件每两年发布一次。

（四）国际航空运输协会

- 《危险品规则》（简称 DGR）

国际航空运输协会（International Air Transportation Association，IATA），简称国际航

图 1－8　事故征候应急响应指南

协，是一个国际性的航空企业的行业联盟，是全世界航空运输企业联合组织的非政府性的国际组织。总部设在加拿大蒙特利尔，执行机构设在瑞士日内瓦。与 ICAO 相比，IATA 更像是一个由经营人（航空公司）组成的国际协调组织，管理在民航运输中出现的诸如票价、危险品运输等问题，主要作用是通过航空运输企业来协调和沟通政府间的政策，并解决实际运作的问题。

IATA 出版发行《危险品规则》（Dangerous Goods Regulation，DGR），如图 1－9 所示。

图 1－9　危险品规则（DGR）

DGR 是在 TI 的基础上，以 IATA 的附加要求和有关文件的细节作为补充，基于运营和行业标准实践方面的考虑，制定的比 TI 更具约束力和可操作性的危险品航空运输参考程序手册。由于 DGR 使用方便，可操作性强，且满足 TI 的要求，因此 DGR 在全球航空运输领域作为操作性文件被广泛使用。DGR 每年更新发行一次，新版本于每年的 1 月 1 日生效。

DGR 共分为 10 章，另加有附录、索引、表格及检查单等。其主要框架：

第一章：适用范围
第二章：限制
第三章：分类
第四章：识别
第五章：包装
第六章：包装规格及性能测试
第七章：标记及标签
第八章：文件
第九章：操作
第十章：放射性物质

附录 A 术语

附录 B

附录 C 现行指定的物质

附录 D 主管当局

附录 E 包装测试机构、制造厂商和供应商

附录 F 有关服务

附录 G 国际航空运输协会（IATA）安全标准计划

附录 H 基于胜任能力的培训方式下的培训规定

附录 I 即将发生的变化

二、中国危险品运输有关法律、法规

（一）中华人民共和国民用航空法

《中华人民共和国民用航空法》是一部旨在维护国家的领空主权和民用航空权利，保障民用航空活动安全和有秩序地进行，保护民用航空活动当事人各方的合法权益，促进民用航空事业发展的法律。《中华人民共和国民用航空法》于 1995 年 10 月 30 日第八届全国人民代表大会常务委员会第十六次会议通过，自 1996 年 3 月 1 日起施行。《中华人民共和国民用航空法》共 16 章 214 条，最新版本于 2018 年 12 月 29 日第十三届全国人民代表大会常务委员会第七次会议通过修正。

（二）民用航空危险品运输管理规定

《民用航空危险品运输管理规定》（CCAR－276－R1）共 13 章 145 条，于 2016 年 4 月 7 日经第 7 次部务会议通过，自 2016 年 5 月 14 日正式开始实施，同时，2004 年 7 月 12 日中国民用航空局发布的《中国民用航空危险品运输管理规定》（CCAR－276）废止。

（三）其他法律法规等

除了上述法律法规外，与危险品航空运输有关的还有《危险化学品安全管理条例》《民用爆炸物品安全管理条例》《中华人民共和国民用航空安全保卫条例》《民用机场管理条例》《民用航空器事故和飞行事故征候调查规定》（CCAR－395－R1）、《民用航空安全检查规则》（CCAR－339SB）等。

为确保危险品的安全运输，在运输危险品时还应参照相关的国家和行业标准、规范性文件，主要包括：

- 《危险货物分类和品名编号》（GB6944－2012）
- 《危险货物品名表》（GB12268－2012）
- 《感染性物质航空运输规范》（GB23240－2009）
- 《民航航空危险品运输文件》（MH/T1019－2005）
- 《旅客和机组携带危险品的航空运输规范》（MH/T1030－2010）
- 《锂电池航空运输规范》（MH/T 1020－2018）
- 《锂电池邮件航空运输管理办法》（民航发〔2014〕31 号）
- 《限制数量危险品组合包装及包装件试验规范》（MH/T1057－2014）
- 《例外数量危险品包装要求及包装件测试规范》（MH/T 1062－2015）
- 《公共航空运输经营人危险品航空运输许可管理程序》（AP－276－2016－01）
- 《地面服务代理人危险品航空运输备案管理办法》（AC－276－TR－2016－04）

- 《危险品航空运输培训管理办法》（AC－276－TR－2016－02）
- 《货物航空运输条件鉴定机构管理办法》（AC－276－TR－2016－03）

总的来说，DGR是根据TI制定的一本便于使用的手册。它并入了附加的操作要求，为经营人安全有效地运输危险品提供了统一、和谐的秩序。执行DGR等同于执行TI和CCAR－276－R1。本书的编写以2020年第61版DGR为基础。

第四节　托运人和经营人的责任

一、托运人的责任

托运人必须完全遵守DGR，并且必须遵守始发国、中转国和目的地国家的使用规定。将危险品包装件或OVERPACK① 提交航空运输之前，托运人必须履行下述职责：

（1）托运人必须向其雇员提供信息，使其能履行与危险品航空运输有关职责。

（2）托运人必须确保所提交的物品或物质不属于航空禁止运输的物质或物品。

（3）托运人必须依据DGR的规定对运输的物质或物品正确识别、分类、包装、加标记、贴标签、备好文件，并符合航空运输的条件。

（4）托运人在危险品交付空运之前，参与准备工作的所有相关人员必须接受过DGR中所规定的培训，以便他们能够履行其职责。

（5）危险品的包装必须符合所有适用的航空运输要求，包括：内包装和每一包装件的最大数量限制，按包装说明采用合适类型的包装材料，包装说明中指明的其他使用要求。如果有些危险品不允许使用单一包装，要求使用更高性能标准的附加包装，内外包装的封口要求、相容性要求以及对吸附材料有要求等。

（6）危险品可以与不受DGR限制的物品一起集运。托运人必须对于集运货物中的危险品做出特殊安排。对于集运货物的每一托运货物，需要托运人危险品申报单。

（7）托运人必须保存包括申报单在内的至少一套危险品运输文件或其副本。保存期限为3个月或遵守有关国家当局规定的保存期限。

二、经营人的责任

（一）DGR中经营人的责任

在危险品运输过程中，经营人必须遵守DGR操作的要求，包括：

（1）收运；

（2）存储；

（3）装载；

① OVERPACK是航空货物运输中包装的一个概念，指为了作业和装载的方便，托运人将一个或多个包装件合成的一个作业单元。详见本书第五章的相关内容。

（4）检查；

（5）提供信息，包括应急响应信息；

（6）报告；

（7）保存记录；

（8）培训。

在经营人、其附属公司或经营人的代理人提交危险品货物进行空运时，经营人、其附属公司或代理人即为托运人，必须遵守托运人责任，即使货物由经营人自己的航班运输或由其他经营人航空运输，也照此执行。

（二）CCAR－276－R1 中经营人的责任

（1）制定检查措施，防范普通货物中隐含的危险品；

（2）检查运输文件，确认其正确完整并由已经训练合格的托运人签字；

（3）使用收运检查单；

（4）检查包装件、OVERPACK 或放射性物品专用货箱，确认在装上飞机之前没有破损和泄漏的迹象；

（5）保证危险品不装在驾驶舱或由旅客乘坐的航空器客舱内，遵循隔离原则、装载固定和“仅限货机”危险品的可接近原则；

（6）确保所收运的危险品符合国家法律、法规的相关存储的要求，等等。

第五节 培训

一、培训的一般宗旨

在航空运输过程中，危险品可能通过航空器、货运、客运、客舱服务等多种途径被带上航空器。有些危险品由于危险性太大，任何情况下都被禁止空运；有些在一般情况下被禁止空运，但在有关国家的特殊批准下可以空运；有些危险品只能在货机上运输；而大多数危险品只要符合 DGR 的有关规定则客机和货机均可运输。由于危险品的特殊性质，使其在运输组织和管理过程中具有很强的专业性，因此要求有关人员除了具有一般航空货运组织、管理及操作知识外，还应具备有关危险品运输的专业知识，如图 1－10 所示。

为保持安全管理，培训是必不可少的。从事危险品航空运输活动的人员无论是否是持有危险品航空运输许可的经营人都应当按照相关规定的要求经过培训并合格，且该培训应当符合相关规定要求的危险品培训机构实施。

二、培训对象

ICAO 和 IATA 将危险品培训对象分为 12 类人员，如表 1－1 所示。《危险品航空运输培训管理办法》（AC－276－TR－2016－02）指出，需要接受危险品培训的人员范围应当

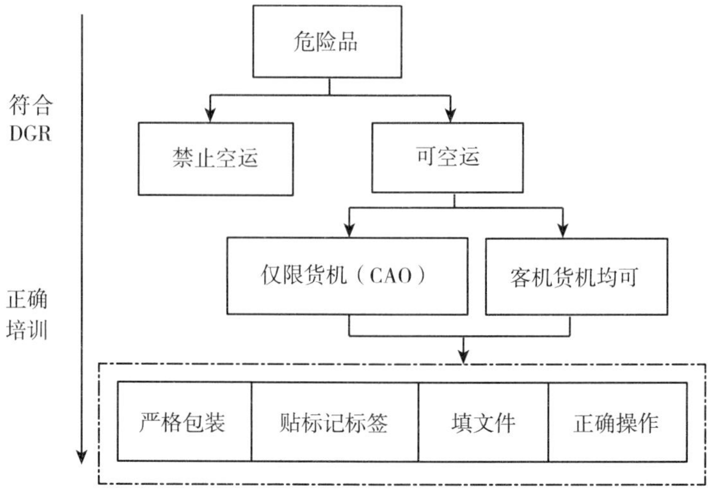

图 1-10　危险品运输的一般宗旨

与 TI 的要求保持一致。其中第 9 类旅客服务人员，包括但不限于办理乘机手续的人员、贵宾（VIP）服务人员、行李查询人员、问询人员、航空公司派驻机场的旅客运输保障人员。需要接受危险品培训的人员还应包括与危险品航空运输有关的客货预订、工程维修、应急处置等其他人员。

表 1-1　危险品培训对象类别

类别	人员名称	类别	人员名称
1 类	托运人和承担托运人责任的人，包括作为托运人处理经营人物资（COMAT）中危险品的经营人雇员	7 类	经营人及其地面代理人货物或邮件（危险品除外）的收运人员
2 类	包装人员	8 类	经营人及其地面代理人负责货物或邮件和行李操作、存储和装载的人员
3 类	代理人参与危险品处理的人员	9 类	客运服务人员
4 类	代理人参与货物或邮件（危险品除外）处理的人员	10 类	飞行机组成员、监装主管、配载人员和航班运行控制人员/签派员
5 类	代理人参与货物或邮件操作、存储和装载的人员	11 类	机组人员（飞机机组除外）
6 类	经营人及其地面代理人危险品收运人员	12 类	安检人员负责使用安检机检查旅客和机组及其行李和货物或邮件的人员，例如安检机操作员及其监督员

三、危险品培训大纲

危险品培训大纲是编制危险品培训教学资料和开展培训活动的依据。危险品培训大纲应当根据各类人员的职责制定，每种培训大纲应当包括初始培训和定期复训两个类别，且至少应包括以下内容：

（1）符合相关规定的声明；

（2）培训课程设置及考核要求；

（3）受训人员的进入条件及培训后应当达到的质量要求；

（4）将使用的设施、设备的清单；

（5）教员的资格要求；

（6）培训教材；

（7）考核试卷制定的原则和要求；

（8）国家法律法规的相关要求；

（9）培训记录的要求；

（10）危险品培训大纲修订、分发和保存的程序及责任部门；

（11）颁发危险品培训合格证的，还应包括证书的管理要求；

（12）其他相关内容。

四、培训课程

制定和持有危险品培训大纲的企业或者组织应当根据其培训大纲设置培训课程。培训课程主要分为三类：

（1）一般知识培训。

一般知识培训课程旨在熟悉一般性规定的培训，包括《民用航空危险品运输管理规定》及配套文件、危险品的标记标签、未申报危险品的识别、旅客和机组成员携带危险品的规定等内容培训。

（2）具体职责培训。

具体职责培训课程主要是针对人员所承担的职责要求，如第 6 类人员需接受的危险品收运程序，第 8 类人员需接受的机长通知单等内容的培训。

（3）安全培训。

安全培训课程是以危险品所具有的危险性、安全操作及应急处置程序为培训内容的培训。

五、培训要求

ICAO 和 IATA 规定从事危险品航空运输的不同岗位的人员必须接受相应的培训，并提出了最低培训要求，如表 1 – 2 所示。

为了保证知识更新，学员应当在初训后的 24 个月内进行复训，也可以在培训到期前的 3 个月内进行复训，培训周期不变。培训记录应保存 3 年以上并随时接受民航局或者民航地区管理局的检查。培训记录应当载明：受训人员姓名、最近一次完成培训的日期、所使用培训教材的说明、培训机构的名称和地址、培训教员的姓名、考核成绩、已通过培训考核的证据。

表 1-2　　培训课程的最低要求

空运危险品参训人员应熟悉的最低课程要求	托运人及包装人		货物运输代理人			经营人及地面操作代理人员						安检人员
	1	2	3	4	5	6	7	8	9	10	11	12
一般宗旨	×	×	×	×	×	×	×	×	×	×	×	×
限制物品	×		×	×	×	×	×	×	×	×	×	×
托运人一般要求	×		×			×						
分类	×	×	×			×						×
危险品品名表	×	×	×			×				×		
一般包装要求	×	×	×			×						
包装说明	×	×	×			×						
标记与标签	×	×	×	×	×	×	×	×	×	×	×	×
托运人申报单及其他有关文件	×		×	×		×	×					
收运程序						×						
识别未申报的危险品	×	×	×	×	×	×	×	×	×	×	×	×
存储与装载程序					×	×		×		×		
机长通知单						×		×		×		
旅客与机组人员规定	×	×	×	×	×	×	×	×	×	×	×	×
紧急情况处理程序	×	×	×	×	×	×	×	×	×	×	×	×

注：人员类别说明：

1. 托运人和承担托运人责任的人，包括作为托运人处理经营人物资（COMAT）中危险品的经营人雇员；
2. 包装人员；
3. 代理人参与危险品处理的人员；
4. 代理人参与货物或邮件（危险品除外）处理的人员；
5. 代理人参与货物或邮件操作、存储和装载的人员；
6. 经营人及其地面代理人危险品收运人员；
7. 经营人及其地面代理人货物或邮件（危险品除外）的收运人员；
8. 经营人及其地面代理人负责货物或邮件和行李操作、存储和装载的人员；
9. 客运服务人员；
10. 飞行机组成员、监装主管、配载人员和航班运行控制人员/签派员；
11. 机组人员（飞机机组除外）；
12. 安检人员负责使用安检机检查旅客和机组及其行李和货物或邮件的人员，例如安检机操作员及其监督员。

不将危险品当作货物、邮件或供应品载运的经营人也必须保证其人员受到与他们职责相称的培训。其各类人员必须熟悉的内容如表 1-3 所示。

表 1-3　　“非载运”经营人培训课程的最低要求

空运危险品参训人员应熟悉的最低课程要求	经营人及地面操作代理人员				
	13	14	15	16	17
一般宗旨	×	×	×	×	×
限制	×	×	×	×	×
标签与标记	×	×	×	×	×
托运人危险品申报单及其他有关文件	×				
未申报危险品的识别	×	×	×	×	×
旅客机组人员携带危险品规定	×	×	×	×	×
紧急情况的处理	×	×	×	×	×

注：人员类别说明：
13. 经营人及其地面代理人货物或邮件（危险品除外）收运人员；
14. 经营人及其地面代理人负责货物或邮件和行李操作、存储和装载的人员；
15. 客运服务人员；
16. 飞行机组成员、监装主管、配载人员和航班运行人员/签派员；
17. 机组成员（飞机机组以外的成员）。

第六节　高危危险品

高危危险品是指那些有可能在恐怖主义事件中被滥用，因而可能造成严重后果的危险品。例如，造成大量伤亡、大规模破坏或特别针对放射性物品的大规模社会经济的中断等。

除第 7 类危险品以外的各类别和项别的高危危险品指示性清单如表 1-4 所示。

表 1-4　　高危危险品指示性清单

第 1 类	1.1 项
第 1 类	1.2 项
第 1 类	1.3 项 C 配装组
第 1 类	1.4 项 UN0104，UN0237，UN0255，UN0267，UN0289，UN0361，UN0365，UN0366，UN0440，UN0441，UN0455，UN0456，UN0500
第 1 类	1.5 项
第 2 类	2.3 项毒性气体（不含气溶胶）
第 3 类	减敏爆炸品
第 4 类	4.1 项减敏爆炸品
第 6 类	6.1 项包装等级 I 级，按照例外数量危险品运输时除外
第 6 类	6.2 项，感染性物质 A 级（UN2814 和 UN2900）

本章小结

本章主要介绍了危险品运输的基本知识。

本章从危险品事故案例导入，对危险品的概念、危险品航空运输的法律法规、托运人和经营人的责任以及危险品培训等方面内容进行了介绍。实践证明，只要严格遵循危险品运输的相关法律、法规及管理规定、运输规则的要求，所有与运输相关的工作人员接受专业培训并通过考核，明确各自责任并履行职责，对危险品进行正确包装和操作，那么大部分危险品是可以安全空运的。

习　题

1. 什么是危险品？

2. 指导民航危险品运输的国际、国内法律法规都有哪些？TI 与 DGR 之间的联系和区别是什么？

3.《危险品规则》（DGR）将危险品受训人员共分为几类？请列出来。

4. 下列哪些属于托运人的责任？哪些属于经营人的责任？

（1）识别危险品；（2）做标记；（3）贴便签；（4）准备托运人危险品申报单；（5）填写收运检查单；（6）储存；（7）保存记录。

第二章
限　　制

【学习目标】

1. 了解禁运、豁免及批准的有关规定；
2. 熟悉隐含的危险品、旅客和机组人员可以携带的危险品；
3. 熟悉例外数量危险品的相关规定；
4. 熟悉有限数量危险品的相关规定；
5. 了解各国和各经营人的有关规定。

DGR 参考：第二章

危险品可能会明显地对人、物、环境和运输工具造成危害。某些危险品的危险性太大不能用飞机运输，有些危险品只能由货机运输，有些危险品客机和货机都可以运输。对于允许空运的危险品在 DGR 中都做出了相应的限制条件，各国和各经营人还可以对危险品运输做出相应的规定。

第一节　禁止运输的危险品

一、任何情况下都禁止运输的危险品

在正常运输条件下，容易爆炸、发生危险性反应、起火或产生导致危险的热量、散发导致危险的毒性、腐蚀性或易燃性气体或蒸气的任何物品或物质，在任何情况下都禁止航空运输。这些物质大部分都具有爆炸性或高敏感度。

部分已知符合以上描述的危险品在 DGR 危险品表中已列出。该类危险品的运输专用名称以浅体字表示，没有 UN 编号，并在危险品表的 G/H、I/J 和 K/L 栏中均注明"Forbidden"禁止运输字样，如表 2－1 所示的危险品 Acetylene，（liquefied）和 Acetylene，silver nitrate。另外，根据特殊规定 A154，由于安全原因被厂家召回的锂电在任何情况下都禁止航空运输。

需要注意，由于危险品表中不可能将所有在任何情况下都禁止运输的危险品全部列出，因此必须加倍小心，以保证不将这样的危险品交付航空运输。

表 2－1　　　　危险品表中禁止运输的危险品示例

UN/ID no. A	Proper Shipping Name/Description B	Class or Div. (Sub Risk) C	Hazard Label (s) D	PG E	Passenger and Cargo Aircraft					Cargo Aircraft		S. P. See 4.4 M	ERG Code N
					EQ See 2.6 F	Ltd Qty		Pkg Inst I	Max Net Qty/Pkg J	Pkg Inst K	Max Net Qty/Pkg L		
						Pkg Inst G	Max Net Qty/Pkg H						
1001	Acetylene, issolved	2.1	Flamm. Gas		E0	Forbidden		Forbidden		200	15kg	A1	10L
	Acetylene, (liquefied)					Forbidden		Forbidden		Forbidden			
	Acetylene, silver nitrate					Forbidden		Forbidden		Forbidden			

二、经豁免可以运输的危险品

经豁免可以进行航空运输的危险品是指在有关国家（指货物运输的始发国、中转国、飞越领空国、到达国和经营人注册国）主管当局预先批准且根据《国际民航公约》附件18中规定提供安全运输方案的条件下才可空运的危险品。

以下危险品不得使用航空器载运，除非有关国家部门予以豁免：

（1）具有下列性质的放射性物质：

①配备通气设备的B（M）型放射性物质包装件；

②需要辅助冷却系统进行外部冷却的放射性物质包装件；

③在运输过程中需要操作控制的放射性物质包装件；

④爆炸物品；

⑤可自燃的液体。

（2）除非另有规定，在危险品表中带有UN编号，且标明禁止运输的物质和物品（也包括被注明“n. o. s”的物品）。

（3）被感染的活体动物。

（4）需要Ⅰ级包装的具有蒸气吸入毒性的液体危险品。

（5）交运温度≥100℃的液体物质或者温度≥240℃的固态物质。

（6）国家有关当局部门指定的任何其他物品或物质。

三、豁免与批准

在始发国批准或依据DGR及在所有有关国家豁免的情况下，危险品可以获准作为货物运输。豁免和批准通常是适用于客机禁止运输或客机和货机均禁止运输的危险品。

在特别紧急情况下，或当其他运输方式不适宜时，或完全遵循DGR违背公众利益时，在尽一切努力保证运输安全水平与 DGR 所规定的安全水平相当的前提条件下，有关国家可以对 DGR 中的规定给予豁免（这里的有关国家指运输始发国、中转国、飞越国、目的地国以及经营人所属国）。

豁免应包括以下内容：

（1）UN/ID 编号、运输专用名称、危险品类别/项别；

（2）包装及适用的数量；

（3）紧急情况处理信息；

（4）托运人及收货人名称及地址；

（5）始发站机场及目的站机场、飞行路线、运输日期；

（6）豁免的有效期限。

一份由有关各国签发的豁免文件副本必须提交给经营人且随附于货物。是否收运豁免的危险品取决于经营人。建议托运人与经营人联系做出事先安排，作为申请豁免危险品运输计划的一部分。

除以上豁免程序外，有关国家可以还使用特殊规定就适用的危险品实施批准程序。特殊规定将在本书第四章第一节介绍，此处仅列出两个常见的特殊规定 A1、A2。

特殊规定 A1：指该物质或物品只有预先得到始发国及经营人国有关当局批准，并按照该有关当局制定的书面条件才可以用客机运输。批准文件包括数量限制和包装要求，必须有一份伴随货物运输。特殊规定 A1 涉及的危险品根据 DGR 危险品表 K 栏和 L 栏的要求可以使用货机运输。如始发国及经营人国以外的其他国家在其国家差异中规定按本特殊规定运输的危险品，必须事先得到其同意，则还必须取得这些国家的批准。

特殊规定 A2：指该物质或物品只有预先得到始发国及经营人国有关当局的批准，并按照该有关当局制定的书面条件下可以用货机运输。如始发国及经营人国以外的其他国家在其国家差异中规定按本特殊规定运输的危险品，必须事先得到其同意，则还必须取得这些国家的批准。批准文件包括数量限制和包装要求，必须有一份伴随货物运输。

第二节　隐含的危险品

按一般情况申报的货物可能含有不明显的危险品，这样的物品也可能在旅客的行李中发现。为了避免未申报的危险品被装上航空器，同时防止旅客在其行李中携带不可携带的危险品登机，在怀疑货物或行李中可能含有危险品时，货物收运人员和办理乘机手续人员应从托运人和旅客那里证实每件货物或行李中所装运的物品。此外，有关人员必须经过培训，以保证其有能力辨别检查出以普通货物形式交运的隐含危险品。

在怀疑货物或行李中可能含有隐含的危险品时，货物收运人员和旅客值机人员应对其进行检查。交运的货物如证实不含有任何危险品时，则必须在航空货运单上声明该货物不具有危险性，如在货运单的货物品名栏内注明“Not restricted（不受限制）”字样。

经验表明，通常在下列货物或行李中存在隐含的危险品：

1. AOG 紧急航材（Aircraft on ground spares）——见“航空器零备件/航空器设备”。

2. 航空器零备件/航空器设备（Aircraft spare parts/Aircraft equipment）——可能含有

爆炸物品（照明弹或其他烟火信号弹）、化学氧气发生器、不可使用的轮胎组件、压缩气瓶（氧气瓶、二氧化碳气瓶、氮气瓶或灭火器）、油漆、黏合剂、气溶胶、救生用品、急救包、设备中的燃料、湿电池或锂电池、火柴等。

3. 汽车、汽车零部件（轿车、汽车、摩托车）［Automobile，automobile parts（car，motor，motorcycle）］——可能含有磁性物质，虽然它不符合磁性物质的定义，但由于可能影响航空器仪器而需要符合特殊装载要求的铁磁性材料，也可能含有发动机、包括燃料电池发动机、化油器或含有装过燃料的燃料箱、湿电池或锂电池、轮胎充气装置中的压缩气体、灭火器、含氮震台架/支架、气柱袋充气机/气囊模块、易燃黏合剂、油漆、密封剂和溶剂等。

4. 电池供电的装置/设备（Battery powered devices/equipment）——可能含有湿电池或锂电池。

5. 呼吸器（Breathing apparatus）——可能含有压缩气瓶或氧气瓶、化学氧气发生器或深冷液化氧气。

6. 野营用具（Camping equipment）——可能含有易燃气体（丁烷、丙烷等）、易燃液体（煤油、汽油等）、易燃固体（乌洛托品、火柴）或其他危险品。

7. 轿车、轿车部件（Car，car parts）——见“汽车、汽车零部件（轿车、汽车、摩托车）”。

8. 化学物品（Chemicals）——可能含有符合所有类别/项别的危险品，尤其是易燃液体、易燃固体、氧化性物质、有机过氧化物、毒性或腐蚀性物质。

9. 经营人物资（Company materials，COMAT）——如航空器零件，可能含有不可或缺的危险品，如旅客服务设备（PSU）中的化学氧气发生器、各种压缩气体（氧气、二氧化碳和氮气）、气体打火机、气溶胶、灭火器、易燃液体（如油料、油漆和黏合剂）、腐蚀性物质（电池）、其他物品（如急救包、照明弹、救生设备、火柴、磁性材料）等。

10. 集运货物（Consolidation）——可能含有任何类别/项别的危险品。

11. 低温（液体）［Cryogenic（liquid）］——可能含有冷冻液化气体，如液氮、液氦、液氖、液氩等。

12. 气瓶（Cylinders）——可能含有压缩或液化气体。

13. 牙科器械（Dental apparatus）——可能含有易燃树脂或溶剂、压缩或液化气体、汞和放射性物质。

14. 诊断标本（Diagnostic specimens）——可能含有感染性物质。

15. 潜水设备（Diving equipment）——可能含有压缩气体（空气、氧气等）的钢瓶（自携式潜水气缸、潜水装气瓶等），也可能含高强光潜水灯，当在空气中启动时可能产生极高的热量。为安全运输，灯泡或电池必须保持断路。

16. 钻探及采掘设备（Drilling and mining equipment）——可能含有爆炸物品和/或其他危险品。

17. 液氮干装（Dry shipper）——可能含有游离液氮。只有在包装以任何朝向位置液氮都不会流出的情况下，才不受 DGR 限制。

18. 电气/电子设备（Electrical/electronic equipment）——可能含磁性材料或在开关装置和电子管中的汞、湿电池、锂电池或燃料电池或含有装过燃料的燃料电池盒。

19. 电动器械（Electrically powered apparatus）——（轮椅、割草机、高尔夫球车等）可能含湿电池、锂电池或燃料电池或盛有或曾经盛装燃料的燃料电池盒。

20. 探险设备（Expeditionary equipment）——可能含有爆炸物品（照明弹）、易燃液体（汽油）、易燃气体（丙烷、野营用燃气）或其他危险品。

21. 摄影或媒体设备（Film crew or media equipment）——可能含有爆炸性烟火装置、内燃机发生器、湿电池、燃料、发热物品等。

22. 冷冻胚胎（Frozen embryos）——可能含有冷冻液化气体或固体二氧化碳（干冰）。

23. 冷冻水果、蔬菜（Frozen fruit，vegetables，etc.）——可能包装在固体二氧化碳（干冰）中。

24. 燃料（Fuels）——可能含有易燃液体、易燃固体或易燃气体。

25. 燃料控制器（Fuel control units）——可能含有易燃液体。

26. 热气球（Hot air balloon）——可能含装有易燃气体的钢瓶、灭火器、内燃机、电池等。

27. 家居用品（Household goods）——可能含有符合任何危险品标准的物品，包括易燃液体，如溶剂性油漆、黏合剂、上光剂、气溶胶（依据 DGR 的规定，旅客禁止携带，详见本章第三节相关内容）、漂白剂、腐蚀剂罐或下水道清洁剂、弹药、火柴等。

28. 仪器（Instruments）——可能藏有气压计、血压计、汞开关、整流管、温度计等含有汞的物品。

29. 实验室/试验设备（Laboratory/testing equipment）——可能含有符合任何危险品标准的物品，特别是易燃液体、易燃固体、氧化性物质、有机过氧化物、毒性或腐蚀性物质、锂电池、压缩气瓶等。

30. 机械部件（Machinery parts）——可能含有黏合剂、油漆、密封胶、溶剂、湿电池和锂电池、汞、含有压缩或液化气体的钢瓶。

31. 磁铁或类似材料（Magnets and other items of similar material）——其单独或积累效应可能符合磁性物质定义。

32. 医疗用品/设备（Medical supplies/equipment）——可能含有符合任何危险品标准的物品，特别是易燃液体、易燃固体、氧化性物质、有机过氧化物、毒性或腐蚀性物质或锂电池。

33. 金属建筑材料、金属栅栏、金属管材（Metal construction material，metal fencing，metal piping）——可能含有由于可能影响航空器仪器而需要特殊装载要求的铁磁性物质。

34. 汽车零部件（轿车、机动车、摩托车）［Parts of automobile（car，motor，motorcycle）］——可能装有湿电池。

35. 旅客行李（Passengers baggage）——可能含有符合任何危险品标准的物品，如爆竹、家庭用易燃液体、腐蚀剂罐或下水道清洁剂、易燃气体或液态打火机燃料储罐或野营炉的气瓶、火柴、弹药、漂白剂、不允许携带的气溶胶等。

36. 药品（Pharmaceuticals）——可能含有符合任何危险品标准的物品，特别是易燃液体、易燃固体、氧化性物质、有机过氧化物、毒性或腐蚀性物质。

37. 摄影器材/设备（Photographic supplies/equipment）——可能含有符合任何危险品标准的物品，特别是发热装置、易燃液体、易燃固体、氧化性物质、有机过氧化物、毒性或腐蚀性物质或锂电池。

38. 促销物质（Promotional material）——见“旅客行李”。

39. 赛车或摩托赛车队设备（Racing car or motorcycle team equipment）——可能装有发动机包括燃料电池发动机、化油器或含油料或残余燃料的油箱、易燃气溶胶、压缩气体钢瓶、硝基甲烷、其他燃料添加剂或湿电池、锂电池等。

40. 电冰箱（Refrigerators）——可能含有液化气体或氨溶液。

41. 修理箱（Repair kits）——可能含有有机过氧化物和易燃黏合剂、溶剂型油漆、树脂等。

42. 试验样品（Samples for testing）——可能含有符合任何危险品标准的物品，特别是感染性物质、易燃液体、易燃固体、氧化性物质、有机过氧化物、毒性或腐蚀性物质。

43. 精液（Semen）——可能用固体二氧化碳（干冰）或制冷液化气体包装。又见“液氮干装”。

44. 船舶零备件（Ships' spares）——可能含有爆炸品（照明弹）、含压缩气体的气瓶（救生筏）、油漆、锂电池（应急定位发射器）等。

45. 演出、电影、舞台与特殊效果设备（Show，motion picture，stage and special effects equipment）——可能含有易燃物质、爆炸物品或其他危险品。

46. 体育运动用品/体育团队设备（Sporting goods/sports team equipment）——可能含压缩或液化气（空气、二氧化碳等）气瓶、锂电池、丙烷喷灯、急救箱、易燃黏合剂、气溶胶等。

47. 游泳池化学物品（Swimming pool chemicals）——可能含有氧化性或腐蚀性物质。

48. 电子设备或仪器开关（Switches in electrical equipment or instruments）——可能含有汞。

49. 工具箱（Tools boxes）——可能含爆炸物品（射钉枪）、压缩气体或气溶胶、易燃气体（丁烷气瓶或焊枪）、易燃黏合剂或油漆、腐蚀性液体、锂电池等。

50. 火炬（Torches）——小型火炬和通用点火器，可能含有易燃气体，并配有电子打火器。大型火炬可能包含安装在可燃性气体容器或气瓶上的火炬头（常带有自动点火开关）。

51. 旅客的无人伴随行李/私人物品（Unaccompanied passengers baggage/personal effects）——可能含有任何危险品标准的物品，如爆竹、家庭用的易燃液体、腐蚀剂罐或下水道清洁剂、易燃气体或液体打火机燃料储罐或野营炉的气瓶、火柴、漂白剂、气溶胶等。

52. 疫苗（Vaccines）——可能包装在固体二氧化碳（干冰）中。

常见的隐含危险品如图 2-1 所示。

AOG 航材汽车零部件呼吸器

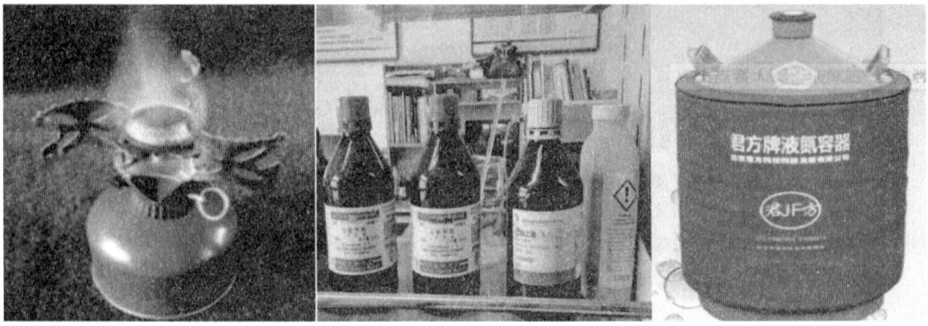

野营用具化学物品低温液体

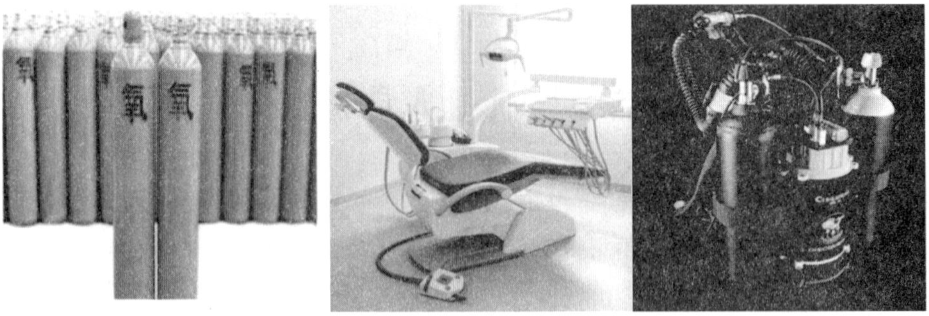

氧气瓶牙科器械潜水设备

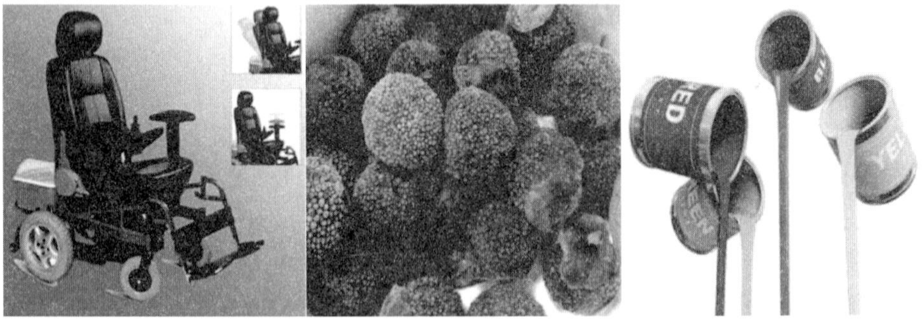

轮椅等电动器械冷冻水果油漆等家居用品

试验样品热气球钻探设备

烟火物质修理箱电冰箱

图 2－1　常见的隐含危险品

第三节　旅客与机组人员携带的危险品

除非是在 DGR 中明确提到的可以携带的危险品，否则无论是交运行李、手提行李或随身物品，旅客和机组人员都不得携带危险品，包括放射性物品例外包装件。

尽管旅客和机组人员携带的危险品数量较小，但为了保证飞行安全，此类危险品也应严格遵守 DGR 的相关规定，在我国还应遵守民航局的有关规定。

一、禁止携带的危险品

1. 公文箱、现金箱/现金袋。

除保安型设备，装有锂电池和/或烟火材料等危险品的公文箱、现金箱、现金袋等保密性设备禁止携带。

2. 使人丧失能力的装置。

禁止随身、在交运行李中或在手提行李中携带诸如梅斯毒气、胡椒喷雾器等带刺激性或使人丧失行为能力的装置。

3. 液氧装置。

禁止随身、在交运行李中或在手提行李中携带使用液氧的个人医用氧气装置。

4. 电击武器。

禁止在手提行李或交运行李中或随身携带含有诸如爆炸品、压缩气体、锂电池等危险品的电击武器（如泰瑟枪）。

5. 锂电池驱动的打火机。

无安全帽或无防止意外启动的保护措施的锂离子电池或锂金属电池驱动的打火机（如激光等离子打火机、特斯拉线圈打火机、电流打火机、电弧打火机和双电弧打火机）。

二、经经营人批准，只能作为交运行李接收的物品

以下危险品获得经营人的批准后，仅允许作为交运行李用航空器载运。

1. 弹药。

包装坚固的1.4S项弹药（仅UN0012或UN0014），仅供自用条件下，每人携带毛重不超过5kg（11lb），不包括爆炸性或燃烧性的射弹。两名以上旅客所携带的弹药不得合并成一个或数个包装件。

2. 装有密封型湿电池或符合特殊规定A123或A199电池的轮椅/助行器。

由于残疾、健康或年龄，或临时行动问题（如腿部骨折）而活动受限的旅客使用的装有密封型湿电池或符合特殊规定A123或A199电池的轮椅或其他类似的助行器。此类电池必须满足以下要求：

（1）助行器必须进行运输准备以防止意外启动，其密封型电池不得包含任何游离的或未被吸附的液体。

（2）经营人必须用绑扎带、捆绳或其他固定装置对安装了电池的助行器进行固定。助行器、电池、电气布线与控制器必须保护以防止受到由于行李、邮件或货物的移动带来的损坏。

（3）经营人必须核实：

①旅客确认电池为密封型电池并符合特殊规定A67，且满足（1），或为镍氢电池或干电池。

②电池两极已做防止短路保护，如装在电池容器内。

③电池为以下两者之一：牢固地固定在轮椅或助行器上并按照制造商的说明书断开电路；如果该助行器的设计允许电池拆卸，由使用人按照制造商的说明书卸下。

（4）旅客可以携带最多一块备用电池。

（5）经营人必须确认从轮椅/助行器上卸下的任何电池或备用电池必须装入坚固、硬质包装容器在货舱内运输（详见本书第八章）。

（6）必须通知机长装有电池的助行器的位置，已卸下的电池和备用电池的位置。

（7）建议旅客事先与每一经营人做好安排。

3. 装有非密封型电池的轮椅/助行器。

由于残疾、健康或年龄，或临时行动问题（如腿部骨折）而活动受限的旅客使用的装有非密封型电池或其他类似的助行器。

此类电池必须满足以下要求：

（1）经营人必须用绑扎带、捆绳或其他固定装置对安装了电池的助行器进行固定。助行器、电池、电气布线与控制器必须保护以防止受到由于行李、邮件或货物的移动带来的损坏。

（2）经营人必须核实：

①电池两极已做防止短路保护，如装入电池容器。

②如可行，电池上装上防漏盖。

③电池为以下两者之一：牢固地固定在轮椅或助行器上并且并按照制造商的说明书断开电路；如果该助行器不能保持直立方向放置，应按照制造商的说明书卸下。

（3）经营人必须以直立的方式装载、放置、固定和从飞机上卸下这种助行器及非密封型电池。如果此种轮椅或助行器不能总以直立方式装载、放置、固定或卸机，或助行器并未被足够保护，则经营人必须卸下电池。轮椅或助行器可以作为交运行李运输而不受限制，拆下的电池必须装入坚固的硬质包装，按如下要求运输：

①包装必须是严密不漏、能阻止电池液渗漏，并用适当固定方式，如使用绑扎带、固定夹或支架，将其固定在货板上或货舱上（不得用货物或行李支撑）以防翻倒。

②电池必须防止短路，并直立固定于包装内，周围用合适的吸附材料填满，使之能全部吸收电池所含液体。

③包装须标有“BATTERY，WET，WITH WHEELCHAIR（轮椅用电池，湿的）”或“BATTERY，WET，WITH MOBILITY AID（助行器用电池，湿的）”字样，并加贴“Corrosive（腐蚀性）”标签和“Package Orientation（包装件方向）”标签。

（4）经营人必须通知机长装有电池的助行器的位置和已卸下的电池的位置。

（5）建议旅客事先与每一经营人做好安排。

4. 装有锂电池的电动轮椅/助行器。

由于残疾、健康或年龄，或临时行动问题（如腿部骨折）而活动受限的旅客使用的装有锂离子电池或其他类似的助行器受以下条件限制：

（1）电池必须是符合联合国《试验与标准手册》第Ⅲ部分38.3节要求的类型。

（2）经营人必须用绑扎带、捆绳或其他固定装置对安装了电池的助行器进行固定。助行器、电池、电气布线与控制器必须保护以防止受到由于行李、邮件或货物的移动带来的损坏。

（3）经营人必须核实：

①电池两极已做防短路保护，如封入电池容器。

②电池为以下两者之一：牢固地装在轮椅或助行器上并且电流已经按照生产商的指引断开；如果该助行器的设计允许电池拆卸，由使用人按照生产商的指引卸下。从助行器上卸下的电池禁止超过300Wh①，或者对于安装两块电池的助行器，每块电池禁止超过160Wh。

（4）旅客可以携带1块备用电池最大不得超过300Wh或2个备用电池每个不超过160Wh。

（5）经营人必须确保从助行器上卸下的电池和其他备用电池必须在客舱内携带。卸下或备用电池必须做防止损坏的保护，如每块电池放入一个保护袋中。

（6）必须通知机长装有电池的助行器的位置，已卸下的电池和备用电池的位置。

（7）建议旅客事先与每个经营人做好安排。

5. 野营炉以及装有易燃液体的燃料容器。

在获得经营人批准的情况下，野营炉以及用于野营炉的装有易燃液体燃料的燃料容器仅能作为交运行李托运，但其前提是，野营炉的燃料罐和/或燃料容器必须完全排空了所有液体燃料，并采取相应措施消除了危险。为了消除危险，空燃料罐和/容器必须清空至少1小时，然后在开口的情况下将空燃料罐和/或容器放置至少6小时，使残余燃料彻底挥发。也可采取替代方式，如将烹调油加到燃料罐和/容器中，将残余液体的闪点提升到易燃液体闪点之上，然后清空燃料罐和/或容器，这类方式也可接受。随后，必须将燃料

---

① 额定瓦特小时（Wh）是一种规范锂离子电池的计量标准。2009年1月1日以后生产的锂离子电池都要求用额定瓦特小时在电池壳的外部标明。

罐和/或容器的盖子上紧，用诸如纸巾等吸附材料包裹，并将其放到聚乙烯袋或等效袋中。随后，必须密封袋的顶部，或用松紧带或细绳扎紧。

注意，如果遵照本规定采取了上述清洁方法，可将燃料炉或容器分类为非危险品。但是，为了控制这类物品的运输，它们也列在了表 2－2 旅客和机组人员携带危险品的规定中。

6. 保安型设备。

诸如公文箱、现金箱、现金袋等将危险品作为设备的一部分，如内装有锂电池和/或烟火材料等的保安型设备，只可以作为交运行李运输，同时还必须满足下列要求：

（1）设备必须安装有效避免意外启动的装置。

（2）如果设备中含有爆炸性或发火物质或物品，则此物品或物质必须被生产国有关当局依照 DGR 分类标准排除在第 1 类之外。

（3）如果设备含有锂电池或电池芯，则锂电池或电池芯必须满足下列规定：

①对于锂金属电池芯，锂含量不得超过 1g。

②对于锂金属电池，合计锂含量不得超过 2g。

③对于锂离子电池芯，其额定瓦特小时不得超过 20Wh。

④对于锂离子电池，其额定瓦特小时不得超过 100Wh。

⑤每一个电池芯或电池的型号证明符合联合国《试验和标准手册》第Ⅲ部分 38.3 节的试验要求。

（4）如果设备含有去除颜料或墨水的气体，只有盛装气体容量不超过 50mL 且不装 2.2 项以外受 DGR 限制的成分的气盒和小型气罐是允许的。放出的气体必须不会造成机组成员的极端烦躁或不舒服而妨碍其正常履行职责。在意外发生时所有危险的影响必须限制在设备之内且不得产生极端的噪声。

（5）有缺陷或损坏的保安型设备禁止运输。

三、经经营人批准，仅允许作为手提行李的物品

以下危险品获得经营人的批准后，仅允许作为手提行李用航空器装运。

1. 水银气压计及水银温度计。

政府气象局或类似官方机构的代表每人只能携带一支水银气压计或水银温度计。水银气压计或水银温度计必须装入坚固的外包装中，且内有内衬密封或坚固的防漏和防刺透材料制成的袋子，此种包装能防止水银从包装件中渗漏（不论该包装件的方向如何）。有关水银气压计或水银温度计的装载位置必须通知机长。

2. 备用锂电池。

备用锂电池，包括其主要功能是给其他设备提供动力的包含锂金属或锂离子电池芯或电池的制品，允许放入手提行李中，如移动电源。

（1）允许携带 2 块超过 100Wh，但不超过 160Wh 的锂离子电池或携带 2 块锂含量超过 2g 但不超过 8g 的锂金属电池。锂金属电池仅可用于便携医疗电子设备（PMED），如体外心脏电击去颤器（AED）、便携式集氧器（POC）和持续阳压呼吸辅助器（CPAP）。

（2）备用电池必须单个做防短路保护（放入原零售包装或将电极分别绝缘保护，可

以用胶带缠住暴露的电极或将每个电池分别放入塑料袋或保护袋)。

(3) 电池必须是符合联合国《试验与标准手册》第Ⅲ部分38.3节要求的型号。每人可以携带不超过2块单独保护的备用电池。

四、经经营人批准，允许作为行李运输的物品

以下危险品获得经营人的批准后，可作为交运行李或手提行李用航空器装运。

1. 医用氧气。

医用的气态氧气或空气气瓶，每个气瓶的毛重不超过5kg。充装的气瓶、阀门和调节器必须加以保护，以防止损坏，防止由此造成的内容物的泄漏。此规定也适用于由受过专业医疗训练人员携带的气瓶。必须通知机长氧气或空气气瓶的数量及装载位置。

注意：禁止随身携带或在交运行李和手提行李中放入含液态氧的个人医疗用氧气装置。

2. 安装在设备上的小型非易燃气罐。

(1) 为自动充气安全设备如救生衣或救生背心而配备的小型气罐：

①每人不超过一个自用安全设备；

②自用安全设备的包装必须防止意外启动；

③限定为二氧化碳或其他无次要危险性的2.2项气体；

④气罐必须是用于充气目的；

⑤该设备装配不超过2个小型气罐；

⑥不超过2个备用气罐。

(2) 其他设备。

每人携带不超过4个装有二氧化碳或其他2.2项无次要危险性气体的小型气罐；每个气罐的水容量不超过50mL（水容量50mL的二氧化碳气罐相当于28g的气罐）。

3. 雪崩救援背包。

每人可携带一件内装无次要危险性2.2项压缩气体气罐的雪崩救援背包。雪崩救援背包也可内装含有净重不超过200mg1.4S项爆炸品的烟火引发装置。这种雪崩救援背包的包装方式必须保证不意外启动，背包内的空气袋必须安装减压阀。

4. 化学武器监控设备。

含有放射性物质的仪器，不超过规定的放射性活度限制，即化学品监视器（CAM）和/或迅速报警和识别装置监视器（RAID－M），包装牢固，不带锂电池，由禁止化学武器扩散组织（OPCW）在公务旅行时携带。

5. 固体二氧化碳（干冰）。

用于包装不受DGR限制的易腐物品的干冰，每人携带数量不超过2.5kg（5lb），并且包装件可以释放二氧化碳气体。每件含有干冰的交运行李必须有固体二氧化碳（干冰）标记，并标明每个包装件中所含干冰的净重，或注明净重为2.5kg或少于2.5kg。

6. 产生热量的物品。

能产生大量热量的以电池组为动力的设备（如潜水高强度灯），如果启动可能引起火灾。发热部件、电池或其他部件（如保险丝）取下以保持相互绝缘。任何卸下的电池组必

须妥加保护，以免短路（可采用放入原始销售包装或使电极绝缘，如用胶带粘住暴露的电极，或每个电池放入单独塑料袋或保护袋中）。

7. 锂电池供电的电子设备。

DGR 中的“锂电池供电的电子设备”是指需要锂电池芯或电池提供电能方可运行的装置。由经营人批准，此类设备允许放入交运行李或手提行李中：

（1）装有锂金属或锂离子电池芯或电池的便携式医疗电子设备（PMED），如体外心脏电击去颤器（AED）、便携式集氧器（POC）和持续阳压呼吸辅助器（CPAP），作为医疗用途可以由旅客携带如下：

①对于锂金属或者锂合金电池，锂含量超过 2g，但不超过 8g；

②对于锂离子电池，额定瓦特小时超过 100Wh，但不超过 160Wh；

③电池必须是符合联合国试验与标准手册第Ⅲ部分 38.3 节要求的型号。

（2）含锂离子电池的便携式电子设备，如电动工具、小型摄像机和笔记本电脑如下：

①锂离子电池额定瓦特小时超过 100Wh，但不超过 160Wh；

②电池必须是符合联合国《试验与标准手册》第Ⅲ部分 38.3 节要求的型号。

（3）如果设备在交运行李中，必须对设备加以保护防止其损坏并采取防止意外启动的措施，且设备必须完全关闭（不能为睡眠或者休眠模式）。

五、无需经营人批准可接收的物品

以下危险品，无需经营人批准，可作为行李用航空器装运。

1. 药品或化妆品和 2.2 项气溶胶。

非放射性药品或化妆品（包括气溶胶）。“药品或化妆品”这一术语意指发胶、香水、科隆香水及含酒精药品。

用于体育运动或家庭，2.2 项无次要危险性的气溶胶仅作为交运行李运输。

注意：每一旅客或机组人员携带这类物品的总净数量不得超过 2kg 或 2L，且每一单件物品净数量不得超过 0.5kg 或 0.5L。气溶胶释放阀必须由盖子或其他适当的手段保护以防因疏忽而释放内装物。

2. 用于机械假肢的气瓶。

为操纵机械假肢而携带的 2.2 项小气瓶。为保证旅途中的需要，还可携带同样大小的备用气瓶。

3. 心脏起搏器。

放射性同位素心脏起搏器或其他医疗设备，包括那些植入人体内或配置在体外以锂电池为动力的装置。

4. 医用/临床用温度计。

仅在托运行李中，置于具防护性盒内供个人使用的含汞的小型医用或临床用体温计一支。

5. 安全火柴或打火机。

自用的一小盒安全火柴或一只不含有未吸收的液体燃料（不包括液化气）的小型打火机。火柴及打火机不能放入交运或手提行李中。打火机燃料和燃料罐不允许随身携带，也不能放入交运或手提行李中。

注意：

（1）禁止空运“即擦火柴 Strike anywhere”；

（2）“蓝焰 Blueflame”或“雪茄 Cigar”打火机不允许随身携带、放入交运或手提行李中；

（3）香烟打火机应当有两个独立动作由使用者点火；

（4）无安全帽或防止意外启动的保护措施的锂离子电池或锂金属电池驱动的打火机不允许带在身上、手提或交运行李的方式携带。

6. 酒精饮料。

在零售包装内体积浓度在24%以上但不超过70%，盛装在不超过5L容器内的含酒精饮料，每人携带的总净数量不超过5L。但含酒精体积浓度≤24%的酒精饮料不受任何限制。

7. 卷发器。

含烃类气体的卷发器，每一旅客或机组人员只可携带一支，但其安全盖必须紧扣于发热元件上。在任何时候卷发器都不得在航空器上使用。此种卷发器用的充气储筒不得装入交运的或手提携带的行李中。

8. 内含电池的便携式电子装置（PED）（含医疗设备）。

（1）DGR中的“电池供电的电子设备”是指需要电池提供电能方可运行的装置。旅客或机组人员携带个人自用的内含锂金属或锂离子电池芯或电池的此类设备（PED）包括医疗设备，如便携式集氧器（POC）和消费类电子产品，如照相机、手机、笔记本电脑和平板电脑可以在手提行李中携带。

如果设备作为交运行李必须对设备加以保护防止其损坏并采取防止非有意启动的措施，且设备必须完全关闭（不能为睡眠或休眠模式）。

（2）备用电池必须单个做好保护以防短路。例如，可以放到原商品包装中，用胶带缠好暴露出的电极，把每块电池放在单独的塑料袋或保护袋内，并且仅能在手提行李中携带。每人最多可携带20块备用电池。然而，经营人可以对携带超过20块备用电池进行批准。

（3）另外，锂电池必须符合下列条件：

①每个安装的或备用的电池不得超过：

- 锂金属或锂合金电池，锂含量不超过2g；
- 锂离子电池，瓦特小时值不超过100Wh。

②电池必须是符合联合国《试验与标准手册》第Ⅲ部分38.3节要求类型。

③每人最多可携带15台PED。不过，经营人可以对携带超过15台PED进行批准。

④含锂金属或锂离子电池芯或电池的物品，其主要用途是对另一装置提供能源，如移动电源，只允许放在手提行李中。这些物品必须单个做好保护以防短路，如通过放在原商品包装中或其他隔离电极的方法，即：用胶带缠好暴露的电极，把每块电池放在单独的塑料袋或保护袋内。

⑤含锂电池的电子香烟只允许在手提行李中。

⑥安装了锂电池的行李且锂电池的锂金属含量超过0.3g或瓦特小时数超过2.7Wh：

- 如作为交运行李，锂电池必须从行李中卸下并将锂电池带入客舱；
- 行李必须带入客舱；
- 当行李上的锂电池超过本条中容量限制且不能拆卸时，这种行李禁止携带。

9. 便携式电子设备中的燃料电池。

为便携式电子设备（如照相机、手机、手提电脑及便携摄像机等）提供电力的燃料电池系统，以及备用燃料盒必须满足以下条件：

（1）燃料电池和燃料电池盒只可以含易燃液体、腐蚀性物质、液化易燃气体、水反应物质或金属氢化物形式的氢。

（2）除非安装备用燃料电池盒是允许的，否则不允许在飞机上给燃料电池盒充装燃料。

（3）任何燃料电池盒中燃料的最大数量不得超过：

①对于液体，200mL；

②对于固体，200g；

③对于液化气体，非金属燃料电池或燃料电池盒 120mL，金属燃料电池或燃料电池盒 200mL；

④对于金属氢化物中的氢，燃料电池盒必须≤120mL 的水容量。

（4）每个燃料电池和每个燃料电池盒必须符合相关标准（IEC 62282 - 6 - 100 Ed. 1，包括修正案 1），而且必须标上制造商符合此标准的合格证。此外，每个燃料电池盒上必须标记盒中燃料的最大数量和类型。

（5）每一旅客可以在手提行李、交运行李或随身携带不超过 2 个备用燃料电池盒。

（6）含有燃料的燃料电池盒或燃料电池只能在手提行李中运输。

（7）燃料电池与设备中集成电池组之间的相互作用必须符合相关标准。仅用作为设备中电池组充电的燃料电池或燃料电池不允许运输。

（8）燃料电池的设计必须使其在便携式电子设备不使用时不能为电池组充电；同时，生产商必须有牢固的标识："Approved for carriage in aircraft cabin only（只允许在客舱内携带）"。

（9）上述标识除了以始发国要求的语言标注外，还应该以英文标注。

10. 含冷冻液氮的隔热包装（液氮干装）。

在交运或手提行李中的隔热包装，其包含的液氮完全被多孔材料吸附（液氮干装）。这种液氮干装必须满足特殊规定 A152 的要求。

11. 含密封型电池的便携式电子设备。

符合特殊规定 A67 的在交运行李或手提行李中的含密封型电池的便携式电子设备，也可携带最多 2 个备用符合 A67 规定的密封型电池。

需满足下列要求：

（1）每个电池的电压不超过 12V 且瓦特小时值不得超过 100Wh；

（2）电池不得包含任何游离的或未被吸附的液体；

（3）设备必须防止意外启动，或电池必须与设备断开且电极绝缘保护；

（4）每个电池必须采用电极绝缘的方法作防短路保护。

12. 与少量易燃液体一起包装的非感染性标本。

在交运或手提行李中的非感染性样品，如含有少量易燃液体的哺乳类、鸟类、两栖类、爬行类动物、鱼、昆虫和其他无脊椎动物的样本，须符合特殊规定 A180 的以下要求：

（1）用沾有酒精或酒精溶液的纸巾包好标本，然后放在热密封的塑料袋中，袋中的游离液体不得超过 30mL；或将标本放入小瓶或其他硬质容器内，其中的酒精或酒精溶液的含量不超过 30mL。

（2）将准备好的标本放入一个塑料袋中，然后热封。

（3）随后将标本袋放入另一个带有吸附材料的塑料袋中，然后热封。

（4）将包装完毕的袋子放入带有适当衬垫材料的坚固外包装内。

（5）每个外包装所含的易燃液体总量不得超过 1L。

（6）完成后的包装件必须标明“Scientific research specimens, not restricted（科研标本，不受限制）”。

13. 内燃机或燃料电池发动机。

易燃液体驱动的且不含电池或其他危险品的内燃机或燃料电池发动机仅在交运行李中可被接收。

发动机必须符合特殊规定 A70 的下列要求：

（1）发动机用不符合任何类、项分类标准的燃料驱动；或

（2）车辆、机器或其他设备的燃料箱从未装过燃料或燃料箱已被清洗、清除蒸气以及采用适当措施消除危害。

（3）旅客向经营人提供书面或电子文件，说明已经遵循了冲洗和清洗程序；并且

（4）整个燃油系统的发动机没有游离液体，并且所有燃料管线是密封或加盖或牢固地连接到机器或设备的发动机上。

14. 渗透装置。

仅限在交运行李中，校准空气质量检测设备的渗透装置。此装置必须符合特殊规定 A41 的下列要求：

（1）每一装置必须用它含有的危险品相容的材料制造。

（2）每一装置内危险品的总量限制在 2mL，且应保证在 55℃时，液体不致完全充满装置。

（3）每一渗透装置必须放入密封、非常耐冲击的管状塑料或同等材料的内包装。内包装内的吸附衬垫材料必须足以吸收内装物。使用金属丝、胶带或其他有用的材料来保证内包装的密封性。

（4）每一内包装必须装在由金属或最小厚度为 1.5mm 厚的材料制成的中层包装内。中层包装必须气密封口。

（5）中层包装必须安全地装在坚固的外包装内。完成的包装件应具有抗压持久性，保证任何内包装无破损或泄漏，且不至于大大降低效率。

①从 1.8 米高处自由落至坚硬、无弹性、平坦的水平表面上：

- 包装底部平面跌落一次；
- 包装顶部平面跌落一次；
- 包装长边平面跌落一次；
- 包装短边平面跌落一次；
- 包装三边交叉的棱角跌落一次。

②顶面持续受压 24 小时，其重量等同于相同包装堆码 3m 的高度（包括测试样品）。

上述测试可不在同一个包装上进行，但使用的所有包装规格应该相同。

（6）完整包装件的毛重不超过 30kg。

15. 含电池的电子香烟。

旅客或机组人员携带的个人自用的含电池电子香烟包括电子雪茄和其他个人使用的汽化器必须仅限在手提行李中。不允许在飞机上对这些设备和/或电池充电。并且旅客或机组人员必须采取防止意外启动的措施。备用电池必须放入原商品包装盒或使电极绝缘单独做好防短路保护，如用胶带缠好暴露出的电极，把每块电池放在单独的塑料袋或保护袋内。另外，锂电池必须符合下列条件：

（1）每个安装的或备用的电池不得超过：

①锂金属或锂合金电池，锂含量不超过 2g；或

②锂离子电池，瓦特小时值不超过 100Wh。

（2）电池和电池芯必须是符合联合国《试验与标准手册》第Ⅲ部分 38.3 节要求的类型。

六、旅客与机组人员携带危险品小结

根据以上对旅客与机组人员携带危险品的介绍，将其总结为表 2－2。除表 2－2 中所列情况，危险品不得由旅客或机组人员放入或作为交运行李或手提行李携带。一般情况下，允许放入手提行李中的危险品也允许随身带在身上。此外，本节及表 2－2 的规定可能还受到国家及经营人差异限制，旅客应查询其乘坐航班所在航空公司的现行规定。

表 2－2 旅客和机组人员携带危险品的规定

	需由经营人批准	允许在交运行李中或作为交运行李	允许在手提行李中或作为手提行李	必须通知机长装载位置
酒精饮料在零售包装内体积浓度在 24% 以上但不超过 70% 的酒精饮料，装于不超过 5L 的容器内，每个人携带的总净数量不超过 5L	否	是	是	否
安全包装的弹药（仅限 1.4S UN0012 和 UN0014），仅限本人自用，每人携带毛重不超过 5kg。两名以上旅客所携带的弹药不得合并成一个或数个包装件	是	是	否	否
雪崩救援背包每人允许携带一个。含有 2.2 项压缩气体的气瓶。也可装备有小于 200mg 净重的 1.4s 项物质的焰火引发装置。这种背包的包装方式必须保证不会意外开启。背包中的气囊必须装有减压阀	是	是	是	否
安装了锂电池的行李电池不可拆卸且超过 0.3g 锂金属含量或 2.7Wh	禁止			
安装了锂电池的行李 —电池不可拆卸。锂金属电池锂含量不超过 0.3g 或锂离子电池不超过 2.7Wh。 —电池可拆卸。如果行李交运则必须卸下电池，卸下的电池必须带入客舱	否	是	是	否

续表

物品	需由经营人批准	允许在交运行李中或作为交运行李	允许在手提行李中或作为手提行李	必须通知机长装载位置
电池备用/零散的，包括锂金属或锂离子电池芯或电池便携式电子设备所用电池只允许旅客在手提行李中携带。对于锂金属电池，锂金属含量不能超过2g，对于锂离子电池，额定瓦特小时不能超过100Wh。主要作用是作为电源的制品，如移动电源视为备用电池。这种电池必须进行单独保护以防止短路。每人可最多携带20块备用电池。* 经营人可以批准携带超过20块电池	否	否	是	否
野营炉具和装有易燃液体燃料的燃料罐，带有空燃料罐或燃料容器	是	是	否	否
化学武器监控设备由禁止化学武器组织（OPCW）的官方人员公务旅行携带的	是	是	是	否
使人丧失行为能力的装置含有刺激性的和使人丧失能力的物质，如催泪瓦斯、胡椒喷雾剂等，禁止随身携带、放入交运行李和手提行李携带	禁止			
固体二氧化碳（干冰）用于不受DGR限制的鲜活易腐食品保鲜的干冰，每位旅客携带不得超过2.5kg，可以作为手提或交运行李，但行李（包装件）可以允许释放二氧化碳气体。每件交运行李，必须标注“干冰”或“固体二氧化碳”及其净重，或标明其干冰数量小于或等于2.5kg	是	是	是	否
电子香烟含有电池的（包括电子雪茄、电子烟斗、其他私人用汽化器）必须单独保护以防止意外启动	否	否	是	否
电击武器（如泰瑟枪）含有诸如爆炸品、压缩气体、锂电池等危险品，禁止放入手提行李或交运行李或随身携带	禁止			
含有燃料的燃料电池含燃料的，为便携式电子设备供电（如照相机、手机、笔记本电脑及小型摄像机等）	否	否	是	否
备用燃料电池罐为便携式电子设备供电	否	是	是	否
小型非易燃气瓶安装在自动充气安全设备，如救生衣或背心上的装有二氧化碳或其他2.2项气体的小型气罐，每个设备携带不超过2个气罐。每位旅客携带不超过1个设备和不超过2个备用小型气罐。不超过4个其他设备用的水容量最多为50mL的气罐	是	是	是	否
非易燃无毒气体气瓶用于操纵机械假肢的气瓶，以及为保证旅途中使用而携带的大小相仿的备用气瓶	否	是	是	否
含有烃类气体的卷发器如果卷发器的加热器上装有严密的安全盖，则每名旅客或机组人员最多可带一个。这种卷发器在任何时候都禁止在航空器上使用，其充气罐不准在手提行李或交运行李中携带	否	是	是	否
产生热量的物品如水下电筒（潜水灯）和电烙铁	是	是	是	否
含有冷冻液氮的隔热包装（液氮干装）液氮被完全吸附在多孔物质中，内装物仅为非危险品	否	是	是	否

续表

物品	需由经营人批准	允许在交运行李中或作为交运行李	允许在手提行李中或作为手提行李	必须通知机长装载位置
内燃机或燃料电池发动机必须符合特殊规定 A70	否	是	否	否
锂电池：装有锂电池的保安型设备	是	是	否	否
锂电池：含有锂金属或锂离子电池芯或电池的便携式电子设备（PED）包括医疗设备如旅客或机组人员携带的供个人使用的便携式集氧器（POC）和消费电子产品，如照相机、移动电话、笔记本电脑、平板电脑。锂金属电池的锂含量不超过 2g，锂离子电池的瓦特小时不超过 100Wh。在交运行李中的设备必须完全关闭并且加以保护防止损坏（不能为睡眠或休眠模式）。每人可最多携带 15 台 PED。* 经营人可以批准携带超过 15 台 PED	否	是	是	否
锂电池：备用/零散的，包括移动电源，见电池，备用/零散的				
锂电池供电的电子设备供便携式电子设备（包括医用）使用的瓦特小时大于 100Wh 但不大于 160Wh 的锂离子电池。锂金属含量超过 2g 但不超过 8g 的仅供便携式医疗电子设备专用的锂金属电池。在交运行李中的设备必须完全关闭并且加以保护防止损坏（不能为睡眠或休眠模式）	是	是	是	否
锂电池：备用/零散的消费类电子装置和便携式医疗电子设备（PMED）使用的瓦特小时大于 100Wh 但不大于 160Wh 的锂离子电池，或仅供便携式医疗电子设备（PMED）专用的锂金属含量超过 2g 但不超过 8g 的锂金属电池。最多 2 块备用电池仅限在手提行李中携带。这些电池必须单独保护以防短路	是	否	是	否
安全火柴（一小盒）或一个小型香烟打火机个人使用带在身上的不含未被吸附的液体燃料且非液化气体的打火机。打火机燃料或燃料充气罐不允许随身携带，也不允许放入交运行李或手提行李中 注：擦拭火柴、“蓝焰”“雪茄”打火机或无安全帽/防止意外启动保护措施的锂电池驱动的打火机禁止运输	否	带在身上		否
助行器装有密封型湿电池或符合特殊规定 A123 或 A199 的电池的电动轮椅或其他类似助行器	是	是	否	是
助行器装有非密封型电池或锂离子电池的轮椅或其他类似的电动助行器	是	是	否	是
助行器装有锂电池的轮椅或其他类似电动助行器，如果该助行器的设计允许电池拆卸，则必须将电池在客舱内携带	是	否	是	是
非放射性药品或化妆用品（包括气溶胶）如发胶、香水、科隆香水及含有酒精的药品；和非易燃无毒（2.2 项）的气溶胶，无次要危险性，体育运动用或家用。 非放射性药品或化妆用品和 2.2 项非易燃无毒的气溶胶总净数量不得超过 2kg 或 2L，每单个物品的净数量不得超过 0.5kg 或 0.5L。气溶胶的阀门必须有盖子或用其他的方法保护，以防止意外打开阀门释放内容物	否	是	是	否

续表

	需由经营人批准	允许在交运行李中或作为交运行李	允许在手提行李中或作为手提行李	必须通知机长装载位置
氧气或空气气瓶医学用，气瓶毛重不超过5kg。注：液氧装置禁止航空运输	是	是	是	是
渗透装置必须满足特殊规定A41	否	是	否	否
含有密封型电池的便携式电子装置电池必须符合特殊规定A67且小于或等于12V和小于或等于100Wh。最多可携带2个备用电池	否	是	是	否
放射性同位素心脏起搏器或其他装置包括那些植入体内或体外安装的以锂电池为动力的装置	否	带在身上		否
保险型公文箱、现金箱、现金袋等除保安型设备外，装有锂电池或烟火材料等危险品，是完全禁运的	禁止			
非感染性样本与少量易燃液体包装在一起，必须符合特殊规定A180	否	是	是	否
医疗或临床用温度计含汞，个人使用每人允许携带一支，要放在保护盒内	否	是	否	否
水银气压计或温度计由政府气象局或其他类似官方机构携带	是	否	是	是

第四节　航空邮件和经营人物资中的危险品

根据万国邮政联盟《万国邮政联盟公约》（UPU）和国际航协《危险品规则》（DGR），除规定可以邮寄的危险品以外，不得将危险品匿报或谎报为普通物品作为航空邮件邮寄。对于某些物品（如化工产品等），如果邮政部门不能确定其是否为危险品时，应先将该物品送至经营人指定的鉴定机构进行鉴定。如果经鉴定是危险品，则不能按航空邮件运输，而必须作为危险货物在经营人收货柜台办理交运。

一、航空邮件中的危险品

根据《万国邮政联盟公约》，除以下几类物品外，危险品严禁航空邮寄（需要注意，我国不允许在邮件中夹带任何危险品）。

1. 感染性物质。

仅限于按照包装说明650进行包装的生物物质B级（UN3373）和用作感染性物质（UN3373）制冷剂的固体二氧化碳（干冰）。

2. 病患标本。

病患标本必须根据相关规定进行分类、包装和标记。详见本书第三章相关内容。

3. 放射性物质。

仅限例外包装件中的UN2910和UN2911，其活度不超过DGR规定标准的1/10。并且不符合除第7类之外的其他危险品分类或分项标准。其包装件必须标注托运人和收货人的姓名，包装件必须标记“Radioactive material—quantities permitted for movement by post（放射性物质—邮政允许数量）”并且粘贴“放射性物质例外包装件”标签。

4. 安装在设备中的锂离子电池（UN3481）。

符合包装说明967第Ⅱ部分规定的，不超过4个电池芯或2个电池可以在任何单个包装件中邮寄。

5. 安装在设备中的锂金属电池（UN3091）。

符合包装说明970第Ⅱ部分的，不超过4个电池芯或2个电池可以在任何单个包装件中邮寄。

需要注意的是，指定邮政经营人控制危险品邮件纳入空运的程序受到接收邮件国家民航当局的审查批准，指定邮政经营人必须得到民航当局的特定批准后才可以接收如上述4和5的锂电池。

二、经营人物资中的危险品

经营人物资中的一些物品和物质可能归类为危险品，当安装在飞机上时不受DGR的限制，但作为货物运输时，必须按照危险品办理运输。

以下物质和物品不受DGR限制：

1. 航空器设备。

本应归类于危险品，但按照有关适航要求、操作规定或经营人所属国家规定应遵守的特殊要求而装载于航空器内的物质或物品。

2. 消费品。

飞行过程中，在经营人中的航空器上使用或出售的气溶胶、酒精饮料、香水、科隆香水、液化气打火机和含有符合规定的锂离子或锂金属电池芯或电池的便携式电子设备（详见本章第三节的“内含电池的便携式电子装置”），但不包括一次性气体打火机和减压条件下易漏气的打火机。

3. 固体二氧化碳（干冰）。

用于冷藏在航空器上服务用食品和饮料的固体二氧化碳（干冰）。

4. 电池供电的电子设备。

由经营人带上航空器在航班或一系列航班飞行中使用的含有锂金属或锂离子电池芯或电池的诸如电子飞行包、个人娱乐设备、信用卡读卡器等的电子设备及其备用锂电池（关于锂电池的要求详见本章第三节的“内含电池的便携式电子装置”）。未使用的备用锂电池必须单独做好防护短路保护。这些电子装置的运输和使用条件以及备用电池的携带必须在运行手册和/或其他适用的手册中提供，以便飞行机组、客舱机组及其他雇员履行其职责。

5. 飞机零部件。

除非经营人所属国家另有授权，运输用以替换前面“航空器设备”中所述物品和物质，或被替换下来的航空器设备所属物品和物质时，必须遵守DGR的规定。当经营人交运此类物品或物质时，可以使用专门设计的容器运输，条件是容器至少能够满足DGR中关于此种物品包装的要求，并须遵守适用的 DGR 的其他要求。

第五节　例外数量的危险品

某些类型的危险品当运输量很小时，可以根据例外数量危险品的规则空运。但是，并不是所有的危险品都可以以例外数量的形式进行运输。

例外数量危险品的每个包装件有严格的数量限制，同时使用三层包装法（内包装、中层包装及外包装），再加上对吸附材料的要求，可以保证例外数量的危险品安全运输。

尽管例外数量的危险品数量很小，但仍然要遵守 DGR 中关于培训要求，航空邮件中的危险品，分类和包装等级标准，包装要求，装载限制，危险品事故、事故征候和其他情况的报告，以及放射性物质例外包装件的要求等。

需要注意的是，例外数量危险品不允许作为交运行李或手提行李，或放在交运行李或手提行李中，也不允许放在邮件中运输。

一、允许以例外数量运输的危险品

只有允许客机运输且符合如下类别/项别和包装等级标准的危险品，才可以以例外数量危险品进行运输：

（1）无次要危险性的 2.2 项的物质，但不包括 UN1043、UN1044、UN1950、UN2037、UN2073、UN2857 和 UN3164、UN3500 和 UN3511。

（2）第 3 类物质，所有包装等级，不包括具有次要危险性的包装等级为Ⅰ级的物质以及 UN1204、UN2059 和 UN3473。

（3）第 4 类物质，包装等级Ⅱ级和Ⅲ级，但不包括所有自反应物质和 UN2555、UN2556、UN2557、UN2907、UN3292 和 UN3476。

（4）5.1 项的物质，包装等级Ⅱ级和Ⅲ级。

（5）仅限于装在化学品箱、急救箱或聚酯树脂箱中的 5.2 项物质。

（6）除包装等级Ⅰ级具有吸入毒性的物质外，所有的 6.1 项中的物质。

（7）第 8 类物质，包装等级Ⅱ级和Ⅲ级，但不包括 UN1774、UN2794、UN2795、UN2800、UN2803、UN2809、UN3028、UN3477 和 UN3506。

（8）除固体二氧化碳，转基因生物、转基因微生物以外的第 9 类物质，不包括所有物品。

二、数量限制及包装要求

1. 数量限制。

例外数量危险品的内包装及每个包装件的最大允许数量见表 2－3。

表 2-3 例外数量代码和数量限制

代码	每一内包装最大数量	每一外包装最大数量
E0	不允许作为例外数量载运	
E1	30g/30mL	1kg/1L
E2	30g/30mL	500g/500mL
E3	30g/30mL	300g/300mL
E4	1g/1mL	500g/500mL
E5	1g/1mL	300g/300mL

2. 包装要求。

运输例外数量危险品使用的包装要求坚固耐用。可通过跌落试验和堆码试验对包装进行测试，要求完成试验后，任何内包装无破损或泄漏且其效能无明显削弱。

（1）跌落试验。

从 1.8m 的高度自由跌落至坚硬、无弹性、平坦的水平面上。

①试样为箱形时，它必须按底面平跌、顶面平跌、最长侧面平跌、最短侧面平跌、在角上跌落来测试每一姿态的跌落。

②试样为桶形时，它必须按倾斜跌在顶面边缘、重心位于撞击点正上方，倾斜地跌在底面边缘、重心位于撞击点上方，以及侧面平跌来测试每一姿态的跌落。

（2）堆码试验。

在持续 24 小时内对试样顶面施加一个等于同样包装件（包括试样）堆码到 3m 高度总质量的力。

三、标记及文件

1. 标记。

例外数量危险品的包装件必须粘贴“Excepted quantities（例外数量）”的标记，如图 2-2 所示。

* —标注类别或项别

** —托运人或收件人姓名

图 2-2 例外数量包装件标记

该标记必须为正方形，最小尺寸 100mm × 100mm，影格线和符号必须在白色或合适背景上使用同一颜色，黑色或红色。“ * ” 为标注类别或项别（当指定时）的位置；如托运人或收件人的名字没有标示在包装的其他地方，则标示在“ ** ” 位置。

OVERPACK 内含有例外数量危险品时，必须按照标记的要求在包装件上注明。标记必须牢牢贴在或印在包装件的明显位置上。

2. 文件要求。

收运例外数量危险品时，不要求提供托运人危险品申报单（DGD），但要求托运人在航空货运单（Air Waybill）的“Nature and Quantity of Goods（货物品名与数量）”栏中注明“Dangerous Goods in Excepted Quantities（例外数量的危险品）”和件数。如果此票货物中只有该例外数量危险品，则不必标明件数。

对于例外包装件内装有放射性物质时，还要求加注适当的说明，如“Radioactive material, excepted package...（放射性物质……，例外包装件）”。

另外，例外数量危险品不需要收运检查单，有关例外数量危险品的信息也不需要出现在给机长的书面信息上。

第六节　有限数量的危险品

有些危险品在适当有限的数量下运输时呈现出危险性减小。这些危险品在装入符合相关规定的高质量的但未经过相应测试和标记的包装中是可以安全运输的。

一、允许以有限数量运输的危险品

只有被允许由客机载运并符合下列类/项别和包装等级的危险品，才可以以有限数量危险品进行运输。

（1）第 2 类：2.1 项和 2.2 项的 UN1950，无次要危险性的 2.1 项和 2.2 项的 UN2037、UN3478（燃料电池罐，含液化气体）和 UN3479（燃料电池罐，含金属氢化物储氢）仅限燃料罐。

（2）第 3 类：包装等级 Ⅱ 级和 Ⅲ 级的易燃液体和 UN3473（燃料电池罐，含易燃液体）。

（3）第 4 类：除自反应物质和聚合物质外的 4.1 项中包装等级 Ⅱ 级和 Ⅲ 级的易燃固体；只限固体和 UN3476（燃料电池罐，含遇水反应物质）的 4.3 项中包装等级 Ⅱ 级和 Ⅲ 级的物质。

（4）第 5 类：5.1 项中包装等级 Ⅱ 级和 Ⅲ 级的氧化性物质；5.2 项中仅限包装在化学品箱或急救箱内的有机过氧化物。

（5）第 6 类：6.1 项中包装等级 Ⅱ 级和 Ⅲ 级的毒性物质。

（6）第 8 类：包装等级 Ⅱ 级和 Ⅲ 级的第 8 类腐蚀性物质和 UN3477（燃料电池罐，含腐蚀性物质），但不包括 UN2794、UN2795、UN2803、UN2809、UN3028 和 UN3506。

（7）第 9 类：仅限二溴二氟甲烷（UN1941）；苯甲醛（UN1990）；硝酸铵肥料

(UN2071);环境危害物质,固体,n. o. s. (UN3077);环境危害物质,液体,n. o. s. (UN3082);化学品箱或急救箱(UN3316);航空限制的液体(UN3334);航空限制的固体(UN3335)和日用消费品(ID8000)。

二、包装要求及限制

有限数量危险品的包装说明代码及数量限制分别列于危险品表的G栏和H栏。

1. 包装测试。

有限数量危险品的包装必须承受跌落试验和堆码试验的测试。

(1)跌落试验。准备载运的包装件,必须能够承受从1.2m高度最易造成最大损坏的位置跌落在坚硬、无弹性的水平表面上。经测试后,外包装不得有任何会影响运输安全的损坏,同时内包装无渗漏迹象。

(2)堆码试验。交运的每一包装件,必须有能力承受压在其上表面同样包装件(包括试样)3m高时的总重量的压力,持续24小时后,其内包装不发生损坏或渗漏且其效能无明显削弱。

2. 其他限制。

对于有限数量包装,还必须符合以下要求:

(1)有限数量包装的危险品必须使用组合包装,不允许使用单一包装(包括复合包装)(关于包装的术语,详见本书第五章第一节);

(2)每个包装的净数量不得超过危险品表对应G栏和H栏规定的数量,且有限数量包装件的毛重不得超过30kg;

(3)内包装材料必须符合要求,外包装材料必须经严格设计制造以使其达到规定的结构要求;

(4)一个外包装可以盛装超过一种危险品或其他物品,但有限制条件(详见本书第五章第四节“不同危险品装入同一有限数量包装”);

(5)有限数量包装件必须标有如图2-3所示的有限数量标记;

图2-3 有限数量标记

(6)以有限数量危险品运输的所有包装件都必须满足DGR中关于文件和操作的相关要求(详见本书第七章和第八章)。

第七节 国家及经营人差异

如果不同国家和承运人对危险品运输有不同于 DGR 的更严格的规定，可以向 ICAO 或 IATA 申报差异。任何国家或经营人都有权在 DGR 登记更严格的差异条款。这些差异都公布在 DGR 的“国家及经营人差异”中。

国家差异由国家的两字代码加“G”（政府的缩写）组成，后跟具体条款代码，如“USG－01”表示美国政府，差异条款编码 01。经营人必须遵守危险品运输所涉及的始发国、经停国和/或中转国及到达国的国家差异条款。

经营人差异由经营人两字代码后跟具体条款编码，如“LH－01”表示德国汉莎航空公司，差异条款编码 01。

托运人必须遵守有关国家及经营人的特殊规定，在收到或运输危险品之前，应该查阅国家及经营人差异的适用范围。经营人或经营人的货运代理人的货物接收人员应确保有关国家及经营人的差异均得到满足。

需要注意：

（1）当这些差异比 DGR 中的规定限制更严格时，这些差异：

①适用于所有经营人运进、运出或通过申报国或地区拥有主权的所有领土的危险品的航空运输；

②当经营人所在国或地区即申报国或地区时，适用于该国或地区领土以外的全部申报国或地区所属经营人的危险品的航空运输。

（2）当这些差异的限制不如 DGR 中的那些规定严格，则所列出的差异条款仅作为参考资料，适用于申报国或地区之经营人在该国或地区领土内的运输。

可通过图 2－4 所示步骤检查是否已符合有关国家及经营人的差异条款。

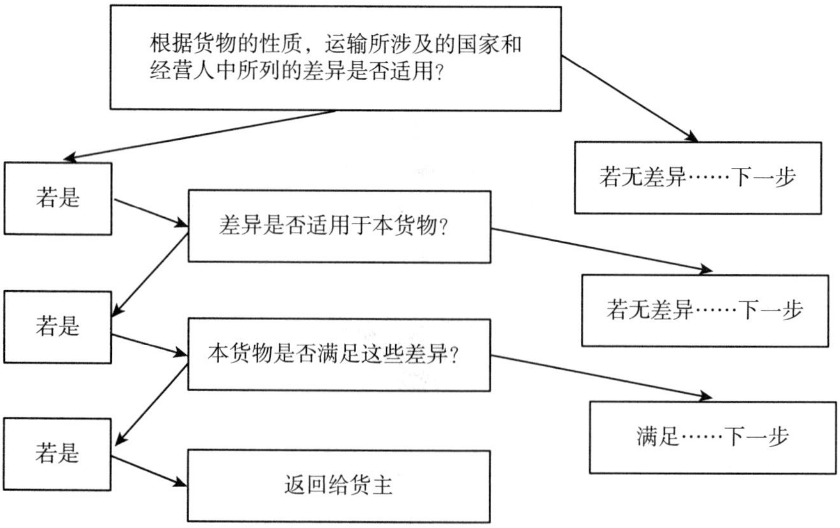

图 2－4 国家及经营人差异检查步骤

一、已存档差异条款的国家或地区

国家（地区）	代码
澳大利亚	AUG
巴林	BHG
比利时	BEG
巴西	BRG
文莱达鲁萨兰国	BNG
柬埔寨	KHG
加拿大	CAG
中国	CNG
克罗地亚	HRG
朝鲜民主主义人民共和国	KPG
丹麦	DKG
埃及	ECG
埃塞俄比亚	ETG
斐济	DQG
法国	FRG
德国	DEG
加纳	GHG
中国香港	HKG
印度	ING
印度尼西亚	IDG
伊朗	IRG
意大利	ITG
牙买加	JMG
日本	JPG
科威特	KWG
吉尔吉斯斯坦共和国	KGG
卢森堡	LUG
中国澳门	MOG
马来西亚	MYG
尼泊尔	NPG
荷兰	NLG
阿曼	OMG
巴基斯坦	PKG
秘鲁	PEG
波兰	PLG
罗马尼亚	ROG
俄罗斯	RUG
沙特阿拉伯	SAG
塞尔维亚	RSG
新加坡	SGG
南非	ZAG
西班牙	ESG
斯里兰卡	VCG
瑞士	CHG
土耳其	TRG
乌克兰	UKG
阿拉伯联合酋长国	AEG
英国	GBG
美国	USG
瓦努阿图	VUG
委内瑞拉	VEG
津巴布韦	ZWG

二、已申报差异的经营人（部分）

航空公司	代码
ABSA 货运航空公司	M3
爱尔兰航空公司	EI
俄罗斯航空公司	SU
阿根廷航空公司	AR
秘鲁航空公司	PL
墨西哥航空公司	AM
阿尔及利亚航空公司	AH
亚特兰大冰岛航空公司	CC
波罗的海航空	BT
柏林航空公司	AB
俄罗斯空桥货运航空	RU

加拿大航空公司	AC	中国南方航空公司	CZ
加拿大胭脂航空	RV	巴拿马空运公司（货运）	CM
加勒比航空公司	TX	克罗地亚航空公司	OU
加勒比大西洋航空	8X	捷克航空公司	OK
中国国际航空集团公司	CA	德国汉莎航空公司	LH
欧罗巴航空公司	UX	英国敦豪航空公司	DO
欧罗巴航空快递	X5	埃及航空公司	MS
法国航空公司	AF	以色列航空公司	LY
中国香港航空公司	LD	欧洲货运航空公司	QY
印度航空公司	AI	联邦快递公司	FX
马达加斯加航空公司	MD	芬兰航空公司	AY
新西兰航空公司	NZ	迪拜航空	FZ
塞尔维亚航空公司	JU	中国香港航空公司	HX
阿拉斯加航空公司	AS	日本航空公司	JL
意大利航空公司	AZ	肯尼亚航空公司	KQ
全日本航空公司	NH	荷兰皇家航空公司	KL
美国航空公司	AA	大韩航空公司	KE
美国喷气机公司	A6	智利国家航空公司	LA
韩亚航空公司	OZ	阿根廷国家航空	4M
阿拉斯加航空公司	8V	哥伦比亚航空公司	4C
土耳其航空公司	KK	波兰航空公司	LO
奥地利航空公司	OS	卢森堡航空公司	LG
哥伦比亚航空公司	AV	德国汉莎货运航空公司	LH
厄瓜多尔航空公司	2K	马来西亚航空公司	MH
曼谷航空公司	PG	日本货运航空公司	KZ
英国航空公司	BA	卡塔尔航空公司	QR
英国国际货运航空公司	P3	顺丰航空	O3
卢森堡国际航空货运公司	CV	新加坡航空（货运）公司	SQ
卢森堡意大利航空货运公司	C8	美国西南航空公司	WN
加勒比航空公司	BW	阳光快递	XQ
中国香港国泰航空公司	CX	泰国国际航空公司	TG
中华航空公司	CI	突尼斯航空公司	TU
中国东方航空公司	MU	也门航空公司	IY

本章小结

本章主要介绍了允许航空运输的危险品在 DGR 中受到的限制。

限制包括禁止运输的危险品、隐含危险品、旅客和机组人员携带的危险品、经营人物资中的危险品、例外数量危险品、有限数量危险品、国家（地区）及经营人差异等方面的内容。有些危险品不能使用航空运输；有些危险品可以进行空运但要遵守相关规定和限制，如数量方面限制、机型选择（客机或者货机）限制等；此外，不同的国家（地区）以及经营人对危险品的运输也有可能会存在差异。在航空危险品运输中，这些限制和差异都将直接影响相关人员的操作。

习 题

1. 判断下列说法的对错。

（1）所有的危险品都可以以例外数量的形式进行运输。

（2）第3类危险品，包括所有包装等级，都可以以例外数量的形式进行运输。

（3）品名表F栏中显示“E0”，表示该危险品不可以采用例外数量形式进行运输。

（4）例外数量的危险品不需要填写托运人危险品申报单，只需在航空货运单的“货物品名与数量”栏中注明“例外数量的危险品”。

（5）中国不允许在邮件中夹带任何危险品。

（6）有限数量的危险品可以使用复合包装。

（7）有限数量的包装件的毛重不得超过30kg。

（8）危险品表中“G”栏和“H”栏指的是有限数量包装代码和有限包装每一包装件的最大允许净数量。

2. 多选题。

（1）以下哪些物品是禁止携带的危险品？

A. 野营炉　　B. 液氧装置

C. 电击武器　　D. 医用氧气

（2）以下哪些物品，无须经营人批准属于可以接收的物品？

A. 雪崩救援背包　　B. 化妆品

C. 现金箱　　D. 节能灯泡

（3）以下哪个选项属于经营人物资中的危险品？

A. 航空器上使用的酒精饮料　　B. 病患标本

C. 飞机零部件　　D. 航空器上的救生衣

3. 对于雪崩救援背包这一物品，是否需要经营人批准？是否可以作为手提行李？是否可以作为交运行李？是否需要告知机长？

4. 对于“电子香烟”这一物品，是否需要经营人批准？是否可以作为手提行李？是否可以作为交运行李？是否需要告知机长？

5. 简述禁止运输的危险品包括哪些。

6. 简述旅客和机组人员禁止携带的危险品有哪些。

7. 简述国家差异、经营人差异的组成，并指出USG－01、MU－02属于哪一个。

第三章
危险品的分类

【学习目标】

1. 熟悉危险品的九大分类；
2. 了解九类危险品的基本性质；
3. 熟悉危险品包装等级的划分标准；
4. 掌握具有多重危险性物品或物质的危险性分类。

DGR 参考：第三章

托运人对采用航空运输方式的危险品有责任进行识别和分类。在对任何需要空运的危险品包装之前，托运人必须做到正确并全面识别托运货物中所有满足危险品标准的物品和物质，确定每一危险品属于何种分类，必要时还应确定其次要危险性。不正确的危险品分类可能会导致错误的包装、标签、装载及有关通知的一系列错误。因此，对于从事航空运输的相关人员有必要了解危险品的分类及其基本性质。

危险品按其性质可分为九类：

- 第 1 类爆炸品；
- 第 2 类气体；
- 第 3 类易燃液体；
- 第 4 类易燃固体、易于自燃的物质及遇水释放易燃气体的物质；
- 第 5 类氧化性物质和有机过氧化物；
- 第 6 类毒性物质和感染性物质；
- 第 7 类放射性物质；
- 第 8 类腐蚀性物质；
- 第 9 类杂项危险品。

危险品类别的编号顺序仅为使用方便，与其相应的危险等级无关。某些危险性类别的范围较宽，可进一步分为若干项别。以下将分别介绍九类危险品的定义和基本性质。

第一节　第 1 类爆炸品

一、爆炸品的定义

第 1 类爆炸品（Explosive）包括：

（1）爆炸性物质（物质本身不是爆炸品，但能形成气体、蒸气或粉尘爆炸环境的，不包括在第1类），不包括那些危险性极大以致不能运输或主要危险性符合其他类别的物质；

（2）爆炸性物品，不包括以下装置：其中所含爆炸性物质的含量或特性不会使其在运输过程中偶然或意外被点燃或引发后因喷射、发火、冒烟、发热或巨响而在装置外部产生任何影响；

（3）上述条款（1）和（2）中未提及的，为产生爆炸或烟火实际效果而制造的物品或物质。

需要注意的是：

（1）第1类爆炸品是受限制的类别，只有那些列在危险品表中的爆炸物品和物质才可以收运。但有关国家当局有权通过相互协议而批准有专门用途的爆炸性物品和物质在特殊条件下运输。危险品表中列有"Articles，explosive，n. o. s.（爆炸性物品，n. o. s.）"和"Substances，explosive，n. o. s.（爆炸性物质，n. o. s.）"条目。这些条目只有在没有其他可行的办法时使用。关于危险品表详见本书第四章。

（2）危险品表中所列的大多数爆炸品通常禁止航空运输。

（3）一般条目，如"Explosive，blasting，Type A（A型爆炸性爆炸品）"是为了用于新的物质的运输。制定该要求时，已考虑到可能会用民用航空器运输军用弹药和炸药。

（4）第1类爆炸品的许多物品和物质都在DGR的附录中作了说明。

（5）包装类型通常对可能发生的危险起决定作用，因此某些项别的划分受此制约，这是第1类危险品的独特之处。可以使用DGR提供的程序确定正确的项别。

二、爆炸品的项别

第1类爆炸品按其危险程度不同分为以下6个项别：

（1）1.1项——具有整体爆炸危险性的物品和物质。整体爆炸指的是几乎瞬间影响到几乎全部载荷的爆炸。

（2）1.2项——具有喷射危险性而无整体爆炸危险性的物品和物质。

（3）1.3项——具有起火危险性，和轻微的爆炸危险性或轻微的喷射危险性，或两者兼而有之，但无整体爆炸危险性的物品和物质。该项包括产生大量辐射热的物品和物质；或相继燃烧，产生轻微爆炸和（或）喷射效应的物品和物质。

（4）1.4项——不存在显著危险性的物品和物质。该项包括运输中万一点燃或引发时仅出现较小危险的物品和物质。其影响主要限于包装件本身，并预计喷射出的碎片不大，射程也不远。外部火烧不会引起包装件全部内装物的瞬间爆炸。该项中的物品和物质划归为S配装组的条件是：其包装或设计能使偶然引起的任何危险效应局限于包装件内，除非包装件被烧损；在包装件被烧损的情况下，所有爆炸或喷射效应也有限，不会对包装件紧邻处救火或其他应急措施造成重大妨碍。

（5）1.5项——具有整体爆炸危险性的非常不敏感的物质。该项包括有整体爆炸危险、但非常不敏感，以致在正常运输条件下引发或由燃烧转为爆炸的可能性非常小的物质。关于正常运输条件详见本书第五章。

（6）1.6 项——无整体爆炸危险性的极不敏感的物品。该项包括仅含有极不敏感物质，并且其意外引发或传播的概率可忽略不计的物品。1.6 项物品的危险性只限于单个物品的爆炸。

三、爆炸品的配装组

第 1 类爆炸品按其所含物质的成分划分为 13 个配装组（Compatibility groups），如表 3 – 1 所示。被认为可以相容的各种爆炸性物品和物质列为一个配装组。不同的爆炸品是否可以混装在一起安全运输，完全取决于它所属的配装组是否相同。属于同一配装组的爆炸品可以放在一起运输，属于不同配装组的爆炸品不能配装在一起。由于 S 配装组的标准是以经验为依据的标准，该配装组必须与 1.4 项爆炸品的归类实验相关联。

表 3 – 1　　第 1 类爆炸品配装组的划分

配装组	危险品项别	拟分类物品或物质的说明
A	1.1	初级爆炸性物质
B	1.1；1.2；1.4	含有初级爆炸性物质，且不含有两种或两种以上有效保护装置的物品。某些物品，如爆破用雷管、雷管组件、帽形起爆器，即使它们不含初级炸药，也按此配装组处理
C	1.1；1.2；1.3；1.4	推进爆炸性物质或其他爆燃爆炸性物质或含有这类爆炸性物质的物品
D	1.1；1.2；1.4；1.5	次级起爆炸药或黑火药或含次级起爆炸药的物品，它们均无引发装置和发射药；或含有初级爆炸性物质和两种或两种以上有效保护装置的物品
E	1.1；1.2；1.4	含有次级起爆炸药的物品，无引发装置，含发射药（装有易燃液体或胶体或自燃液体的除外）
F	1.1；1.2；1.3；1.4	含有次级起爆炸药的物品，带有自身引发装置，含发射药（装有易燃液体或胶体或自燃液体的除外）或不含发射药
G	1.1；1.2；1.3；1.4	烟火物质或含有烟火物质的物品或既含有爆炸性物质又含有照明、燃烧、催泪或发烟物质的物品（遇水活化的物品或含白磷、磷化物、发火物质、易燃液体或胶体或自燃液体的物品除外）
H	1.2；1.3	含爆炸性物质和白磷的物品
J	1.1；1.2；1.3	含爆炸性物质和易燃液体或胶体的物品
K	1.2；1.3	含爆炸性物质和化学毒剂的物品
L	1.1；1.2；1.3	爆炸性物质或含爆炸性物质且具有特殊危险性（如遇水活化或含自燃液体、磷化物或发火物质）而需要彼此隔离的物品

续表

配装组	危险品项别	拟分类物品或物质的说明
N	1.6	主要含极不敏感的物质的物品
S	1.4	物品或物质的包装与设计使其在偶然引发时，只要包装件未被烧损就把任何危险都限制在包装之内。其爆炸与喷射的影响有限，不会妨碍在附近采取消防或其他应急措施

注：①D、E 配装组的物品可以与其起爆装置实装或包装在一起，前提是其起爆装置至少有两种有效保险，此保险被设计用来防止起爆装置意外起爆。此类物品和包装件必须划为 D 或者 E 配装组。

②D、E 配装组的物品可以与不具有两种有效保险的起爆装置包装在一起，起爆装置的意外起爆不会引起物品的爆炸，前提是经始发国有关当局的批准。此类包装件必须划为 D 或者 E 配装组。

第 1 类爆炸品的项别与配装组的组合如表 3－2 所示。注意，并不是所有的项别都对应所有的配装组。其中，1.4S 是唯一可用客机运输的爆炸品，1.3 项 C、G 配装组和 1.4 项 B、C、D、E、G、S 配装组的爆炸品可以用货机运输。其他爆炸品通常禁止运输。

表 3－2　　爆炸品分类表，危险品项别与配装组的组合

	配装组												
危险性	A	B	C	D	E	F	G	H	J	K	L	N	S	ΣA－S
1.1	1.1A	1.1B	1.1C	1.1D	1.1E	1.1F	1.1G		1.1J		1.1L			9
1.2		1.2B	1.2C	1.2D	1.2E	1.2F	1.2G	1.2H	1.2J	1.2K	1.2L			10
1.3			1.3C			1.3F	1.3G	1.3H	1.3J	1.3K	1.3L			7
1.4		1.4B	1.4C	1.4D	1.4E	1.4F	1.4G						1.4S	7
1.5				1.5D										1
1.6												1.6N		1
Σ1.1－1.6	1	3	4	4	3	4	4	2	3	2	3	1	1	35

四、爆炸品的特性

第 1 类爆炸品的特性主要有以下几个方面：

（1）爆炸性。爆炸品的主要危险性就是爆炸性。爆炸根据不同的形式可分为物理爆炸、化学爆炸和核爆炸。爆炸品的爆炸属于化学爆炸。

（2）毒害性。许多爆炸性物品或物质爆炸时通常产生大量的 CO、CO_2、N_2、N_2O、NO_2或 SO_2等窒息性气体或毒性气体，容易造成窒息或中毒。

（3）燃烧性。爆炸品爆炸燃烧时放出大量热量，使温度急剧升高，容易使周围可燃物质引起燃烧，造成火灾。

五、第1类小结

第1类爆炸品的主要危险性即爆炸性。依据其危险程度的不同可划分为六个项别，而根据其所含物质的成分可分为十三个配装组。配装组决定了爆炸物是否能配装在一起安全运输。任何爆炸性物品和物质都被划归于六个项别的一项和十三个配装组中的一个。大多数的第1类爆炸品都是禁止空运的。能用货机运输的有1.3C、1.3G和1.4B、1.4C、1.4D、1.4E、1.4G、1.4S。能用客机运输的只有1.4S。托运人托运爆炸品时应符合相关规定，并提供必要的文件。

常见的爆炸品有：TNT炸药、雷汞、硝化纤维素、烟花爆竹等。

第1类爆炸品特征描述及对应的标签、货运IMP代码如表3-3所示。

表3-3　第1类的特征描述、标签、货运IMP代码

危险性标签	名称/项别/货运IMP代码	特征描述	注释和/或例子
	爆炸品 1.1项 REX	具有整体爆炸危险性的物品和物质	贴有这些标签的爆炸品通常禁止空运 如：TNT炸药或鱼雷等
	爆炸品 1.2项 REX	具有喷射危险性而无整体爆炸危险性的物品和物质	
	爆炸品 1.3项 REX、RCX RGX	具有起火危险性，和轻微的爆炸危险性或者轻微的喷射危险性，或者两者兼而有之，但无整体爆炸危险性的物品和物质	
	爆炸品 1.4项 REX	不存在显著危险性的物品和物质	

续表

<table>
<tr><th>危险性标签</th><th>名称/项别/货运IMP代码</th><th>特征描述</th><th>注释和/或例子</th></tr>
<tr><td></td><td>爆炸品
1.5项
REX</td><td>具有整体爆炸危险性的非常不敏感物质</td><td rowspan="2">贴有这些标签的爆炸品通常禁止空运
如：TNT炸药或鱼雷等</td></tr>
<tr><td></td><td>爆炸品
1.6项
REX</td><td>无整体爆炸危险性的极不敏感物品</td></tr>
<tr><td></td><td>RXB、RXC
RXD、RXG</td><td></td><td>贴有这些标签的爆炸品通常仅限货机运输</td></tr>
<tr><td></td><td>爆炸品
1.4S
RXS</td><td>物品或物质的包装与设计使其在偶然引发时，只要包装件未被烧毁就把任何危险都限制在包装之内。其爆炸与喷射的影响有限，不会妨碍在附近采取消防或其他应急措施</td><td>1.4S可客机运输
如：手枪子弹、信号弹等</td></tr>
</table>

第二节 第2类气体

一、气体的定义

气体是指一种具有下列性质的物质：

(1) 在50℃时，蒸气压力大于300kPa的物质；或

(2) 在20℃、101.3kPa标准大气压下，完全处于气态的物质。

二、气体的运输状态

气体在运输中的主要物理状态有：

（1）压缩气体（Compressed gas）。

温度 -50℃下，加压包装运输时，完全呈现气态的气体。该类别包括临界温度≤ -50℃的所有气体。

（2）液化气体（Liquefied gas）。

温度高于 -50℃，加压包装运输时，部分呈现液态的气体。可分为：

①高压液化气体，即临界温度在 -50℃ ~ +65℃之间的气体；

②低压液化气体，即临界温度高于 +65℃的气体。

（3）冷冻液化气体（Refrigerated liquefied gas）。

包装运输时由于其温度低而部分呈现液态的气体，也称“深冷液体（Cryogenic liquid）”。

（4）溶解气体（Dissolved gas）。

加压包装运输时溶解于液相溶剂中的气体。

（5）吸附气体（Absorbed gas）。

包装运输时气体吸附在固体多孔材料上使内部容器压力在 20℃时低于 101.3kPa 和在 50℃时小于 300kPa 的气体。

第 2 类气体包括压缩气体、液化气体、溶解气体、冷冻液化气体、一种或多种气体与一种或多种其他类别物质的蒸气的混合物、充有气体的物品或气溶胶。

三、气体的项别

以运输中气体的主要危险性为依据，第 2 类气体物质可划分为三个项别：

（1）2.1 项——易燃气体；

（2）2.2 项——非易燃无毒气体；

（3）2.3 项——毒性气体。

（一）2.1 项易燃气体

易燃气体（Flammable gas）是指在 20℃和 101.3kPa 标准大气压下：

（1）在与空气的混合物中体积占比≤13%时可点燃的气体；或

（2）与空气混合，燃烧范围至少为 12 个百分点的气体，不论其燃烧下限如何。易燃性必须由试验确定，或按照国际标准化组织所采用的方法（ISO 10156：2010）计算确定。如因缺乏充分的数据而无法使用上述方法，则必须采用国家主管当局承认的类似方法进行试验。

燃烧范围是在一定温度、压力下，可燃气体或蒸气在助燃气体中形成的均匀混合系被点燃并能转播火焰的浓度范围。最低浓度称为燃烧下限；最高浓度称为燃烧上限。

（二）2.2 项非易燃无毒气体

非易燃无毒气体（Non-flammable，non-toxic gas）是指：

（1）窒息性气体，此种气体通常会稀释或取代正常空气中的氧气；或

（2）氧化性气体，此种气体一般通过提供氧气从而比空气更能引起或促进其他材料的燃烧；或

（3）不属于其他项别的气体。

2.2 项气体，如果在温度为 20℃、压力低于 200kPa 的条件下运输，且不是液化气体或冷冻液化气体时，则不受 DGR 的限制。

下列物品中的 2.2 项气体也不受 DGR 限制：

（1）食品，包括碳酸饮料（UN1950 除外）；

（2）体育用球；

（3）符合特殊规定 A59 的轮胎。

特殊规定 A59 轮胎组件如满足下列条件则不受 DGR 限制：

①不能使用的或损坏的轮胎组件，轮胎泄压到 20℃表压低于 200kPa；或

②带有可用轮胎的组件，轮胎充气未超过最大额定压力。但在运输过程中必须防止这些轮胎（包括阀门组件）损坏。

（三）2.3 项毒性气体

毒性气体（Toxic gas）是指：

（1）已知其毒性或腐蚀性强到对人体健康会造成危害的气体；或

（2）根据相关试验，其 LC_{50} 值等于或小于 5000mL/m^3（ppm），而推定对人体应具有毒性或腐蚀性的气体。试验详见本章第六节毒性物质吸入毒性的试验测定。

因其腐蚀性而符合上述标准的气体将划为主要危险性毒性气体，次要危险性腐蚀性。

四、气体混合物

对于气体混合物（包括其他类别物质的蒸气）要划入气体三个项别中的一项，必须由相关的试验或计算确定。

1. 易燃性。

气体混合物的易燃性必须由试验确定，或按照国际标准化组织所采用的方法（ISO 10156：2010）计算确定。如果因缺乏充分的数据而无法使用上述方法，则必须采用国家主管当局承认的类似方法进行试验。

2. 毒性。

气体混合物的毒性程度可参考本章第六节毒性物质吸入毒性的试验测定。也可采用以下公式计算：

$$LC_{50}\text{Toxic(mixture)} = \frac{1}{\sum_{i=1}^{n} \frac{f_i}{T_i}} \quad (3-1)$$

其中，f_i 为混合物中的第 i 种成分物质的摩尔分数；T_i 为混合物中的第 i 种成分物质的毒性指数，当 LC_{50} 值已知，$T_i = LC_{50}$。

当 LC_{50} 值未知时，可用具有类似生理或化学效应的物质的最低 LC_{50} 值。这些方法都不可行，则通过试验确定。

3. 腐蚀性。

气体混合物在下述情况下具有腐蚀性的次要危险性：

（1）根据经验已知混合物对皮肤、眼睛、黏膜具有破坏作用；或

（2）混合物腐蚀性成分的 $LC_{50} \leqslant 5000mL/m^3$（ppm），$LC_{50}$值按以下公式计算：

$$LC_{50}Corrosive(mixture) = \frac{1}{\sum_{i=1}^{n} \frac{f_{ci}}{T_{ci}}} \quad (3-2)$$

其中，f_{ci}为混合物中的第 i 种腐蚀性成分物质的摩尔分数；T_{ci}为混合物中的第 i 种腐蚀性成分物质的毒性指数；当 LC_{50}值已知时，$T_{ci} = LC_{50}$。

4. 氧化性。

气体混合物的氧化能力可由试验确定，也可按照国际标准化组织所采用的方法（ISO 10156：2010）计算确定。

五、气体的危险性主次顺序

具有两个项别以上危险性的气体和气体混合物，其危险性的主次顺序如下：

（1）2.3 项优先于所有其他项；

（2）2.1 项优先于 2.2 项。

六、气溶胶

第 2 类危险品包括“气溶胶”。在 DGR 中，气溶胶（Aerosols）或气溶胶喷雾器（Aerosol dispensers）是指装有压缩气体、液化气体或溶解气体的一次性使用的金属、玻璃或塑料制成的容器。无论里面是否装入液体、粉末或糊状物，这样的容器都有释放装置。当该装置开启时，可以喷出悬浮固体或液体小颗粒的气体，或喷出泡沫、糊状物或粉末、液体或气体。

对于气溶胶，其所属第 2 类的项别和次要危险性取决于气溶胶喷雾器中内装物的性质：

（1）如果内装物所含可燃成分的质量占比≥85%，且化学燃烧热量≥30KJ/g，则适用 2.1 项。

（2）如果内装物所含可燃成分按质量占比≤1%，且化学燃烧热量＜20KJ/g，则适用 2.2 项。

（3）不符合前两项要求的气溶胶必须按照联合国《试验和标准手册》第Ⅲ部分相关试验结果进行分类。极度易燃气溶胶和易燃气溶胶必须划入 2.1 项，非易燃气溶胶划入 2.2 项。

（4）2.3 项气体不得作为气溶胶喷雾器中的喷剂。

（5）如果除气溶胶喷雾器的推进剂之外的内装物划入 6.1 项、包装等级Ⅱ级或Ⅲ级，或第 8 类、包装等级Ⅱ级或Ⅲ级，则气溶胶必须具有 6.1 项或第 8 类次要危险性。

需要注意的是，含有 2.3 项气体的气溶胶禁止运输；内装物的毒性或腐蚀性达到包装等级Ⅰ级标准的气溶胶禁止运输；除非被豁免，否则内装物的毒性或腐蚀性达到包装等级Ⅱ级标准的气溶胶禁止运输。

七、禁止运输的气体

禁止运输化学性质不稳定的第2类气体，除非已采取必要的防范措施，防止在正常运输条件下可能发生危险的分解或聚合。

为防止发生聚合而有必要采取的防范措施，见特殊规定A209。必须特别注意，确保容器和罐体不含有任何易于促进这类反应的物质。

特殊规定A209：在使用到化学稳定性时，将包装件交付运输的人员必须确保稳定性水平足以防止包装中的物质在散装货物平均温度为50℃时发生危险的聚合反应。当化学稳定性在预期的运输期间内更低的温度条件下变成无效时，需要采取温度控制，此种情况下该物质禁止空运。

八、气体的特性

第2类气体的特性主要有以下几个方面：

(1) 扩散性。比空气轻的气体会蓄留在空间的封闭顶部；比空气重的气体会沉积在低洼处。若任其蓄积，都有潜在危险。所以应针对气体相对密度的大小采取相应的防范措施，以确保安全。

(2) 可压缩和液化性。气体都具有可压缩性，但只有当温度降到一定程度，再施加压力才能使其液化。在该温度以上，无论施加多大压力都不能使其液化。这个温度称为临界温度。

(3) 物理爆炸性。所有气体都是加压灌装在压力容器内进行运输的，如容器受到剧烈撞击、振动或受热时，会使容器内压力增大，若超过容器所能承受的最高压力，就会产生容器爆炸。这属于物理爆炸。

(4) 燃烧爆炸性。易燃气体扩散到空气中，与空气形成混合气体，当达到爆炸或燃烧极限时，遇明火会发生燃烧和爆炸。

(5) 毒性/腐蚀性。毒性气体在第2类气体中所占比重较大，毒性气体，尤其是剧毒气体对人畜都有很大的危害性，吸入少量即可引起中毒甚至死亡。

(6) 氧化性。2.2项非易燃无毒气体中有些气体虽然本身不能燃烧，但具有很强的助燃性。

(7) 窒息性。2.2项非易燃无毒气体中有些气体虽然无毒，但在高浓度时有窒息性，如CO_2。

(8) 溶解性。许多气体能溶解于水和某些溶剂中。

九、第2类小结

第2类气体是唯一按物理形态分类的危险品，按其运输的物理状态不同包括压缩气体、液化气体、冷冻液化气体、溶解气体和吸附气体。根据运输中气体的主要危险性可将第2类气体划分为三个项别：2.1项易燃气体，如甲烷、氢气、乙炔等；2.2项非易燃无毒气体，如二氧化碳、氧气、液态氮等；2.3 项毒性气体，如氯气、一氧化碳、硫化氢气体、氯化氢气体等。

不同气体和气体混合物的危险性不同，且通常具有多种危险性。对于气溶胶，其主要危险性和次要危险性取决于气溶胶喷雾器中内装物的性质。

储运量较大较常见的气体有：氧气、氢气、氯气（液氯）、乙炔、石油气等。

第 2 类气体的特征描述及对应的标签、货运 IMP 代码如表 3－4 所示。

表 3－4　　第 2 类气体特征描述及标签、货运 IMP 代码

危险性标签	名称/项别/货运 IMP 代码	特征描述	注释和/或例子
	易燃气体 2.1 项 RFG	与空气中混合后达到一定比例，能形成可燃性混合气体	丁烷、氢、丙烷、乙炔、打火机
	非易燃无毒气体 2.2 项 RNG RCL（冷冻液化气体）	任何不燃烧、无毒气体或冷冻液化气体	二氧化碳、氖气、灭火器、液氮或液氦
	毒性气体 2.3 项 RPG	对人体有毒害和腐蚀作用的气体和已知对人体健康有威胁的气体	大多数毒性气体是禁止空运的

第三节　第 3 类易燃液体

一、易燃液体的定义

第 3 类危险品无分项，包括易燃液体和液态减敏爆炸品。

1. 易燃液体。

易燃液体（Flammable liquids）是指在闭杯试验中温度不超过 60°C，或在开杯试验中温度不超过 65.6°C 时，放出易燃蒸气（通常被称为闪点）的液体、液体混合物或含有固体的溶液或悬浮液（如油漆、清漆、真漆等，但不包括危险性属于其他类别的物质）。

符合上述易燃液体的定义，闪点高于 35°C 且不能持续燃烧的液体，符合下列条件，则不必视为易燃液体：

（1）通过了适当的燃烧性试验（参照联合国《试验和标准手册》第Ⅲ部分的“持续燃烧试验”）；或

（2）根据 ISO 2592：1973 燃点高于 100°C；或

（3）水溶液含水量超过 90%（按质量计）。

易燃液体还包括：

（1）在达到或超过其闪点温度下所交运的液体；

（2）处于高温以液态运输或交运，且在达到或低于最高运输温度（即该物质在运输中可能遇到的最高温度）时放出易燃蒸气的物质。

2. 液态减敏爆炸品。

液态减敏爆炸品（Liquid desensitized explosives）是指溶解于或悬浮于水或其他液体物质，形成一种均匀液体混合物，以抑制其爆炸性的爆炸性物质。危险品表中的液态减敏爆炸品条目有 UN1204、UN2059、UN3064、UN3343、UN3357 和 UN3379。

二、易燃液体包装等级

1. 包装等级划分标准。

易燃液体的包装等级是依据其闪点和沸点来划分的。

（1）闪点。

闪点（Flash point）是指液体上部的蒸气空间在火星或火焰的作用下发生瞬时闪光的最低温度。液体在闪点温度下不能连续燃烧。若使液体持续燃烧，那么温度还必须升高至一定量值，这一温度称为燃点或着火点，一般比闪点高 1 ~ 5℃。

当易燃液体温度高于其闪点时，随时都有接触火源而被点燃的危险。因此将闪点作为衡量易燃液体易燃性的重要指标。

测定液体闪点时，可利用闭杯试验（Closed-cup test）或开杯试验（Open-cup test）。闭杯试验指在一个密封的容器内做试验，与外界的热交换较小；开杯试验指在一个开放的容器内做试验，与外界有热交换。闭杯试验得到的闪点值更精确，一般用于测定低闪点的液体；开杯试验的测定结果要高几度，一般用于测定闪点较高的液体。除非特别说明，一般所说的闪点都指闭杯闪点。

一种易燃液体的闪点会因为存在杂质而发生改变。列入危险品表的第 3 类物质通常被作为化学纯净物。商业产品的闪点可能因为含有添加剂或杂质而改变，这将影响该产品的分类和包装等级的确定。如果对物质的分类和包装等级有疑问，则必须通过试验确定该物质的闪点。

（2）沸点。

初始沸点（Initial boiling point）是指液体开始沸腾时的温度。初始沸点低的液体很容易气化，因此其液面附近的蒸气压和蒸气浓度易达到爆炸极限的范围，与空气易形成爆炸混合物。初始沸点低的易燃液体，其闪点也低，反之亦然。

联合国以初始沸点和闪点作为划分易燃液体危险包装类别的重要指标。

2. 包装等级的划分。

对于只具有易燃危险性的液体的包装等级，其包装等级划分如表3－5所示。

表3－5 第3类易燃液体包装等级的划分

包装等级	闪点（闭杯）	初始沸点
Ⅰ	—	≤35℃
Ⅱ	<23℃	>35℃
Ⅲ	≥23℃，但≤60℃	

对于还具有其他危险性的液体，综合考虑表3－5确定的包装等级和根据其他危险性的严重程度确定包装等级。这种情况下，必须考虑具有多重危险性物品或物质分类的危险性主次顺序确定该液体的正确类别和包装等级。本章将在第十节介绍具有多重危险性物品或物质的分类。

3. 黏稠物质的包装等级。

闪点低于23℃的易燃黏稠液体（Viscous flammable liquids），如油漆、瓷漆、清漆、黏合剂和上光剂等，根据联合国《试验和标准手册》第Ⅲ部分的相关程序，并考虑下列因素，可归入包装等级Ⅲ级：

（1）黏度和闪点与表3－6中的数据一致；

表3－6 黏稠物质包装等级Ⅲ级的标准

23℃时的运动黏度v（mm^2/s）	流动时间t（秒）	开口直径（mm）	闭杯闪点（℃）
20<v≤80	20<t≤60	4	>17
80<v≤135	60<t≤100	4	>10
135<v≤220	20<t≤32	6	>5
220<v≤300	32<t≤44	6	>－1
300<v≤700	44<t≤100	6	>－5
v>700	t>100	6	≤－5

（2）在溶剂分离试验中，分层后的澄清溶剂层在3%以下；

（3）该混合物或任何分离出的溶剂不符合6.1项或第8类标准；

（4）每个包装件的净数量在客机上运输时不超过30L或在货机运输时不超过100L，且必须在托运人危险品申报单上标注。

4. 高温液体。

由于在高温下运输或交运而被划为易燃液体的物质归入包装等级Ⅲ级。

高温液体（Elevated temperature liquids）通常禁止空运。

三、禁止运输的易燃液体

禁止运输化学性质不稳定的第 3 类物质，除非已采取必要的防范措施，防止在正常运输条件下可能发生危险的分解或聚合。为防止发生聚合而有必要采取的防范措施，见特殊规定 A209。必须特别注意，确保容器和罐体不含有任何易于促进这类反应的物质。

四、易燃液体的特性

第 3 类易燃液体的特性主要有以下几个方面：

（1）易挥发性。液体在低于沸点温度下的蒸发现象则称挥发。所有液体都能够挥发，只是各种液体挥发的快慢不同。

（2）易燃性。液体本身并不能燃烧，但其挥发的蒸气与空气的混合物一旦接触火种就易于着火燃烧。易燃液体具有高度的易燃性。

（3）蒸气的易爆性。易燃液体挥发产生的蒸气和空气混合达到一定的浓度，遇明火会发生爆炸。

（4）具有较大的蒸气压。易燃液体都是蒸气压较高的液体，而且随温度的升高急剧加大，因而储存于密闭容器中时，受热后很容易造成容器的胀裂，甚至发生物理爆炸。

（5）热胀冷缩性。易燃液体的受热膨胀系数都比较大，因此在罐装易燃液体时应留有足够的膨胀余位。

（6）流动性。黏度较小的易燃液体，一旦洒漏，极易流动到低处。

（7）反应性。易燃液体遇强酸及氧化性物质等能发生剧烈反应从而引起燃烧。

（8）毒性。大多数易燃液体及其蒸气都有不同程度的毒性或麻醉性。

（9）易积聚静电。大部分易燃液体的绝缘性能都很高，易积聚静电。

（10）比重小。大部分易燃液体都比水轻（比重小于 1），且不混溶于水。当这类物质发生火灾时，一定不能用水灭火。否则不但起不到覆盖、降温作用，当液体不只限于某一容器时，还会由于水的流动使火灾蔓延。

（11）蒸气相对密度较大。有许多易燃液体的蒸气比空气重，当它们从容器中挥发出来后，蒸气不是向高空扩散，而往往是向低处扩散。因此，在存放和积载易燃液体的库房和货舱的较低处就可能有易燃液体蒸气聚集，容易产生一些潜在的危险。

五、第 3 类小结

第 3 类易燃液体无分项，包括易燃液体和液态减敏爆炸品。利用闭杯闪点和初始沸点可对易燃液体进行包装等级的划分。易燃液体绝大多数为有机化合物，是危险货物中品种最多、运输量最大的一类，常见的易燃液体有乙醇、苯、汽油、煤油、二硫化碳等。

第 3 类易燃液体的特征描述及对应的标签、货运 IMP 代码如表 3－7 所示。

表 3－7　　第 3 类易燃液体特征描述及标签、货运 IMP 代码

危险性标签	名称/项别/货运 IMP 代码	特征描述	注释和/或例子
	易燃液体 第 3 类 RFL	闭杯试验闪点≤60℃的任何液体及液态减敏爆炸品	一些油漆、清漆、酒精、某些黏合剂、汽油等

第四节　第 4 类易燃固体、易于自燃的物质及遇水释放易燃气体的物质

第 4 类危险品分为三个项别：

（1）4.1 项——易燃固体；

（2）4.2 项——易于自燃的物质；

（3）4.3 项——遇水释放易燃气体的物质（遇湿危险）。

一、4.1 项易燃固体

4.1 项易燃固体包括：

（1）易燃固体，在正常运输条件下容易燃烧或摩擦可能引燃的固体；

（2）自反应物质，容易发生强烈放热反应的物质；

（3）固态减敏爆炸品，不充分稀释就可能发生爆炸的固体物质；

（4）聚合物质，容易发生强烈放热反应的物质。

1. 易燃固体。

易燃固体（Flammable solids）指易于燃烧的固体或摩擦可能起火的固体。易于燃烧的固体为粉状、颗粒状或糊状物质，这些物质与燃烧着的火柴等火源短暂接触即能容易起火，并且火焰会迅速蔓延，有较大危险性。此外，易燃固体的危险不仅来自于火，还可能来自毒性燃烧产物。金属粉末特别危险，一旦着火就难以扑灭，因为常用的灭火剂如二氧化碳或水会增加其危险性。

（1）易燃固体的分类。

粉状、颗粒状或糊状物质（金属粉末除外）在根据联合国《试验和标准手册》第Ⅲ部分相关试验方法进行的试验中有一次或多次燃烧时间小于 45 秒或燃烧速率大于 2.2mm/s，必须划为 4.1 项易于燃烧固体。

金属或金属合金粉末如能点燃并且在 10 分钟以内蔓延到试样的全部长度时，必须划为 4.1 项。

在更明确的标准制定出来前，摩擦可能起火的固体必须根据现有条目，如火柴，以类推的方法划为 4.1 项。

（2）易燃固体的包装等级。

粉状、颗粒状或糊状物质（金属粉末除外），燃烧时间小于 45 秒且火焰通过湿润段，必须划入Ⅱ级包装。金属或金属合金粉末，如反应段在 5 分钟以内蔓延到试样的全部长度，必须划入Ⅱ级包装。

粉状、颗粒状或糊状物质（金属粉末除外），燃烧时间小于 45 秒且湿润段阻止火焰传播至少 4 分钟，必须划入Ⅲ级包装。金属粉末如反应段在大于 5 分钟但小于 10 分钟内蔓延到试样的全部长度，必须划入Ⅲ级包装。

2. 自反应物质。

自反应物质（Self-reactive substance）是指即使没有氧气（空气）也容易发生激烈放热分解的热不稳定物质。

下列物质不被视为 4.1 项的自反应物质：

（1）符合第 1 类标准的爆炸品；

（2）符合 5.1 项标准的氧化性物质（但含有不低于 5.0% 的可燃有机物质的氧化性物质混合物需按照自反应物质的分类）；

（3）符合 5.2 项标准的有机过氧化物；

（4）分解热小于 300J/g 的物质；或

（5）其 50kg 包装件的自加速分解温度高于 75℃ 的物质。

自反应物质可因热、与催化性杂质（如酸、重金属化合物、碱）接触、摩擦与碰撞而开始分解。分解速度随温度而增加，且因物质而异。分解可能放出毒性气体或蒸气，特别是在没有着火的情况下。对某些自反应物质，温度必须加以控制。有些自反应物质可能引起爆炸性分解，特别是在封闭的情况下。这一特性可通过添加稀释剂或使用适当的包装来加以改变。有些自反应物质可以剧烈燃烧

自反应物质是根据其危险程度进行分类的。允许航空运输的自反应物质在 DGR 中已明确列出，且在危险品表中指定了适当的条目，对未列出的自反应物质必须根据试验报告由危险品生产国国家有关当局进行分类并确定类属条目。

3. 固态减敏爆炸品。

固态减敏爆炸品（Solid desensitized explosives）是指用水或醇类润湿或其他物质稀释，形成均匀固态混合物以抑制其爆炸性的爆炸物质。

4. 聚合物质和混合物（稳定的）。

聚合物质（Polymerizing substances）是在不添加稳定剂的情况下，在正常运输条件下可能发生强烈放热反应，导致生成较大分子或形成聚合物的物质。其符合下列条件：

（1）在该物质或混合物的运输条件下（交运时添加或未添加化学稳定剂），在该物质或混合物所使用的运输包装中，物质的自加速聚合温度 SAPT≤75℃；

（2）显示的反应热≥300J/g；

（3）不符合列入第 1 类至第 8 类的任何其他标准。

满足聚合物质标准的混合物，必须划分为 4.1 项中的聚合物质。

如果聚合物质的运输该物质的包装内的自加速聚合温度 SAPT≤50℃，则运输过程中

必须进行温度控制。

二、4.2 项易于自燃的物质

1. 定义及性质。

易于自燃的物质（Substance liable to spontaneous combustion）是在正常运输条件下易于自发放热，或与空气接触能够放热，从而易于起火的物质。

物质的自发放热是物质与氧气（空气）逐渐反应放热的过程。当热量产生的速度大于热量散发的速度时，物质温度会升高继而可能引起自燃。

4.2 项易于自燃的物质包括：

（1）发火物质；

（2）自发放热物质。

发火物质（Pyrophoric substances）是指5分钟内即使少量接触空气便可燃的物质，包括混合物和溶液（液体或固体），这种物质最易自动燃烧，可分为发火固体（Pyrophoric solids）和发火液体（Pyrophoric liquids）。

自发放热物质（Self-heating substances）是指没有另外的能量补给，接触空气自身放热的物质。这种物质只有在大量（若干千克）存在和长时间（数小时或天）接触空气时才能燃烧。

2. 包装等级的划分。

（1）包装等级Ⅰ级。

4.2 项中的所有发火物质（含发热液体和发火固体）必须划入Ⅰ级包装。

（2）包装等级Ⅱ级。

用 $25mm^3$ 试样在140℃下做试验时得到肯定结果的自发放热物质，必须划入包装等级Ⅱ级。

（3）包装等级Ⅲ级。

自发放热物质符合下列条件必须划入包装等级Ⅲ级：

①用 $100mm^3$ 试样在140℃下做试验时得到肯定结果，用 $25mm^3$ 试样在140℃下做试验时得到否定结果，该物质须装在体积大于 $3m^3$ 的包装内运输；

②用 $100mm^3$ 试样在140℃下做试验时得到肯定结果，用 $25mm^3$ 试样在140℃下做试验时得到否定结果，用 $100mm^3$ 试样在120℃下做试验时得到肯定结果，该物质须装在体积大于450L的包装内运输；

③用 $100mm^3$ 试样在140℃下做试验时得到肯定结果，用 $25mm^3$ 试样在140℃下做试验时得到否定结果，用 $100mm^3$ 试样在100℃下做试验时得到肯定结果。

以上试验均指根据联合国《试验和标准手册》第Ⅲ部分相关试验方法进行。

三、4.3 项遇水释放易燃气体的物质

1. 定义及性质。

遇水释放易燃气体的物质（Substances which, in contact with water, emit flammable gases）是与水反应自燃或产生足以构成危险数量易燃气体的物质。

有些物质与水接触可能放出易燃气体，这种气体与空气混合能够形成爆炸性混合物。这种混合物很容易被平常的火源点燃，如无灯罩的灯、产生火花的手工工具或无防护的灯。其所产生的冲击波和火焰可能对人和环境造成危害。

2. 包装等级的划分。

（1）包装等级Ⅰ级。在环境温度下与水发生剧烈反应，并且气体产物通常都显示出自燃的趋势，或在环境温度下容易与水发生反应并在每分钟内释放易燃气体的速度≥10L/kg的任何物质，必须划为包装Ⅰ级。

（2）包装等级Ⅱ级。在环境温度下容易与水发生反应，每小时释放易燃气体的速度≥20L/kg，并且未达到 Ⅰ 级标准的任何物质必须划为包装Ⅱ级。

（3）包装等级Ⅲ级。在环境温度下缓慢与水发生反应，每小时释放易燃气体的速度≥1L/kg，并且未达到 Ⅰ 或Ⅱ级标准的任何物质必须划为包装Ⅲ级。

四、第4类危险品的特性

第4类易燃固体、易于自燃的物质及遇水释放易燃气体的物质的特性主要有以下几个方面：

（1）易燃性。

易燃固体的燃点都较低（大多数易燃固体的燃点低于400℃），在遇空气（或氧化性物质）、遇火、受热、摩擦或与酸类接触等都能引起剧烈的燃烧甚至爆炸。

易于自燃的物质的自燃点低（大多数易于自燃的物质自燃点低于200℃），并易于被氧化分解，尤其是受潮受热后放出热量，这些热量又加剧氧化反应，产生热量越来越多，很容易达到自燃点引起自燃。

遇水释放易燃气体的物质化学特性极其活泼，遇水（受潮）、酸、氧化性物质等能发生剧烈的化学反应，放出易燃气体，并产生一定的热量，当产生的热量达到其自燃点时或遇到明火立即引起燃烧甚至爆炸。

（2）爆炸性。

第4类危险品的爆炸主要有以下几种情况：

①易燃固体中有许多物质都是粉末状的，飞散到空气中在一定条件下会引起粉尘爆炸；

②有些物质与氧化性物质混合会形成爆炸性混合物；

③因物质燃烧产生大量气体，使体积迅速膨胀引起爆炸；

④固态减敏爆炸品，当其浸湿液体低于规定含量或处于干燥状态时即爆炸性物质，具有强烈的爆炸性；

⑤遇水释放易燃气体的物质，如放出的易燃气体与空气混合浓度达到爆炸极限，遇明火即引起混合气体的爆炸；

⑥受潮释放易燃气体的物质，会与包装内残留的空气中的水汽反应生成气体，如不能及时排出，压力增大会发生爆炸。

（3）毒性/腐蚀性。

第4类危险品中的一些物质本身具有毒性，或燃烧后产生有毒的物质，或与水反应后释放出毒性气体，还可以产生腐蚀性物质，它们与皮肤接触或者被人体吸入会产生腐蚀、中毒。

五、第4类小结

除第1类爆炸品、2.1项易燃气体、第3类易燃液体外，其他具有易燃、易爆性质的物质基本都划归于第4类。第4类易燃固体、易于自燃的物质及遇水释放易燃气体的物质划分为三个项别：4.1项易燃固体，如赤磷、硫磺等；4.2项易于自燃的物质，如白磷、硝化纤维胶片等；4.3项遇水释放易燃气体的物质，如电石、碱金属等。其中，4.1项易燃固体包括易燃固体、自反应物质、固态减敏爆炸品和聚合物质。从物理形态上，第4类危险品绝大多数是固体，只有4.2项易于自燃的物质和4.3项遇水释放易燃气体的物质中有少量液体物质。

第4类易燃固体、易于自燃的物质及遇水释放易燃气体的物质的特征描述及对应的标签、货运IMP代码等如表3-8所示。

表3-8　　　第4类危险品特征描述及标签、货运IMP代码

危险性标签	名称/项别/货运IMP代码	特征描述	注释和/或例子
	易燃固体 4.1项 RFS	任何易燃或能引起或摩擦后容易引起燃烧的固体物质	安全火柴、硫磺、塞璐珞、硝基萘 有些是自反应物质，如4-亚硝基苯酚
	易于自燃的物质 4.2项 RSC	易于自发放热或与空气接触后升温而起火	白磷/黄磷、摩擦火柴、二胺基镁
	遇水释放易燃气体的物质 4.3项 RFW	与水接触后会放出易燃气体，自发燃烧	碳化钙、金属钠

第五节　第5类氧化性物质和有机过氧化物

第5类危险品分为两个项别：

（1）5.1 项——氧化性物质；
（2）5.2 项——有机过氧化物。

一、5.1 项氧化性物质

氧化性物质（Oxidizing substance）是指本身未必燃烧，但通常因放出氧可能引起或促使其他物质燃烧的物质。这类物质可能含在物品内。

氧化性物质有固体氧化剂（Solid oxidizers）和液体氧化剂（Liquid oxidizers）。

1. 固体氧化剂。

固体氧化剂的分类以测定固体物质与一种可燃物质完全混合时增加该可燃物质的燃烧速度或燃烧强度的潜力为标准。固体氧化剂按照联合国《试验和标准手册》第Ⅲ部分下相关试验程序和以下标准划定包装等级。

（1）包装等级Ⅰ级。

任何物质以其样品与纤维素之比为按质量 4∶1 或 1∶1 的混合物进行试验时，显示的平均燃烧时间小于溴酸钾与纤维素之比为按质量 3∶2 的混合物的平均燃烧时间。

任何物质以其样品与纤维素之比为按质量 4∶1 或 1∶1 的混合物进行试验时，显示的平均燃烧速率大于过氧化钙与纤维素之比为按质量 3∶1 的混合物的平均燃烧速率。

（2）包装等级Ⅱ级。

任何物质以其样品与纤维素之比为按质量 4∶1 或 1∶1 的混合物进行试验时，显示的平均燃烧时间小于或等于溴酸钾与纤维素之比为按质量 2∶3 的混合物平均燃烧时间，并且未满足包装等级Ⅰ级的标准。

任何物质以其样品与纤维素之比为按质量 4∶1 或 1∶1 的混合物进行试验时，显示的平均燃烧速率大于过氧化钙与纤维素之比为按质量 1∶1 的混合物平均燃烧速率，并且未满足包装等级Ⅰ级的标准。

（3）包装等级Ⅲ级。

任何物质以其样品与纤维素之比为按质量 4∶1 或 1∶1 的混合物进行试验时，显示的平均燃烧时间小于或等于溴酸钾与纤维素之为按质量 3∶7 的混合物的平均燃烧时间，并且未满足包装等级Ⅰ级和包装等级Ⅱ级的标准。

任何物质以其样品与纤维素之比为按质量 4∶1 或 1∶1 的混合物进行试验时，显示的平均燃烧速率大于过氧化钙与纤维素之为按质量 1∶2 的混合物的平均燃烧速率，并且未满足包装等级Ⅰ级和包装等级Ⅱ级的标准。

2. 液体氧化剂。

液体氧化剂的分类以测定液态物质与一种可燃物质完全混合时增加该可燃物质的燃烧速度，或燃烧强度的潜力，或发生自发着火的潜力为标准。液体氧化剂按照联合国《试验和标准手册》第Ⅲ部分下相关试验程序和以下标准划定包装等级。

（1）包装等级Ⅰ级。任何物质以该物质与纤维素之比按质量 1∶1 的混合物进行试验时，自发着火，或该物质与纤维素之比为按质量 1∶1 的混合物的平均压力上升时间小于 50% 高氯酸与纤维素之比为按质量 1∶1 的混合物的平均压力上升时间。

（2）包装等级Ⅱ级。任何物质以该物质与纤维素之比为按质量 1∶1 的混合物进行试验时，显示的平均压力上升时间小于或等于40%氯酸钠水溶液与纤维素之比为按质量1∶1的混合物的平均压力上升时间，且未满足包装等级Ⅰ级的标准。

（3）包装等级Ⅲ级。任何物质以该物质与纤维素之比的为按质量1∶1的混合物进行试验时，显示的平均压力上升时间小于或等于65%硝酸水溶液与纤维素之比为按质量1∶1的混合物的平均压力上升时间，且未满足包装等级Ⅰ级和包装等级Ⅱ级的标准。

3. 氧化性物质的特性。

5.1项氧化性物质的特性主要有以下几个方面：

（1）化学性质活泼。氧化性物质化学性质活泼，可与很多其他物质发生危险的化学反应。氧化性物质遇有机物品、易燃物品等常会发生反应，并常伴有大量的热产生，甚至引起燃烧和爆炸。同属氧化性物质类的物品，由于氧化性的强弱不同，相互混合后也会引起燃烧甚至爆炸。有些氧化性物质混入可燃杂质后，爆炸性会更加明显，摩擦、震动、受热均能引起爆炸。

（2）不稳定性。氧化性物质受热易分解释放出氧（多数温度低于500℃），从而引起或促进周围可燃物的燃烧。有些氧化性物质在日光照射下就会分解放出氧气，如氧化银。

（3）吸水性。有些氧化性物质遇水后会发生分解，释放出氧，有时还产生毒性和腐蚀性物质。有些氧化性物质在包装不严密时，会吸收空气中的水蒸气和二氧化碳发生反应。

（4）毒性/腐蚀性。氧化性物质一般都具有不同程度的毒性，有的还具有腐蚀性，人吸入或接触可能发生中毒、皮肤损伤等现象。

二、5.2项有机过氧化物

1. 有机过氧化物的定义。

有机过氧化物（Organic peroxides）是指含有两价过氧基—O—O—结构的有机物。它可看作是过氧化氢的衍生物，即其中一个或两个氢原子被有机原子团所取代。

有机过氧化物是热不稳定物质，它可以放热并因而加速自身的分解。此外，有机过氧化物还可能具有下列一种或多种特性：

（1）易于爆炸性分解；

（2）速燃；

（3）对碰撞或摩擦敏感；

（4）与其他物质发生危险的反应；

（5）损伤眼睛。

2. 有机过氧化物的分类。

有机过氧化物根据其表现的危险程度分类，除以有机或氧化物的成分有以下两种情况，任何有机过氧化物都必须考虑划入5.2项。

（1）当过氧化氢的含量不超过1.0%时，有机过氧化物中的有效氧含量不超过1.0%；或

（2）过氧化氢的含量超过1.0%但不超过7.0%时，有机过氧化物中的有效氧含量不超过0.5%。

有机过氧化物中的有效氧含量百分比按下列公式计算：

$$O_A = 16 \times \sum \left(\frac{n_i \times C_i}{m_i} \right) \tag{3-3}$$

其中：

O_A——有效氧含量（百分比）；

n_i——有机过氧化物 i 每个分子的过氧基数目；

C_i——有机过氧化物 i 的浓度（质量百分比）；

m_i——有机过氧化物 i 的分子量。

允许航空运输的有机过氧化物在 DGR 中明确列出，且在危险品表中指定了适当的条目，对未列出的有机过氧化物必须根据试验报告由危险品生产国国家有关当局进行分类并确定类属条目。

3. 有机过氧化物的特性。

5.2 项有机过氧化物具有氧化性物质的特性，同时由于是有机物，比无机氧化性物质更危险。

（1）极不稳定。有机过氧化物更容易分解，其分解温度一般在 150℃，甚至常温时分解，且对杂质更敏感。有机过氧化物受热、与杂质（如酸、重金属化合物、胺类）接触、摩擦或碰撞即会放热分解。分解速度随着温度增加，并随有机过氧化物成分不同而不同。某些有机过氧化物在运输时必须控制温度。

（2）易燃性/爆炸性。许多有机过氧化物可猛烈燃烧。有些有机过氧化物可能起爆性分解，特别是在封闭条件下。这一特性可通过添加稀释剂或使用适当的包装加以改变。为了确保运输与操作的安全，在很多情况下，有机过氧化物可以用有机液体或固体、无机固体或水进行减敏处理。

（3）毒性/腐蚀性。有机过氧化物分解可能产生有害或易燃气体或蒸气，应当避免眼睛与有机过氧化物接触。有些有机过氧化物，即使短暂的接触，也会对角膜造成严重的伤害，或者对皮肤具有腐蚀性。

在运输过程中，含有有机过氧化物的包装件或集装器必须避免阳光直射，远离各种热源，放置在通风良好的地方。

三、第 5 类小结

第 5 类氧化性物质和有机过氧化物划分为两个项别：5.1 项氧化性物质和 5.2 项有机过氧化物。对于 5.1 项氧化性物质，其本身未必燃烧，但在遇酸、受热、受潮或接触有机物、还原剂等会放出氧和热量，引起燃烧或形成爆炸性混合物的危险。对于 5.2 项有机过氧化物，大多数有机过氧化物本身是易燃的，表现出极强的氧化性能，极不稳定易分解。因此对于此类危险品的包装、配载、装卸搬运、仓储等都有特殊的要求。

常见的氧化性物质有：过氧化氢（双氧水）、过氧化钠、硝酸钾、氯酸钾；常见有机过氧化物有：过氧化二苯甲酰、过氧化乙基甲基酮。

第 5 类氧化性物质和有机过氧化物的特征描述及对应的标签、货运 IMP 代码等如表 3－9 所示。

表 3-9　　　第 5 类危险品的特征描述及标签、货运 IMP 代码

危险性标签	名称/项别/货运 IMP 代码	特征描述	注释和/或例子
	氧化性物质 5.1 项 ROX	易放出氧，对其他物质起助燃作用	硝酸铵肥料、硝酸钾、漂白粉、高锰酸钾、双氧水
	有机过氧化物 5.2 项 ROP	极易被外部火焰点燃并加速燃烧的有机物质（液体或固体） 某些有机过氧化物与其他物质发生危险反应	叔丁基过氧化氢、过氧乙酸

第六节　第 6 类毒性物质与感染性物质

第 6 类危险品分为两个项别：

（1）6.1 项——毒性物质；

（2）6.2 项——感染性物质。

一、6.1 项毒性物质

1. 毒性物质的定义。

毒性物质（Toxic substances）指的是在吞食、吸入或经皮肤接触后，可能造成死亡或严重伤害或损害人体健康的物质。

来源于植物、动物或其他菌源的毒素，如不含任何感染性物质，应划入 6.1 项，并归于 UN3172。

2. 常用的毒性指标。

毒性（Toxicity）一般是指外源化学物质与生命机体接触或进入生物活体体内后，能引起直接或间接损害作用的相对能力。一种外源化学物对机体的损害能力越大，则其毒性就越高。外源化学物毒性的高低仅具有相对意义。在一定意义上，只要达到一定的数量，任何物质对机体都具有毒性，如果低于一定数量，则任何物质都不具有毒性，关键是此种物质与机体的接触量、接触途径、接触方式及物质本身的理化性质，但在大多数情况下与机体接触的数量是决定因素。

可以用毒物的摄入量与效应的关系度量毒性。急性毒性是指机体（人或实验动物）一次（或 24 小时内多次）接触外来化学物之后所引起的中毒效应。慢性毒性是指化学物对生物体长期低剂量作用后所产生的毒性。

对某物质的毒性测定是用动物进行的。通常认为，动物致死所需的摄入量（或浓度）越小，表示该物质的毒性越大。把 1kg 的动物摄入某物质的毫克数，即 mg/kg 作为衡量毒性的单位。

常用的毒性指标有以下七个：

（1）半数致死量（LD_{50}）。半数致死量又称“致死中量”，是在一定时间内经口服或经皮肤接触给予受试样品后，使受试动物发生死亡概率为 50% 的剂量。

（2）半数致死浓度（LC_{50}）。半数致死浓度指在一定时间内经呼吸道吸入受试样品后引起受试动物发生死亡概率为 50% 的浓度。以单位体积空气中受试样品的质量（mg/L 或 mL/m^3）来表示。

（3）最高容许浓度（TLV）。最高容许浓度又称“极限阈值”，是指健康成人长期经受也不致引起急性或慢性危害的最高浓度。该指标是了解物质慢性毒性的重要指标。

（4）绝对致死量（LD_{100}）。绝对致死量是使实验动物全部死亡的毒物的最小量。

（5）最低致死量（LDL_0）。最低致死量是指在已发表的中毒死亡的病例报告中的最小摄入量。

（6）最小中毒量（TDL_0）。最小中毒量是指能引起染毒动物出现中毒症状的最小用量。

（7）最小中毒浓度（TCL_0）。最小中毒浓度是指能引起染毒动物出现中毒症状的最小浓度。

并非所有的毒物都属于危险货物，只有那些具有较强毒性，在运输中可能造成人畜中毒或者污染环境的毒物才列为毒性物质。属于 6.1 项的物质是指在常温、常压下呈液态或固态的物质，气态的毒性物质列为 2.3 项毒性气体。

3. 毒性物质的度量。

6.1 项毒性物质的度量主要以半数致死量（LD_{50}）和半数致死浓度（LC_{50}）为参数，采用以下试验方法测定：

（1）口服毒性（Oral toxicity）。急性口服毒性 LD_{50}，即急性口服半数致死量是用统计方法得出的一物质的单一计量，该剂量可预期使口服该物质的年轻成年白鼠的 50% 在 14 天内死亡。结果以 mg/kg 动物体质量表示。

（2）皮肤接触毒性（Dermal toxicity）。急性皮肤接触毒性 LD_{50} 是使白兔的裸露皮肤持续接触 24 小时，最可能引起这些试验动物在 14 天内死亡一半的物质计量。试验动物的数量必须够大以使结果具有统计意义，且与良好的药理实践相一致。结果以 mg/kg 动物体质量表示。

（3）吸入毒性（Inhalation toxicity）。急性吸入毒性 LC_{50} 是使雌雄成年白鼠持续吸入一小时后，在 14 天内，最可能造成试验动物半数死亡的蒸气、烟雾或粉尘的浓度。固态物质的总质量有至少 10% 可能是可吸入的粉尘，如粉粒的气体动力直径为 10μm 或更小时，必须进行试验。液态物质如果在运输密封装置泄漏时可能产生烟雾，必须进行试验。不管是固态物质还是液态物质，准备用于吸入毒性试验的样品的 90% 以上（按质量计算）必须在以上规定的可吸入范围。就粉尘和烟雾而言，试验结果以 mg/L 空气表示；就蒸气而言，试验结果以 mL/m³空气表示（ppm）。

4. 包装等级的划分。

包括农药在内的6.1项毒性物质，必须根据它们在运输中的毒性危险程度划入如下包装等级：

（1）包装等级Ⅰ级——具有非常剧烈毒性危险的物质及制剂；

（2）包装等级Ⅱ级——具有严重毒性危险的物质及制剂；

（3）包装等级Ⅲ级——具有较低毒性危险的物质及制剂。

在确定6.1项毒性物质的包装等级时，必须考虑到人类意外中毒事故的经验和个别物质具有的特殊性质，如液态、高挥发性、任何特殊的渗透可能性和特殊生物效应。

在缺乏人类经验时，必须以动物试验所得到的数据为根据来划定包装等级。以口服摄入、皮肤接触以及吸入粉尘、烟雾或蒸气三种可能的方式进行试验。当一种物质通过两种或多种试验方式所显示的毒性程度不同，必须以试验所表明的最大危险性为准。

根据物质通过三种试验实施方式所显示的毒性对该物质进行包装等级分级。口服摄入、皮肤接触以及吸入粉尘和烟雾的方式确定的包装等级分级标准如表3－10所示。吸入蒸气的方式确定的包装等级分级标准如表3－11所示。

表3－10　口服摄入、皮肤接触及吸入粉尘和烟雾确定包装等级的标准

包装等级	口服毒性 LD_{50}（mg/kg）	皮肤接触毒性 LD_{50}（mg/kg）	吸入尘/雾毒性 LC_{50}（mg/L）
Ⅰ	≤5.0	≤50.0	≤0.2
Ⅱ	>5.0，但≤50.0	>50.0，但≤200.0	>0.2，但≤2.0
Ⅲ	>50.0，但≤300.0	>200.0，但≤1000.0	>2.0，但≤4.0

表3－11　吸入蒸气确定包装等级的标准

包装等级	吸入危害
Ⅰ	$LC_{50}\leq 1000mL/m^3$，且 $V\geq 10\times LC_{50}$
Ⅱ	$LC_{50}\leq 3000\ mL/m^3$，且 $V\geq LC_{50}$，同时未达到Ⅰ级包装标准
Ⅲ	$LC_{50}\leq 5000\ mL/m^3$，且 $V\geq 0.2\times LC_{50}$，同时未达到Ⅰ级和Ⅱ级包装标准

V为在20℃和标准大气压下，毒性物质在空气中饱和蒸气浓度。如果20℃时的蒸气压已知，V的计算公式如下：

$$V=\frac{p}{P}\times 10^6 mL/m^3 \qquad (3-4)$$

其中：

p——20℃时的蒸气压；

P——标准大气压。

催泪性气体物质即使毒性数据为包装等级Ⅲ级要求也必须划为包装等级Ⅱ级。

符合第8类标准，并且吸入粉尘和烟雾毒性（LC_{50}）属于包装等级Ⅰ级的物质，只有在口服摄入或皮肤接触毒性至少是包装等级Ⅰ级或Ⅱ级时才被认可划入6.1项，否则酌情划入第8类。

5. 农药。

一些普通农药（Pesticides）的 LD_{50} 毒性数据可在《世界卫生组织建议的农药按危险性的分类和分类准则》文件中找到。虽然该文件可以作为农药 LD_{50} 数据的来源，但其分类方法不得用于农药的运输分类或包装等级划分，这些分类仍然必须依照 DGR 进行。

已知 LD_{50}、LC_{50} 值并且划入6.1项的所有有效农药物质及其制剂必须按照6.1项毒性物质的相关标准划定包装等级。具有次要危险性的物质和制剂必须按照危险性主次顺序表（详见本章第十节）进行分类，并划定适当的包装等级。

用于运输农药的运输专用名称必须根据农药的有效成分、物理状态及其可能显示的次要危险性加以选择。

6. 禁止运输的毒性物质。

蒸气吸入毒性Ⅰ级的液体毒性物质，禁止用客机或客机运输。

禁止运输化学性质不稳定的6.1项物质，除非已采取必要的防范措施，防止在正常运输条件下可能发生危险的分解或聚合。为防止发生聚合而有必要采取的防范措施，见特殊规定 A209。必须特别注意，确保容器和罐体不含有任何易于促进这类反应的物质。

7. 毒性物质的特性。

6.1项毒性物质的特性主要有以下几个方面：

（1）毒害性。毒性物质少量进入人或动物的机体后，能与体液及组织发生作用，扰乱或破坏机体的正常生理功能，引起暂时性或永久性的病例状态，甚至危及生命安全。

（2）分解性。几乎所有的毒性物质遇热、酸、水等易分解释放毒性气体。

（3）可燃性/易燃性。毒性物质中的有机物都是可燃的，其中有不少液体是易燃的，这些物质遇火、高热或者与氧化性物质接触会燃烧甚至爆炸，并释放毒性气体。

（4）腐蚀性。不少毒性物质对人体和金属都有较强的腐蚀性，强烈刺激皮肤和黏膜，甚至发生溃疡加速毒性物质经皮肤入侵机体。

（5）污染性。大部分毒性物质都具有污染性。

二、6.2项感染性物质

6.2项感染性物质包括：感染性物质、生物制品、培养物、病患标本、医学或临床废弃物等。

1. 感染性物质。

感染性物质（Infectious substances）是指已知或有理由认为含有病原体的物质。病原体是指使人或动物感染疾病的微生物（包括细菌、病毒、立克次氏体、寄生虫、真菌）及其他媒介物，如朊病毒（Prions）。

感染性物质必须归类于6.2项，并视情况划入 UN2814、UN2900、UN3291 或 UN3373。

（1）感染性物质的分级。

感染性物质可以分为以下两个级别：

①A级，指在运输中与之接触能对健康的人或动物造成永久性残疾、危及生命或致命疾病的感染性物质。符合这些标准的部分物质如表3-12所示。符合A级标准的感染性物

质使人染病或使人和动物都染病的必须划入 UN2814。仅使动物染病的必须划入 UN2900。其中，培养物（Cultures）指故意使病菌繁殖过程的结果，该定义不包括病患标本。

表 3－12　　A 级感染性物质（部分）

UN 编号和运输专用名称	微生物
UN2814 感染性物质 对人体有害 RIS	Bacillus anthraces（cultures only）炭疽杆菌（仅培养物）
	Clostridium botulinum（cultures only）肉毒杆菌（仅培养物）
	Crimean-Congo hemorrhagic fever virus 克里米亚—刚果出血热病毒
	Dengue virus（cultures only）登革热病毒（仅培养物）
	Ebola virus 埃博拉病毒
	Hantaan virus 汉坦病毒
	Rabies virus（cultures only）狂犬病毒（仅培养物）
	Variola virus 天花病毒
	Yersinia pestis（cultures only）鼠疫杆菌（仅培养物）
	……
UN2900 感染性物质 只危害动物 RIS	African swine fever virus（cultures only）非洲猪热病毒（仅培养物）
	Foot and mouth disease virus（cultures only）口蹄疫病毒（仅培养物）
	Rinder pest virus（cultures only）牛疫病毒（仅培养物）
	Sheep-pox virus（cultures only）绵羊痘病毒（仅培养物）
	……

②B 级，是指不符合 A 级标准的感染性物质。B 级中的感染性物质必须划入 UN3373，运输专用名称为“Biological Substance，Category B（生物物质，B 级）”。

（2）感染性物质的例外。

以下情况为例外：

①不含有感染性物质的物质或不大可能使人或动物染病的物质不受 DGR 限制，除非其符合其他类的标准。

②含有微生物、对人体和动物体没有致病性的物质不受 DGR 的限制，除非符合其他类的标准。

③经过处理后病菌得到抑制或灭活已不再成为健康威胁的物质不受 DGR 的限制，除非符合其他类的标准。

④被认为并不会带来重大感染危险的环境样品（包括食物和水样）不受 DGR 限制，除非符合其他类的标准。

⑤通过将一滴血滴在吸附材料上采集的干血点不受 DGR 限制。

⑥通过粪便隐血筛查采集的样本不受 DGR 限制。

⑦为输血的目的或为配制血液制品以进行输血或移植而采集的血液或血液成分和用于移植的任何组织或器官不受 DGR 限制。

⑧病菌存在的可能性很低的病患标本，如果样本以能够防止泄露的方式进行包装并且在包装件上标注“Exempt human specimen（感染排除的人体标本）”或“Exempt animal specimen（感染排除的动物标本）”，则不受 DGR 限制。

⑨运输用作消毒、清洁、杀菌、维护或装备评估，可能被感染的或含有感染性物质的医疗设备或仪器，如果其包装被设计和制作为在正常运输条件下能够不破损、不被刺穿或泄漏其内装物，则当作为货物运输时不受 DGR 限制。包装的设计必须符合有关的结构要求（该例外不适用于：其一，医疗废物 UN3291；其二，被 A 级感染性物质污染或含有 A 级感染性物质的医疗装置和设备，UN2814 和 UN2900；其三，污染或含有符合另一种危险类别定义的其他危险品的医疗装置和设备）。

2. 生物制品。

生物制品（Biological products）是指从活生物体取得的，具有特别许可证发放要求的，按照国际当局的要求制造或销售的，用于预防、治疗或诊断人类或动物的疾病，用于与此类活动有关的开发、实验或调查目的产品。生物制品包括，但不限于成品或未完成品，如疫苗。

生物制品分为两组：

（1）按照有关国家当局的要求制造和包装、为了最后包装或销售而运输、供医务人员或个人自身保健而使用的生物制品。这组物质不受 DGR 限制。

（2）不符合（1），已知或有理由相信含有感染性物质的和符合 A 级或 B 级归类标准的生物制品。这组物质必须酌情定为 UN2814、UN2900 或 UN3373。

3. 医学或临床废弃物。

医学或临床废弃物（Medical or clinical wastes）是对动物或人进行医疗或进行生物研发而产生的废弃物。

含有 A 级感染性物质的医学或临床废弃物必须视情况划入 UN2814 或 UN2900。含有 B 级感染性物质的医学或临床废弃物必须划入 UN3291。

有理由相信含有感染性物质可能性低的医学或临床废弃物必须划入 UN3291。

曾含有感染性物质的医学或临床废弃物，经消毒后不受 DGR 的限制，除非符合其他类的标准。

4. 受感染动物。

受感染动物（Infected animals），除非感染性物质没有其他方式托运，否则不得使用活体动物运输感染性物质。有意使其感染的和已知或怀疑含有感染性物质的活动物只可以依照始发国、中转国、目的国和经营人所在国的有关国家当局批准的条款和条件进行运输。

5. 病患标本。

病患标本（Patient specimens）指为了研究、诊断、调查活动和疾病治疗与预防等目的运输的、直接从人或动物身上采集的人体或动物体物质，包括但不限于排泄物、分泌物、血液及其成分、组织和组织液拭子以及肌体部分。

除感染性物质的例外情况外，病患标本必须视情况划入 UN2814、UN2900 或 UN3373。

6. 转基因微生物和生物。

转基因微生物和生物（Genetically modified micro-organisms and organisms）是通过遗传工程以非自然方式有意将遗传物质改变了的微生物和生物。

不符合感染性物质定义的转基因微生物或生物，必须按第 9 类归类，并划为 UN3245。

三、第6类小结

第6类毒性物质和感染性物质可划分为两个项别：6.1项毒性物质和6.2项感染性物质。属于6.1项的物质是指在常温、常压下呈液态或固态的物质，气态的毒性物质列为2.3项毒性气体。毒性物质可以通过吞食、吸入或皮肤接触三种途径损害机体。可利用度量毒性的指标半数致死量（LD_{50}）和半数致死浓度（LC_{50}）划分毒性物质的包装等级。6.2项感染性物质包括：感染性物质、生物制品、培养物、诊断标本、医学或临床废弃物等。其中感染性物质可分为A级和B级两个级别。A级中使人染病或使人和动物都染病的必须划入UN2814，仅使动物染病的必须划入UN2900。B级中的感染性物质必须划入UN3373。

常见的毒性物质有氢氯酸及其盐类、砷及其化合物、含铅化合物等。

第6类毒性物质和感染性物质的特征描述及对应的标签、货运IMP代码，如表3-13所示。

表3-13　第6类危险品特征描述及标签、货运IMP代码

危险性标签	名称/项别/货运IMP代码	特征描述	注释和/或例子
	毒性物质 6.1项 RPB	固体或液体物质，当吞食、吸入或接触皮肤对人体产生危害	砷、尼古丁、氰化物、砒霜、农药、马钱子碱
	感染性物质 6.2项 RIS UN2814，UN2900 UN3373	已知含有或有理由认为含有某些病原体能使人或动物染上疾病的物质	HIV病毒、狂犬病毒、医疗废弃物

第七节　第7类放射性物质

放射性物质是指含有放射性核素并且托运货物的放射性浓度和总放射性强度都超过规定数值的任何物质。

放射性物质会自发地和连续不断地放出电离辐射，对人体和动物的健康有害，并能作用于未显影的胶片。

第 7 类放射性物质的主要危险性是放射性，有些放射性物质还具有爆炸性、易燃性、腐蚀性、毒性等。放射性物质将在本书第十章介绍。

第 7 类放射性物质的描述及对应的标签、货运 IMP 代码等如表 3－14 所示。

表 3－14　　第 7 类危险品的描述及标签、货运 IMP 代码

危险性标签	名称/项别/货运 IMP 代码	最大表面辐射水平/［μSv/h（mrem/h）］	注释和/或例子
	放射性物质 第 7 类 Ⅰ级—白色 RRW	≤5（0.5）	
	放射性物质 第 7 类 Ⅱ级—黄色 RRY	＞5（0.5），但≤500（50） 0＜TI≤1	医疗或工业用放射性核素或放射性同位素如： 钴－60 铯－131 碘－132
	放射性物质 第 7 类 Ⅲ级—黄色 RRY	＞500（50），但≤2000（200） 0＜TI≤10	
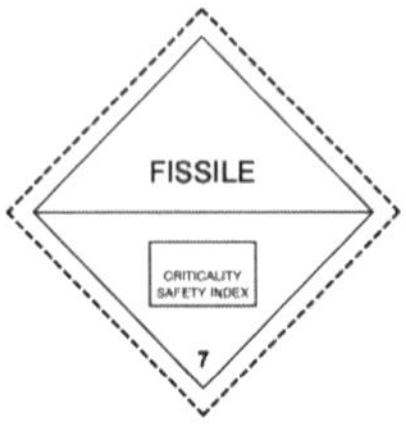	放射性物质 裂变物质 临界安全指数	临界安全指数必须与对应的放射性标签放在一起，用于对含有裂变物质的包装件或合成包装件的聚集进行控制	裂变物质： 铀－233 和铀－235、钚－239 和钚－241

第八节　第 8 类腐蚀性物质

一、腐蚀性物质的定义

腐蚀性物质（Corrosives）是通过化学作用对皮肤造成不可逆的损伤，或在渗漏时会严重损害甚至毁坏其他货物或运输工具的物质。

皮肤腐蚀是指对皮肤造成不可逆转的损伤，即在暴露于物质或混合物后发生穿透表皮并深入真皮的可见坏死现象。当液体和在运输过程中可能会变成液体的固体被判断为不具有皮肤腐蚀性时，仍须按照相关标准考虑它们对某些金属表面造成腐蚀的可能性。

符合第 8 类标准，并且吸入粉尘和烟雾毒性（LC_{50}）属于包装等级Ⅰ级的物质，只有在口服摄入或皮肤接触毒性至少是包装等级Ⅰ级或Ⅱ级时才被认可划入 6.1 项，否则酌情划入第 8 类。

二、腐蚀性物质的包装等级

腐蚀性物质包装等级的标准如下：

（1）包装等级Ⅰ级。

使完好皮肤组织在暴露 3 分钟或少于 3 分钟之后开始的最多 60 分钟的观察期内造成不可逆损伤的物质。

（2）包装等级Ⅱ级。

使完好皮肤组织在暴露超过 3 分钟但不超过 60 分钟之后开始的最多 14 天观察期内造成不可逆损伤的物质。

（3）包装等级Ⅲ级。

①使完好皮肤组织在暴露超过 60 分钟但不超过 4 小时之后开始的最多 14 天观察期内造成不可逆损伤的物质；或

②被判断不引起完好皮肤组织不可逆损伤，但在 55℃ 的试验温度下对钢或铝所进行的试验，钢或铝表面的腐蚀率超过每年 6.25mm 的物质。如果钢或铝的最初试验中显示出试验的物质具有腐蚀性，则不需要对其他金属进行后续试验。

腐蚀性物质的包装等级如表 3－15 所示。

表 3－15　腐蚀性物质的包装等级

包装等级	接触时间	观察时间	效果
Ⅰ	≤3 分钟	≤60 分钟	完好皮肤的不可逆损伤
Ⅱ	>3 分钟，但≤60 分钟	≤14 天	完好皮肤的不可逆损伤
Ⅲ	>60 分钟，但≤4 小时	≤14 天	完好皮肤的不可逆损伤
Ⅳ	—	—	钢/铝每年腐蚀厚度大于 6.25mm，试验温度为 55℃

三、禁止运输的腐蚀性物质

禁止运输化学性质不稳定的第 8 类物质，除非已采取必要的防范措施，防止在正常运输条件下可能发生危险的分解或聚合。为防止发生聚合而有必要采取的防范措施，见特殊规定 A209。必须特别注意，确保容器和罐体不含有任何易于促进这类反应的物质。

四、腐蚀性物质的特性

第 8 类腐蚀性物质的特性主要有以下几个方面：

（1）腐蚀性。腐蚀性物质与很多物品、生物组织接触后都能形成不同程度的腐蚀。其中对人体的腐蚀也称为化学烧伤（或化学灼伤）。一般来说，腐蚀性物质的浓度越高，腐蚀性越强，当浓度降低到一定程度时，腐蚀性物质甚至可以按普通货物运输。如浓度在 20% ~60% 的双氧水具有强烈的刺激性和腐蚀性，但浓度 3% 的双氧水水溶液可以作为伤口清洁消毒剂。一般来说，腐蚀性物质的腐蚀性随着温度升高而增大。催化剂或阻化剂的加入会使腐蚀性物质的腐蚀性增强或减弱，运输过程中要予以注意。

（2）毒性。许多腐蚀性物质具有不同程度的毒性，特别是具有挥发性的腐蚀性物质，能挥发出有毒的气体或蒸气，在腐蚀人体的同时引起中毒。

（3）氧化性。腐蚀性物质中的含氧酸大多是强氧化性物质，本身会分解放出氧，或氧化其他物质。此类腐蚀性物质与可燃物接触可引起燃烧。

（4）可燃性/易燃性。有机腐蚀性物质具有可燃性，其中有些是易燃的。

（5）遇水反应。有些腐蚀性物质能会水反应生成烟雾，对眼睛和呼吸道产生强烈的刺激性。

（6）污染性。有些腐蚀性物质具有污染性，属于污染物甚至是严重污染物。

五、第 8 类小结

第 8 类腐蚀性物质从危险性上来看，除了具有腐蚀性外，通常还兼有毒性、氧化性、易燃性等危险性；温度、浓度以及其他物质对腐蚀性物质的化学性质有一定的影响。腐蚀性物质可以利用其对皮肤组织或对钢/铝的腐蚀程度划分为三个包装等级。常见的腐蚀性物质有硫酸、硝酸、盐酸、氢氧化钠、甲醛等。

第 8 类腐蚀性物质的特征描述及对应的标签、货运 IMP 代码等如表 3－16 所示。

表 3－16　　第 8 类危险品的特征描述及标签、货运 IMP 代码

危险性标签	名称/项别/货运 IMP 代码	特征描述	注释和/或例子
	腐蚀性物质 Class 8 RCM	固体或液体物质，能严重损伤与之接触的生物组织或其他货物和运输工具	电池电解液、硫酸、氢氧化钠、氢氧化钾、汞

第九节　第 9 类杂项危险品

一、杂项危险品的定义

第 9 类杂项危险品（Miscellaneous dangerous substances and articles）是指在空运过程中存在的不属于其他类别危险性的危险物品和物质。即凡不属于前 8 类任何一类危险品、但在航空运输中确有危险性的物品都被列为杂项危险品。

二、杂项危险品的分类

第 9 类杂项危险品主要包括下列物品或物质。

1. 航空限制的固体或液体。

航空限制的固体或液体（Aviation regulated solid or liquid），具有麻醉性、有害性、刺激性或其他性质，一旦出现在航空器上溢出或泄漏能引起机组人员极度烦躁或不适以致不能正常履行职责的任何物质。该运输专用名称下的物质不得符合第 1 类至第 8 类的定义。

危险品表中列有条目如下：

（1）UN3334 Aviation regulated liquid，n. o. s. ★ †（航空限制的液体，n. o. s.）；

（2）UN3335 Aviation regulated solid，n. o. s. ★ †（航空限制的固体，n. o. s.）。

2. 磁性材料。

磁性材料（Magnetized material），为航空运输而包装好的任何物质，如果距包装件外表面任一点 2. 1m 处的最大磁场强度使罗盘偏转大于 2 度的即为磁性物质。使罗盘偏转大于 2 度的磁场强度为 0. 418A/m（0. 00524 高斯）。

在使用罗盘时，必须保证不被地磁以外的其他磁场干扰。被测物质与罗盘应东西方向放置。

大部分铁磁性金属，如机动车、机动车零部件、金属栅栏、管子和金属结构材料等，即使未达到磁性物质标准，由于可能影响飞行仪表，尤其是罗盘，也应遵守经营人的特殊装载要求。此外，单个未达到磁性物质标准，累积后可能属于磁性物质。

危险品表中列有条目如下：

UN2807Magnetized material †（磁性物质）。

3. 高温物质。

高温物质（Elevated temperature substances），指运输或交运温度等于或大于 100℃ 的液态物质或温度等于或大于 240℃ 的固态物质。

此类物质必须根据相关规定由国家予以豁免才可以用航空运输。即只有在特别紧急的情况下，或当其他运输方式不适宜时，或当完全遵守规定的要求违背公众利益时，在尽一切努力保证运输整体安全水平与 DGR 规定的安全水平相当的前提下，有关国家可根据 DGR 规定予以豁免。关于豁免详见本书第二章相关内容。

4. 环境危害物质。

环境危害物质（Environmentally hazardous substances）是那些符合 UN《规章范本》2.9.3 标准的物质，或满足货物运送的始发国、转运国或目的地国的主管当局制定的国家或国际条例中的标的物质。

不属于其他危险性，但被托运人分类危害环境的物质或混合物必须划为Ⅲ级包装：

危险品表中列有条目如下：

（1）UN3077Environmentally hazardous substance，solid，n. o. s.（环境危害物质，固体，n. o. s.）；

（2）UN3082 Environmentally hazardous substance，liquid，n. o. s.（环境危害物质，液体，n. o. s.）。

5. 转基因微生物或转基因生物。

转基因微生物或转基因生物（GMMOs or GMOs）如得到始发国、中转国和目的地国的使用批准，则不受 DGR 的限制。转基因活动物必须按照始发国和目的地国有关当局的条件和限制进行运输。

不符合感染性物质或毒性物质定义的转基因微生物或生物，必须将之划为 UN3245。危险品表中列有条目如下：

（1）UN3245 Genetically modified micro-organisms（转基因微生物）；

（2）UN3245 Genetically modified organisms（转基因生物）。

6. 锂电池。

锂电池（Lithium batteries），含有任何形式锂元素的电池芯和电池、安装在设备中的电池芯和电池，或与设备包装在一起的电池芯和电池，必须恰当地划归为 UN3090、UN3091、UN3480 或 UN3481 条目。

危险品表中列有锂电池相关的条目如下：

（1）UN3090 Lithium metal batteries †（锂金属电池）；

（2）UN3091 Lithium metal batteries contained in equipment †（锂金属电池安装在设备中）；

（3）UN3480 Lithium ion batteries †（including lithium polymer batteries）（锂离子电池）；

（4）UN3481 Lithium ion batteries contained in equipment †（including lithium polymer batteries）（锂离子电池安装在设备中）；

（5）UN3536 Lithium batteries installed in cargo transport unit †（lithium ion batteries or lithium metal batteries）（装在货运装置中的锂电池，锂离子电池或锂金属电池）。

UN3536 通常适用于安装在多式联运集装箱（货物运输装置）中的锂离子电池，其中完整的装置充当大型蓄电池。完整的装置包含锂离子电池和电池管理系统，还可能包括空调和灭火系统。

本书将在第九章对锂电池的运输规则进行详细介绍。

7. 其他。

其他杂项危险品包括：

（1）吸入细粉尘危害健康的物质（如石棉）；

（2）电容器；

（3）产生易燃蒸气的物质；

（4）救生设备；

（5）发生火灾时可能产生二恶英的物品和物质；

（6）在运输中出现危险但不符合其他类别定义的物品或物质：如乙醛合氨、固体二氧化碳（干冰）、连二亚硫酸锌、二溴二氟甲烷、苯甲醛、硝酸铵肥料、鱼粉、蓖麻子、机动车辆、以电池为动力的设备或车辆、化学物品箱或急救箱、熏蒸货物运输装置、仪器中的危险品或机器中的危险品、空的未清洗废弃包装、内燃发动机、消费品等。

三、第9类小结

凡不属于前8类任何一类危险品，但在航空运输中会产生危险性的物品都是杂项危险品。在航空运输中，杂项危险品可能会产生麻醉性、刺激性或其他性质而使旅客感到烦恼或不舒适。常见的杂项危险品有锂电池、干冰、磁性物质、机动车辆等。锂电池是目前航空运输中常见且重要的危险品，在运输中一定要予以充分重视。

第9类杂项危险品的特征描述及对应的标签、货运IMP代码等如表3－17所示。

表3－17　　第9类危险品的特征描述及标签、货运IMP代码

危险性标签	名称/项别/货运IMP代码	特征描述	注释和/或例子
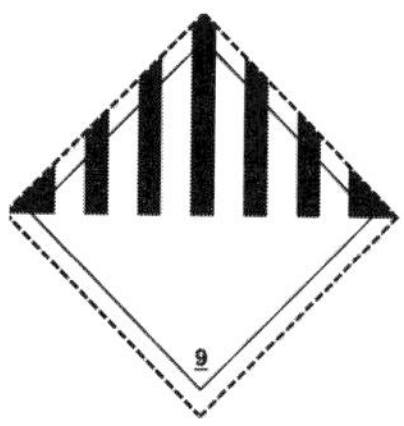	杂项危险品 第9类 RMD	在航空运输中会产生危险但不在前8类中所包含。在航空运输中，可能会产生麻醉性、刺激性或其他性质而使旅客感到烦恼或不舒适	石棉、大蒜油、救生艇、内燃机、车辆、电动轮椅、航空救生器材
	颗粒状聚合物 第9类 RSB	充满易燃气体或液体，可能放出少量易燃气体	半成品聚合物材料，如聚氯乙稀颗粒
	固体二氧化碳 （干冰） 第9类 ICE	固体二氧化碳/干冰温度为－79℃，其升华物比空气沉，在封闭的空间内大量的二氧化碳能造成窒息	干冰、冷冻蔬菜、冰盒（ICE BOX）
	危害环境的物质 RMD	指满足UN《规章范本》2.9.3标准的物质，或满足始发、中转或目的地国家主管当局制定的国家或国家标准	
	转基因微生物或生物 RMD	不符合感染性物质和毒性物质的定义转基因微生物或生物，必须转化为UN3245	

续表

危险性标签	名称/项别/货运 IMP 代码	特征描述	注释和/或例子
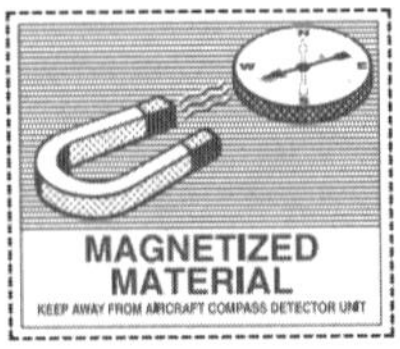	磁性物质 第 9 类 MAG	这类物质可产生高磁场	磁电管、未屏蔽的永磁体、钕铁硼
	锂离子电池 RLI、RBI 锂金属电池 RLM、RBM	根据包装说明 966 和 967 第Ⅰ部分运输的锂离子电池（第 9 类，UN3481）RLI 根据包装说明 965 第ⅠA 和ⅠB 部分运输的锂离子电池（第 9 类，UN3480）RBI 根据包装说明 969 和 970 第Ⅰ部分运输的锂金属电池（第 9 类，UN3091）RLM 根据包装说明 968 第ⅠA 和ⅠB 部分运输的锂离子电池（第 9 类，UN3090）RBM	

第十节　具有多重危险性物品或物质的分类

在许多情况下，危险品的危险性不止一种。危险品除具有用于分类的主要危险性外，还具有一些其他危险性，如易燃液体除具有易燃性外，有些还具有毒性；第 8 类腐蚀性物质除具有腐蚀性外，不少还具有毒性，有些还具有易燃性。当出现多种危险性时，就需要先判定主要危险性和次要危险性。

如果某物品或物质未在危险品表中列名，并且具有双重危险性，其主要危险性的确定遵照以下规则：

（1）当两种危险性同时出现在第 3 类、第 4 类、第 8 类、5.1 项或 6.1 项时，必须使用表 3－18 来确定两种危险性中的一种为主要危险性。表中纵横交叉处的类/项是主要危险性、包装等级为该物品的包装等级，其他类/项是次要危险性。

在不同危险性所对应的包装等级中，必须选取最严格的包装等级作为该危险品的包装等级。当两个性质均列于表 3－18 中，用此表确定其主要危险性及包装等级。

（2）对于农药，6.1 项为主要危险性。

（3）具有多重危险性的物品或物质，如果其中一种危险性符合下列各类、项或特定危险类型的标准时，则该类、项或特定危险类型即作为主要危险性，其他作为次要危险性：

①第 1 类、第 2 类和第 7 类。

②5.2 项和 6.2 项。

③4.1 项的自反应物质及相关物质，固态减敏爆炸品。

④4.2 项的发火物质。

表 3－18　　第 3 类、第 4 类、第 8 类及 5.1 项和 6.1 项危险性和包装等级主次顺序表

Class or		4.2	4.2	4.3	4.3	4.3	5.1	5.1	5.1	6.1(d)	6.1(o)	6.1	6.1	8(1)	8(s)	8(1)	8(s)	8(1)	8(s)
Division	PG	II	III	I	II	III	I	II	III	I	I	II	III	I	I	II	II	III	III
3	I*			4.3,I	4.3,I	4.3,I	—	—	—	3,I	3,I	3,I	3,I	3,I	—	3,I	—	3,I	—
3	II*			4.3,I	4.3,II	4.3,II	—	—	—	3,I	3,I	3,II	3,II	8,I	—	3,II	—	3,II	—
3	III*			4.3,I	4.3,II	4.3,II	—	—	—	6.1,I	6.1,I	6.1,II	3,III**	8,I	—	8,II	—	3,III	—
4.1	II*	4.2,II	4.2,II	4.3,I	4.3,II	4.3,II	5.1,I	4.1,II	4.1,II	6.1,I	6.1,I	4.1,II	4.1,II	—	8,I	—	4.1,II	—	4.1,II
4.1	III*	4.2,II	4.2,III	4.3,I	4.3,II	4.3,III	5.1,I	4.1,II	4.1,III	6.1,I	6.1,I	6.1,II	4.1,III	—	8,I	—	8,II	—	4.1,III
4.2	II			4.3,I	4.3,II	4.3,II	5.1,I	4.2,II	4.2,II	6.1,I	6.1,I	4.2,II	4.2,II	8,I	8,I	4.2,II	4.2,II	4.2,II	4.2,II
4.2	III			4.3,I	4.3,II	4.3,III	5.1,I	5.1,II	4.2,III	6.1,I	6.1,I	6.1,II	4.2,III	8,I	8,I	8,II	8,II	4.2,III	4.2,III
4.3	I						5.1,I	4.3,I	4.3,I	6.1,I	4.3,I	4.3,I	4.3,I	4.3,I	4.3,I	4.3,I	4.3,I	4.3,I	4.3,I
4.3	II						5.1,I	4.3,II	4.3,II	6.1,I	4.3,I	4.3,II	4.3,II	8,I	8,I	4.3,II	4.3,II	4.3,II	4.3,II
4.3	III						5.1,I	5.1,II	4.3,III	6.1,I	6.1,I	6.1,II	4.3,III	8,I	8,I	8,II	8,II	4.3,III	4.3,III
5.1	I									5.1,I	5.1,I	5.1,I	5.1,I	5.1,I	5.1,I	5.1,I	5.1,I	5.1,I	5.1,I
5.1	II									6.1,I	5.1,I	5.1,II	5.1,II	8,I	8,I	5.1,II	5.1,II	5.1,II	5.1,II
5.1	III									6.1,I	6.1,I	6.1,II	5.1,III	8,I	8,I	8,II	8,II	5.1,III	5.1,III
6.1(d)	I													8,I	6.1,I	6.1,I	6.1,I	6.1,I	6.1,I
6.1(o)	I													8,I	6.1 ,I	6.1,I	6.1,I	6.1,I	6.1,I
6.1(i)	II													8,I	6.1,I	6.1,II	6.1,II	6.1,II	6.1,II
6.1(d)	II													8,I	6.1,I	8,II	6.1,II	6.1,II	6.1,II
6.1(o)	II													8,I	8,I	8,II	6.1,II	6.1,II	6.1,II
6.1	III													8,I	8,I	8,II	8,II	8,III	8,III

注：(l) ＝液体；(s) ＝固体；(i) ＝吸入；(d) ＝皮肤接触；(o) ＝口服；—不可能的组合；

* 不包括自身反应物质和固态减敏爆炸品以外的 4.1 项物质以及液态减敏爆炸品以外的第 3 类物质。

** 对于农药，主要危险性必须是 6.1 项。

⑤6.1 项中吸入毒性达到包装Ⅰ级的物质；除符合第 8 类标准、并且吸入粉尘和烟雾毒性（LC_{50}）属于包装等级Ⅰ级，但口服摄入或皮肤接触毒性仅为Ⅲ级包装等级或未达到Ⅲ级的物品或物质，此类物质划入第 8 类。

⑥第 3 类液态减敏爆炸品。

（4）具有其他危险性的放射性物质必须始终将第 7 类作为主要危险性，同时必须确定次要危险性。对于放射性物质例外数量包装件，它的其他危险性为主要危险性。有必要考虑这种放射性物质与空气或水发生反应生成危险性产物的可能性。

（5）具有其他危险性的感染性物质必须始终划为 6.2 项，并且还应识别它的最大次要危险性。

（6）同时具有其他危险性也符合磁性物质标准的物品，除了作为磁性物质外，还必须根据上述原则进行鉴别。

本章小结

本章主要介绍了危险品的九大分类。

危险品按其性质可以分为九类：第 1 类爆炸品；第 2 类气体；第 3 类易燃液体；第 4 类易燃固体、易于自燃的物质及遇水释放易燃气体的物质；第 5 类氧化性物质和有机过氧化物；第 6 类毒性物质和感染性物质；第 7 类放射性物质；第 8 类腐蚀性物质；第 9 类杂项危险品。其中第 1 类、第 2 类、第 4 类、第 5 类和第 6 类还分别划分了若干项别。不同类别、项别的危险品具有不同的性质和特征。

根据危险品危险性的大小，可以划分三个包装等级：包装等级Ⅰ级、包装等级Ⅱ级和包装等级Ⅲ级。本章分别介绍了第 3 类、第 4 类（除 4.1 项自反应物质外）、5.1 项、6.1 项和第 8 类的包装等级划分。

在许多情况下，危险品的危险性不止一种。具有多重危险性的物品或物质，需要通过判定主要危险性和次要危险性对物品或物质的危险性进行分类。

习　题

1. 危险品是如何划分的？分别是什么？
2. 第 1 类爆炸品中，哪个配装组可以用客机进行运输？
3. 依据下列危险品的描述，识别危险品的类别/项别的号码和名称。

性质	类别/项别号码	类别/项别名称
呼吸道吸入、吞服或皮肤接触时有危险的物质		
获得试验批准的诊断标本		
本身不一定燃烧，但能通过释放氧气帮助其他物质燃烧的物质		
接触到皮肤能造成皮肤组织全厚度损伤的物质		
毒性或腐蚀性强到对人体健康会造成危害的气体		

4. 根据以下物质的性质，完成表格中未填写的内容。

性质	类/项及名称	包装等级
闭杯闪点 30℃，初始沸点为 38℃的液体		
与皮肤接触 5min 在 40min 的观察时间内，造成皮肤组织全厚度损伤		
皮肤接触毒性 LD_{50} 为 30mg/kg		
当接触水时，每千克该物质易燃气体的释放率为 0.5L/h		
金属粉末反应段在 8 分钟内蔓延到试样的全部长度		

5. 输血用的血液是否属于危险品？如果是，指出其类别/项别名称和 UN 编号，如果不是，说明理由。

6. Foot and mouth disease virus（口蹄疫病毒）是否属于危险品？如果是，指出其类别/项别名称和 UN 编号，如果不是，说明理由。

7. 根据下列混合物的性质，指出它们的主要危险性、次要危险性和包装等级。

类/项	包装等级	类/项	包装等级	主要危险性	次要危险性	包装等级
3	Ⅰ	8（l）	Ⅰ			
5.1	Ⅱ	6.1	Ⅲ			
3	Ⅱ	6.1	Ⅰ			
6.1	Ⅲ	8（s）	Ⅱ			
4.2	Ⅱ	5.1	Ⅲ			

8. 某放射性物质同时具有腐蚀性，其主要危险性和次要危险性分别是什么？

9. 某物质符合第 8 类包装等级Ⅱ级以及 5.2 项标准，其主要危险性和次要危险性分别是什么？

10. 某物质符合第 8 类标准、并且吸入毒性（LC_{50}）属于包装等级Ⅰ级，但其皮肤接触毒性包装等级为Ⅲ级。其主要危险性是什么？

第四章
危险品的识别

【学习目标】

1. 熟悉危险品表的结构和各栏含义；
2. 熟悉危险品表的使用；
3. 能够正确选择运输专用名称和 UN/ID 编号；
4. 能够通过运输专用名称或 UN/ID 编号确定危险品的运输要求；
5. 掌握未列于危险品表中的危险品的运输专用名称的确定；
6. 掌握具有单一危险性混合物或溶液的运输专用名称的确定；
7. 熟悉具有多重危险性混合物或溶液的运输专用名称的确定。

DGR 参考：第四章

提交航空运输的危险品只有被正确地分类、识别，才能被正确地包装、标签、标记，并正确地填写危险品航空运输文件，从而确保其运输安全。本书第三章从危险品的性质和特征角度介绍了危险品的分类，但托运人、货运代理人以及经营人在实际运输过程中，不仅需要了解危险品的分类，更要知道不同的危险品该如何正确地操作。

DGR 的危险品表列出根据经验有可能进行空运的危险物品和物质。虽然 DGR 中列出了 3000 多种有危险成分并可能采用航空运输的物品或物质的具体名称，并规定了相应的运输条件和防护措施，但是 DGR 不可能将所有可能被航空运输方式运输的危险物品全部列出。随着科学技术的发展、新产品的不断涌现，未在 DGR 中列出的性质确属危险品的情况会越来越多。因此，托运人、货运代理人以及经营人需要了解如何正确识别危险品，根据具体的危险性和组成成分确定相应的运输专用名称，从而满足 DGR 的相关规定，确保运输安全。

第一节　危险品表介绍

DGR 中的危险品表为危险品的航空运输操作提供了相关信息。DGR 比国际民航组织《技术细则》的限制更严格时，在 DGR 危险品表中用符号“☞”标出。

一、危险品表的结构

危险品表（List of dangerous goods）是按危险品的运输专用名称的英文字母顺序排列

的。表中列明了该危险品的 UN/ID 编号、运输专用名称、类/项别、次要危险、危险性标签、包装等级、包装说明代码及客/货机载运时每一包装件的数量限制、特殊规定及应急措施等，如图 4－1 所示。

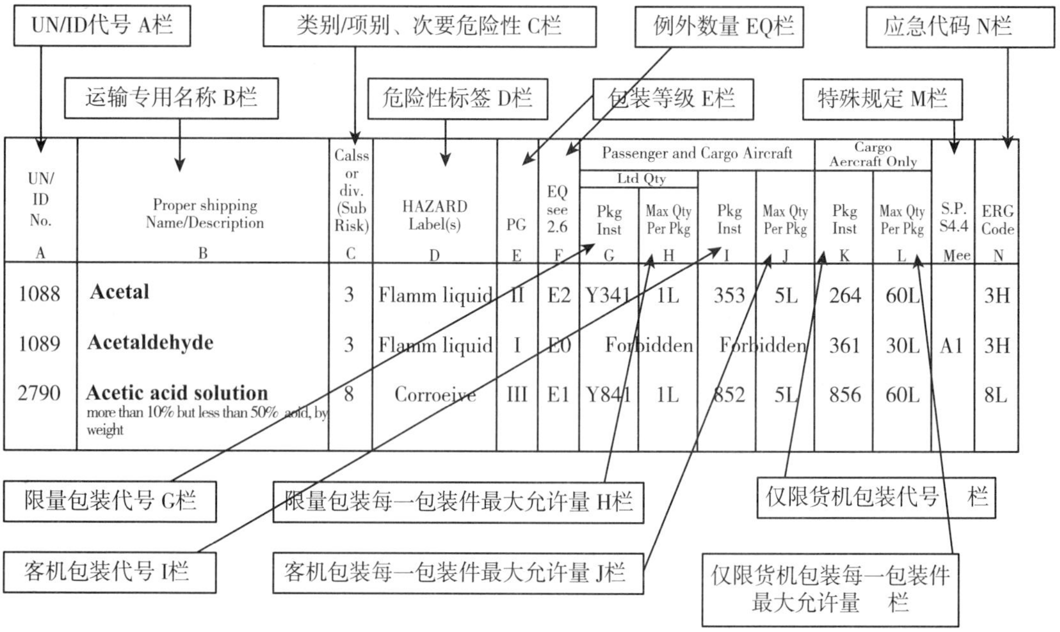

图 4－1　危险品表基本构成

二、危险品表各栏的含义

危险品表共 14 栏，从 A 到 N 顺序排列。

1. A 栏。

A 栏—UN/ID 编号栏（UN/ID No.），标明了联合国危险品分类系统给某物品或物质指定的编号，由四位数字组成，使用这些编号，应加“UN”字样。如果有些物质联合国分类系统中没有给出相应编号，IATA 指定了一组识别代码，加“ID”字样，以数字“8”开头的四位数字，目前只有 8000 一个。

例如，UN 2864、UN0153、ID8000。

2. B 栏。

B 栏—运输专用名称与说明栏（Proper Shipping Name/Description），包括危险品的运输专用名称和描述文字。运输专用名称用黑体字表示。其他描述其含量、状态等限制说用细体字表示。

细体字内容主要包括：

（1）某些物品和物质已知的其他名称，在这种情况给出对运输专用名称的交叉参考；

（2）在任何场合禁止运输的物品和物质的名称；

（3）需按特殊规定进行附加考虑的物品和物质的名称；

（4）认为是不受限制的物品和物质的名称。

用黑体字列出的运输专用名称严格按照英文字母顺序排序，但以下组成部分不参加排序：

（1）数字；

（2）单个字母，如 a - 、b - 、m - 、N - 、n - 、O - 、o - 、p - 等；

（3）前缀 alpha - 、beta - 、meta - 、omega - 、sec - 、tert - 等；

（4）术语“n. o. s.”等。

运输专用名称中，“★”和“†”不属于运输专用名称的一部分：

（1）“★”表示需要附加技术或化学名称；

（2）“†”表示在 DGR 附录 A 可以找到补充说明。

除非危险品表中有任何条目另外说明，否则“Solution（溶液）”在运输专用名称中表示一种或多种已列名的危险品溶于一种不受 DGR 限制的液体。

本章第二节将详细介绍运输专用名称。

3. C 栏。

C 栏—类/项别栏（次要危险性）[Class or Division（Subsidiary risk）]，标明了联合国分类系统给物品或物质划定的类别/项别编号。第 1 类爆炸品还显示了配装组。当物质存在次要危险时，次要危险所属的类别/项别必须标示在主要危险性后的括号内。当存在多个次要危险时，所有次要危险以数字次序列出。

4. D 栏。

D 栏—危险性标签栏［Hazard Label（s）］，标明了所装危险品的每一包装件及 OVERPACK 外部的危险性标签。主要危险性标签列于次要危险性标签之前。

对于 n. o. s 或一般物品具有多重危险性的物品和物质，可不列明所有适用的次要危险性标签，详见本书第六章危险性标签中的 4. 2 项、第 5 类和第 8 类。

本栏中，有些物品或物质会对应显示其操作标签，如“环境危害标签”“低温液体”“远离热源”和“磁性物质等标签”，详见本书第六章操作性标签。

5. E 栏。

E 栏—包装等级栏（Packing Group，PG），标明了给物品或物质划定的联合国包装等级，分为Ⅰ级、Ⅱ级或Ⅲ级三个包装等级。第 3 类、第 4 类（除 4. 1 项的自反应物质外）、5. 1 项、6. 1 项和第 8 类的包装等级的划分标准详见本书第三章相关内容。

6. F 栏。

F 栏—例外数量代码栏（Excepted Quantiye Code，EQ），标明了为物品或物质指定的例外数量代码，如表 4 - 1 所示。

表 4 - 1　　例外数量代码

代码	每一内包装最大数量	每一外包装最大数量
E0	不允许作为例外数量载运	
E1	30g/30mL	1kg/1L
E2	30g/30mL	500g/500mL

续表

代码	每一内包装最大数量	每一外包装最大数量
E3	30g/30mL	300g/300mL
E4	1g/1mL	500g/500mL
E5	1g/1mL	300g/300mL

7. G 栏。

G 栏—客货和货机有限数量—包装说明栏（Passenger and Cargo Aircraft Limited Quantity-Packing Instructions，Pkg Inst），标明了用客机运输该危险品采用有限数量包装时的包装说明代码。有限数量包装说明代码以字母“Y”开头，如“Y814”“Y305”等。包装说明将在本书第五章详细介绍。如果该栏标明“Forbidden（禁运）”，则表示该物品或物质不得按照有限数量的规定运输。

8. H 栏。

H 栏—客机和货机有限数量—每一包装件的最大净数量栏（Passenger and Cargo Aircraft Limited Quantity-Maximum Net Quantity per Package，Max/Net Qty/Pkg），标明了用于客机或货机运输的每一有限数量包装件中所允许的该物品或物质的最大净数量（重量或体积）。重量单位为 kg（千克），体积单位为 L（升）。表中所列重量为净重，如果另外带有字母“G”，则表示该重量为毛重。每一包装的最大净数量可能因所用容器类型进一步限制，使用时应参照相应包装说明，详见本书第五章的第三节。如果该栏标明“Forbidden（禁运）”，则表示该物品或物质不得按照有限数量的规定运输。

9. I 栏。

I 栏—客机和货机—包装说明栏（Passenger and Cargo Aircraft-Packing Instructions，Pkg Inst），标明了物品或物质用客机或货机运输采用 UN 规格包装时的包装说明代码。详见本书第五章。如果该栏标有“Forbidden（禁运）”，则表示该物品或物质不能用客机运输。

10. J 栏。

J 栏—客机和货机—每一包装件的最大净数量栏（Passenger and Cargo Aircraft-Maximum Net Quantity per Package，Max/Net Qty/Pkg），标明了用客机或货机运输的 UN 规格包装每一包装件中所允许的该物品或物质的最大净数量（重量或体积）。

根据 DGR 规定或始发国及经营人注册国批准的情况下，可超过此最大净数量限制。如果该栏标有“Forbidden（禁运）”，则表示该物品或物质不能用客机运输。

物品或物质按照 G 栏或 I 栏的包装说明包装并且满足 H 栏或 J 栏的最大净数量限制，也可以用货机运输。但此时包装件不粘贴“Cargo Aircraft Only（仅限货机）”的标签。

11. K 栏。

K 栏—仅限货机—包装说明栏（Cargo Aircraft Only-Packing Instructions，Pkg Inst），标明了只能在货机上运输的物品或物质时的包装说明代码。如果该栏标有“Forbidden（禁运）”，则表示该物品或物质不能用航空运输，除非按相关规定获得有关国家豁免。

12. L 栏。

L 栏—仅限货机—每一包装件的最大净数量栏（Cargo Aircraft Only-Maximum Net Quantity per Package，Max/Net Qty/Pkg），标明了物品或物质仅限货机运输时的每一包装件中所允许的该物品或物质的最大净数量（重量或体积）。

根据 DGR 规定或始发国及经营人注册国批准的情况下，可超过此最大净数量限制。如果该栏标有“Forbidden（禁运）”，则表示该物品或物质不能用航空运输，除非按相关规定获得有关国家豁免。

需要注意的是，H、J 和 L 栏的数量限制仅适用于一个包装件内的含量，而不是一票货物或一架飞机。

13. M 栏。

M 栏—特殊规定栏（Special Provisions，S. P. See 4. 4），用字母“A” + 数字（1 ~ 3 位）表示，具体内容列于 DGR4. 4 特殊规定中。除特殊规定的文字表达清楚外，特殊规定适用于有关条目的所有包装等级。

特殊规定可能是允许在某些具体条件下取得政府批准即可运输某些禁运物品的规定，如“A1”“A2”；也可能是对运输某危险品的附加要求，如“A20”。

特殊规定 A20：该物质在运输中必须避免阳光直射并远离任何热源，放置在通风良好之处。这一说明必须在托运人申报单中列明。

需要特别注意的是，特殊规定“A1”和“A2”是经国家“批准”后才可进行客机或货机运输。这些“批准”并不是本书第二章描述的“国家豁免”。然而，是否接收经国家“批准”的危险物品要由经营人决定。在特殊规定“A1”或“A2”下向经营人交付物品或物质前，必须做好事先安排并获得预先批准。

14. N 栏。

N 栏—应急响应代码栏（Emergency Response Drill Code，ERG Code），应急响应代码可以在国际民航组织（ICAO）文件《涉及危险品航空器事件应急指南》（ICAO Doc. 9481 - AN/928）中找到。代码由字母部分和数字部分组成，表示对所涉及事件/事故的特定危险物品的建议反应措施，如表 4 - 2 所示。

ERG 代码可以加到特种货物机长通知单（NOTOC），为经营人提供指导。

三、危险品表的使用

当危险品的运输专用名称列于危险品表中，可按以下步骤来确定该危险品的运输条件。

1. 第一步：查找运输专用名称和 UN/ID 编号。

查找运输专用名称和 UN/ID 编号——对应于危险品表中的 A 栏和 B 栏。

运输专用名称与 UN/ID 编号存在如下几种对应关系。

（1）一个运输专用名称对应一个 UN 编号。

这是危险品表中大多数的对应关系。

表 4－2 **危险品事故应急响应措施及注意事项**

操作代码	固有的危险性	对飞机的危险	对机上人员的危险	溢出/渗漏处理程序	救火措施	其他考虑因素
1	爆炸可能破坏飞机的结构	起火和/或爆炸	参照有关措施代码	使用 100% 氧气，禁止吸烟	所有使用的灭火剂；使用标准灭火程序	可能突然减压
2	气体、非易燃，在起火情况下压力可能产生危险	最低限	参照有关措施代码	使用 100% 氧气，对于操作代码“A”“I”或“P”，打开并保持最大的通风	所有使用的灭火剂；使用标准灭火程序	可能突然减压
3	易燃液体或固体	起火和/或爆炸	烟、气和高温，以及如有关措施代码所述	使用 100% 氧气，打开并保持最大的通风；禁止吸烟；用电保持最低限度	所有使用的灭火剂；对于代码“W”不得使用水作为灭火剂	可能突然减压
4	暴露空气中自燃	起火和/或爆炸	烟、气和高温，以及如有关措施代码所述	使用 100% 氧气，打开并保持最大限度的通风	所有使用的灭火剂；对于代码“W”不得使用水作为灭火剂	可能突然减压；对于操作代码“F”“H”用电保持最低限度
5	氧化性物质，可能点燃其他物质或在火中受热爆炸	起火和/或爆炸；可能造成腐蚀性破坏	刺激眼、鼻和咽喉；与皮肤接触造成损害	使用 100% 氧气，打开并保持最大限度的通风	所有使用的灭火剂；对于代码“W”不得使用水作为灭火剂	可能突然减压
6	有毒物品，吸人、食用或被皮肤吸收可能致命	被有毒液体或固体污染	剧烈中毒，可能以后才有反应	使用 100% 氧气，打开并保持最大限度的通风；没有手套不得接触	所有使用的灭火剂；对于代码“W”不得使用水作为灭火剂	可能突然减压；对于操作代码“F”“H”用电保持最低限度
7	破损或未加防护的包装发出辐射	被渗溢的放射性物质污染	受辐射，人员被放射性物质污染	不得移动包装件；避免接触	所有合适的处理剂	通知专业人员接机处理
8	腐蚀性物质或烟雾，吸人或与皮肤接触可能致残	腐蚀性破坏	刺激眼、鼻和咽喉；与皮肤接触造成损害	使用 100% 氧气，打开并保持最大限度的通风；没有手套不得接触	所有使用的灭火剂；对于代码“W”不得使用水作为灭火剂	可能突然减压；对于操作代码“F”“H”用电保持最低限度

续表

操作代码	固有的危险性	对飞机的危险	对机上人员的危险	溢出/渗漏处理程序	救火措施	其他考虑因素
9	无通常固有的危险	见有关操作代码所	见有关操作代码所述	使用100%氧气，对于操作代码“A”，打开并保持最大限度的通风	所有使用的灭火剂；对于代码“W”不得使用水作为灭火剂	无
10	易燃气体，遇火源起大火	起火和/或爆炸	烟、气和高温，以及如有关措施代码所述	使用100%氧气，打开并保持最大限度的通风；禁止吸烟；尽量不用电器	所有使用的灭火剂	在可能情况下突然减压
11	感染性物质，如果通过黏膜或外露的伤口吸入、摄取或吸收，可能会对人或动物造成影响	被感染性物质污染	对人或动物延迟发作的感染	不要接触。在受影响区城保最低程度的再循环和通风	使用所有可能的灭火剂。对操作代码为“Y”的物品禁止使用水	请一位有资格的人员接机
12	起火、高温、冒烟和有毒易燃蒸汽	起火和/或爆炸	烟、烟雾、高温	使用100%氧气，建立和保持最大通风量	使用所有可用的灭火剂。使用水（如有）	可能突然失去增压；考虑立即着陆

操作代码	额外危险	操作代码	额外危险	操作代码	额外危险
A	麻醉	I	刺激性/催泪	S	自动燃烧或发火
C	腐蚀	L	其他较低危险性或无危险性	W	遇湿释放有毒或易燃气体
E	爆炸	M	磁性	X	氧化性物质
F	易燃	N	有害	Y	根据感染性物质的类别而定，有关国家和主管当局可能需要对人员、动物、货物和航空器进行隔离
H	高度可燃	P	有毒	Z	航空器货舱灭火系统可能不能扑灭或抑制火情；考虑立即着陆

【例 4－1】Acetone（丙酮），其危险品表如表 4－3 所示。

表 4－3　丙酮的危险品表

UN/ID no. A	Proper Shipping Name/Description B	Class or Div. (Sub Risk) C	Hazard Label (s) D	PG E	Passenger and Cargo Aircraft					Cargo Aircraft		S. P. See 4.4 M	ERG Code N
					EQ See 2.6 F	Ltd Qty		Pkg Inst I	Max Net Qty/Pkg J	Pkg Inst K	Max Net Qty/Pkg L		
						Pkg Inst G	Max Net Qty/Pkg H						
1090	Acetone	3	Flamm. Liquid	II	E2	Y341	1L	353	5L	364	60L		3H

（2）一个运输专用名称对应一个 ID 编号。

危险品表中仅使用了一个 ID 编号，即 ID8000。

【例 4－2】Consumer commodity（消费品），其危险品表如表 4－4 所示。

表 4－4　消费品的危险品表

UN/ID no. A	Proper Shipping Name/Description B	Class or Div. (Sub Risk) C	Hazard Label (s) D	PG E	Passenger and Cargo Aircraft					Cargo Aircraft		S. P. See 4.4 M	ERG Code N
					EQ See 2.6 F	Ltd Qty		Pkg Inst I	Max Net Qty/Pkg J	Pkg Inst K	Max Net Qty/Pkg L		
						Pkg Inst G	Max Net Qty/Pkg H						
8000	Consumer commodity†	9	Miscell-aneous		E0	Y963	30kg G	Y963	30kg G	Y963	30kg G	A112	9L

（3）一个 UN 编号对应一个以上运输专用名称。

危险品表是按运输专用名称的英文字母顺序排列的。为了方便在只知道某危险物品或物质的 UN 编号情况下查找危险品表，DGR 提供了危险品编号对照表，如表 4－5 所示。该表按照 UN/ID 编号的数字编码顺序排列，并标注了相应 UN/ID 编号对应的运输专用名称和所在页码，以便快速查找危险品表。

表 4－5　危险品编号对照表（节选）

UN or ID No.	Name and Description	Page No.
0004	Ammonium picrate dry or wetted with less than 10% water, by weight	190
0005	Cartridges for weapons† with bursting charge	209
0006	Cartridges for weapons † with bursting charge	209
0007	Cartridges for weapons † with bursting charge	209
…	…	…
1202	Diesel fuel	229
1202	Gas oil	249
1202	Heating oil, light	251
…	…	…

【例 4－3】UN1202 的运输专用名称。

从表 4－5 中可以看出，UN1202 分别对应了 3 个不同的运输专用名称，它们对应的危险品表如表 4－6 所示。

表 4－6　　　　　　　　UN1202 的危险品表

UN/ID no. A	Proper Shipping Name/Description B	Class or Div. (Sub Risk) C	Hazard Label (s) D	PG E	Passenger and Cargo Aircraft					Cargo Aircraft		S. P. See 4.4 M	ERG Code N
					EQ See 2.6 F	Ltd Qty Pkg Inst G	Ltd Qty Max Net Qty/Pkg H	Pkg Inst I	Max Net Qty/Pkg J	Pkg Inst K	Max Net Qty/Pkg L		
1202	Diesel fuel	3	Flamm. liquid	III	E1	Y344	10L	355	60L	366	220L	A3	3*L*
1202	Gas oil	3	Flamm. liquid	III	E1	Y344	10L	355	60L	366	220L	A3	3*L*
1202	Heating oil，light	3	Flamm. liquid	III	E1	Y344	10L	355	60L	366	220L	A3	3*L*

（4）一个运输专用名称对应一个以上 UN 代码。

不同的物理形态、浓度、纯度等性质可能都会影响到物品或物质的危险性分类。运输专用名称中用细体字列出的描述文字可能帮助操作者确定物品或物质的分类，从而确定其运输专用名称、UN/ID 编号及其他运输条件。这些细体字本身不是运输专用名称，却是确定运输专用名称的必要信息。

【例 4－4】Hydrazine，aqueous solution（酰肼水溶液）的 UN 编号。

Hydrazine，aqueous solution（酰肼水溶液）的危险品表如表 4－7 所示。

表 4－7　　　　　　　　酰肼水溶液的危险品表

<table>
<tr><th rowspan="3">UN/ID no. A</th><th rowspan="3">Proper Shipping Name/Description B</th><th rowspan="3">Class or Div. (Sub Risk) C</th><th rowspan="3">Hazard Label (s) D</th><th rowspan="3">PG E</th><th colspan="5">Passenger and Cargo Aircraft</th><th colspan="2">Cargo Aircraft</th><th rowspan="3">S. P. See 4.4 M</th><th rowspan="3">ERG Code N</th></tr>
<tr><th rowspan="2">EQ See 2.6 F</th><th colspan="2">Ltd Qty</th><th rowspan="2">Pkg Inst I</th><th rowspan="2">Max Net Qty/Pkg J</th><th rowspan="2">Pkg Inst K</th><th rowspan="2">Max Net Qty/Pkg L</th></tr>
<tr><th>Pkg Inst G</th><th>Max Net Qty/Pkg H</th></tr>
<tr><td rowspan="2">3293</td><td rowspan="2">Hydrazine，aqueous solution with 37% or less hydrazine，by weight</td><td rowspan="2">6.1</td><td rowspan="2">Toxic</td><td rowspan="2">III</td><td rowspan="2">E1</td><td>Y642</td><td>2L</td><td>655</td><td>60L</td><td rowspan="2">663</td><td rowspan="2">220L</td><td rowspan="2">A3</td><td rowspan="2">6L</td></tr>
<tr><td colspan="2">Forbidden
Forbidden</td><td colspan="2">Forbidden
Forbidden</td></tr>
<tr><td>2030</td><td>Hydrazine，aqueous solution with more than 37% hydrazine，by weight</td><td>8
(6.1)</td><td>Corrosive & Toxic</td><td>I
II
III</td><td>E0
E0
E0</td><td>Y841</td><td>1L</td><td>852</td><td>5L</td><td>854
855
856</td><td>2.5L
30L
60L</td><td>A1
A36
A803</td><td>8P
8P
8P</td></tr>
</table>

由表 4－7 可知，Hydrazine，aqueous solution（酰肼水溶液）这一运输专用名称对应了两个 UN 编号：UN2030 和 UN3293。

从运输专用名称后的细体字可以看出：

①UN2030 Hydrazine，aqueous solution 按质量计，含肼量 >37%；

②UN3293 Hydrazine，aqueous solution 按质量计，含肼量≤37%。

含肼量的不同，使它们成为不同的物质，所具有的危险性和分类都完全不同。当酰肼水溶液的含肼量≤37%时，划分为 6.1 项毒性物质；当酰肼水溶液的含肼量 >37%时，划分为第 8 类腐蚀性物质，同时具有次要危险性 6.1 项的毒性特性。

需要注意的是，如果物质的实际浓度等性质指标超过描述性文字中相应的限制，则该物质会被禁止运输；而如果低于限制，则可能会以“No Restricted（无限制）”运输，即不受 DGR 限制，按普通货物运输。

B 栏运输专用名称中的细体字除了如例 4－4 中列出描述文字以外，还有以下几种作用：

（1）参考提示信息。

已知某些物品和物质的别名，在这种情况给出对运输专用名称的参考提示。

【例 4－5】 Acetoin（乙偶姻）的危险品表如表 4－8 所示。

表 4－8　　　　乙偶姻的危险品表

UN/ID no. A	Proper Shipping Name/Description B	Class or Div. (Sub Risk) C	Hazard Label (s) D	PG E	Passenger and Cargo Aircraft					Cargo Aircraft		S. P. See 4.4 M	ERG Code N
					EQ See 2.6 F	Ltd Qty Pkg Inst G	Ltd Qty Max Net Qty/Pkg H	Pkg Inst I	Max Net Qty/Pkg J	Pkg Inst K	Max Net Qty/Pkg L		
	Acetoin, see Acetyl methyl carbinol (UN 2621)												
2621	Acetyl methyl carbinol	3	Flamm. liquid	III	E1	Y344	10L	355	60L	366	220L		3*L*

从表 4－8 可以看出，Acetoin（乙偶姻）的危险品表指示参看 Acetyl methyl carbinol（UN 2621）。对于 Acetoin（乙偶姻）来说，细体字“Acetoin”只作为参考提示信息，其运输专用名称和 UN 编号为“Acetyl methyl carbinol（乙酰甲基甲醇），UN 2621”。

（2）禁止运输的物品或物质的名称。

此类物品或物质在任何情况下都禁止航空运输。

【例 4－6】 Allyltrichlorosilane，unstabilized（烯丙基三氯硅烷，不稳定的）的危险品表如表 4－9 所示。

表 4－9　　烯丙基三氯硅烷，不稳定的危险品表

UN/ID no. A	Proper Shipping Name/Description B	Class or Div. (Sub Risk) C	Hazard Label(s) D	PG E	Passenger and Cargo Aircraft					Cargo Aircraft		S. P. See 4.4 M	ERG Code N
					EQ See 2.6 F	Ltd Qty		Pkg Inst I	Max Net Qty/Pkg J	Pkg Inst K	Max Net Qty/Pkg L		
						Pkg Inst G	Max Net Qty/Pkg H						
	Allyltrichlorosilane, unstabilized					Forbidden		Forbidden		Forbidden			

（3）不受限制的物品或物质的名称。

此类物品不受 DGR 限制，可按普通货物运输。

【例 4－7】Barium sulfate（硫酸钡）的危险品表如表 4－10 所示。

表 4－10　　硫酸钡的危险品表

UN/ID no. A	Proper Shipping Name/Description B	Class or Div. (Sub Risk) C	Hazard Label(s) D	PG E	Passenger and Cargo Aircraft					Cargo Aircraft		S. P. See 4.4 M	ERG Code N
					EQ See 2.6 F	Ltd Qty		Pkg Inst I	Max Net Qty/Pkg J	Pkg Inst K	Max Net Qty/Pkg L		
						Pkg Inst G	Max Net Qty/Pkg H						
	Barium sulfate					No restricted		No restricted		No restricted			

2. 第二步：确定危险品的类/项别以及次要危险性。

确定危险品的类/项别以及次要危险性——对应于危险品表中的 C 栏。

C 栏显示的类别或项别必须与物品或物质的危险性描述一致。如果某物品或物质具有多重危险性，则对于航空运输来说最重要的性质视为主要危险性，其他危险性视为次要危险性。次要危险性标明在主要危险性后的括号内。如例 4－4 中的“UN2030 Hydrazine，aqueous solution（酰肼水溶液）”，C 栏标识为“8（6.1）”，见表 4－7。

3. 第三步：查看危险品标签。

查看危险品标签——对应于危险品表中 D 栏。

危险品表中 D 栏有以下几种形式。

（1）危险性标签。

大多数物品或物质都只标明其所需使用的主、次要危险性标签，如例 4－4 中的“UN2030 Hydrazine，aqueous solution（酰肼水溶液）”需要在其包装件的外包装上粘贴主要危险性第 8 类腐蚀性物质标签和次要危险性 6.1 项毒性物质标签。

（2）危险性标签和操作标签。

对于有些物质，该栏会标明危险性标签和操作标签。

【例 4－8】Krypton，refrigerated liquid（氪，冷冻液体），其危险品表如表 4－11 所示。

表 4－11　　氪，冷冻液体的危险品表

UN/ID no. A	Proper Shipping Name/Description B	Class or Div. (Sub Risk) C	Hazard Label (s) D	PG E	Passenger and Cargo Aircraft					Cargo Aircraft		S. P. See 4.4 M	ERG Code N
					EQ See 2.6 F	Ltd Qty		Pkg Inst I	Max Net Qty/Pkg J	Pkg Inst K	Max Net Qty/Pkg L		
						Pkg Inst G	Max Net Qty/Pkg H						
1970	Krypton, refrigerated liquid	2.2	Non-flamm. gas & Cryogenic liquid		E1	Forbidden		202	50kg	202	500kg		2*L*

其中“Non-flammable non-toxic gas（非易燃无毒气体）”（2.2 项）是危险性标签，“Cryogenic Liquids（低温液体）”则是该危险品的操作标签。

（3）操作标签。

对于有些物质，该栏只标明操作标签。

【例 4－9】 Magnetized material（磁性物质），其危险品表如表 4－12 所示。

表 4－12　　磁性物质的危险品表

UN/ID no. A	Proper Shipping Name/Description B	Class or Div. (Sub Risk) C	Hazard Label (s) D	PG E	Passenger and Cargo Aircraft					Cargo Aircraft		S. P. See 4.4 M	ERG Code N
					EQ See 2.6 F	Ltd Qty		Pkg Inst I	Max Net Qty/Pkg J	Pkg Inst K	Max Net Qty/Pkg L		
						Pkg Inst G	Max Net Qty/Pkg H						
2807	Magnetized material†	9	Magnetized materizl		E0	Forbidden		953	No limit	953	No limit		9*M*

对于磁性物质，其操作标签“Magnetized material（磁性物质）”在危险品表 D 栏标明，并用操作标签代替第 9 类杂项危险品标签。

4. 第四步：查看包装等级。

查看包装等级——对应于危险品表中的 E 栏。

包装等级可以用来判定所装物品或物质的危险程度。在危险品表中，大多数物品或物质只显示一个包装等级，如例 4－4 中的“UN3293 Hydrazine, aqueous solution（酰肼水溶液）”，其包装等级为Ⅲ级。

有些危险品可能出现两个以上的包装等级，这取决于该物品或物质的特性，如闪点、沸点、毒性、腐蚀性等。例 4－4 中的“UN2030 Hydrazine, aqueous solution（酰肼水溶液）”，其包装等级有三个：Ⅰ级、Ⅱ级和Ⅲ级。当存在多个包装等级时，一定要综合考虑运输环境，选择合适的包装等级。

5. 第五步：查看例外数量代码。

查看例外数量代码——对应于危险品表中的 F 栏。

当以例外数量运输物品或物质时，需要查看此栏。若此栏标明 E0，则表示该物品或物质不能作为例外数量危险品运输。

6. 第六步：查看包装说明代码及每一包装件的最大允许净数量限制。

查看包装说明代码及每一包装件的最大允许净数量限制——对应于危险品表的 G、H、I、J、K、L 栏。

当决定选择哪个包装说明代码时，要注意：

(1) 如果经营人不接收有限数量危险品包装件时，不可使用 G、H 栏；

(2) 只有当运输的整个航程各个航段均为货机时，才能使用 K、L 栏；

(3) 在无任何限制的条件下，托运人可使用危险品表中所列明的任何一个包装说明代码。

无论选择哪个包装说明代码，都要满足其对应的最大允许净数量限制。当标明 "Forbidden（禁运）" 字样，表示该种运输方式下禁止运输。

关于包装说明代码和净数量限制将在第五章详细介绍。

7. 第七步：检查是否有特殊规定。

检查是否有特殊规定——对应于危险品表的 M 栏。

特殊规定包括以下几种情况：

(1) 在经有关政府的批准后，在特定的条件下某些禁运的危险品准许运输，如 A1、A2。

【例 4-10】 Arsine（砷化氢）的危险品表如表 4-13 所示。

表 4-13　砷化氢的危险品表

UN/ID no. A	Proper Shipping Name/Description B	Class or Div. (Sub Risk) C	Hazard Label (s) D	PG E	Passenger and Cargo Aircraft					Cargo Aircraft		S. P. See 4.4 M	ERG Code N
					EQ See 2.6 F	Ltd Qty		Pkg Inst I	Max Net Qty/Pkg J	Pkg Inst K	Max Net Qty/Pkg L		
						Pkg Inst G	Max Net Qty/Pkg H						
2188	Arsine	2.3 (2.1)				Forbidden		Forbidden		Forbidden		A2	10P

从表 4-13 可以看出，Arsine（砷化氢）是一般情况下是禁止运输的，可利用特殊规定 A2 予以批准。

特殊规定 A2："该物品或物质只有预先得到始发国及经营人国有关当局的批准，并按照该有关当局制定的书面条件才可以用货机运输。如始发国及经营人国以外的其他国家在其国家差异中规定按本特殊规定运输的危险品必须事先得到其同意，则必须视具体情况从运输中转国、飞越国、目的国获得批准。在每一种情况下，批准的文件包括数量限制和包装要求，且货物运输过程中必须随附一份批准书。"

（2）规定了附加特殊的限制条件。

【例 4－11】 表 4－4 中 Consumer commodity（消费品）有特殊规定“A112”，根据特殊规定 A112 可知：日用消费品只包括属于第 2 类（仅限无毒的气溶胶喷雾器）、第 3 类（包装等级Ⅱ级或Ⅲ级）、6.1 项（仅限包装等级Ⅲ级）、UN3077、UN3082、UN3175、UN3334 和 UN3335 的物质，但这些物质不得有次要危险性。禁止用客机运输的危险品，不得作为日用消费品运输。

（3）规定了某一危险品在满足一定的条件下可视为非危险品。

【例 4－12】 Calcium cyanamide（氰氨化钙），其危险品表如表 4－14 所示。

表 4－14　　氰氨化钙的危险品表

UN/ID no. A	Proper Shipping Name/Description B	Class or Div. (Sub Risk) C	Hazard Label (s) D	PG E	Passenger and Cargo Aircraft					Cargo Aircraft		S. P. See 4.4 M	ERG Code N
					EQ See 2.6 F	Ltd Qty		Pkg Inst I	Max Net Qty/Pkg J	Pkg Inst K	Max Net Qty/Pkg L		
						Pkg Inst G	Max Net Qty/Pkg H						
1403	Calcium cyanamide with more than 0.1% or less calcium caride	4.3	Dang. when wet	III	E1	Y477	10kg	486	25kg	491	100kg	A71 A803	4W

由特殊规定 A71：该物质含碳化钙在 0.1% 以下时，不受 DGR 限制。

Calcium cyanamide（氰氨化钙）同时还有特殊规定 A803 规定了附加的特殊限制条件：尽管 E 栏包装等级为Ⅲ级，此条目所列物质必须包装在符合包装等级Ⅱ级的联合国规格包装容器中。此规定不适用于按有限数量规定运输的物质。

8. 第八步：查看应急响应代码。

查看应急响应代码——对应于危险品表中的 N 栏。

【例 4－13】 以例 4－12 中的 Calcium cyanamide（氰氨化钙）为例，其应急响应代码为 4W。根据表 4－2 机上危险品事故应急响应措施及注意事项可知：

- 固有的危险性：暴露空气中自燃；
- 对飞机的危险：起火和/或爆炸；
- 对机上人员的危险：烟、气和高温，以及如有关措施代码所述；
- 溢出/渗漏处理程序：使用 100% 氧气，打开并保持最大限度的通风；
- 救火措施：所有使用的灭火剂，对于代码“W”不得使用水作为灭火剂；
- 其他考虑因素：可能突然减压，对于操作代码“F”“H”用电保持最低限度；
- 额外危险：遇湿释放有毒或易燃气体。

第二节　运输专用名称

危险品的 UN/ID 编号和运输专用名称是根据其危险性和组成成分确定的。危险品必须有一个在危险品表中列出的运输专用名称。运输专用名称必须写在外包装上以及危险品申报单中，用于危险品的识别，以便于在危险品表中查阅相关信息，指导操作。

一、运输专用名称条目分类

危险品表中列出的运输专用名称条目有四种，按优先使用顺序分别如下：

1. 单一条目（Single entries）。

单一条目是具有明确定义的物品或物质，如：

（1）Propylamine（丙胺）UN1277；

（2）2－Methyl－1－butene 2（甲基－1－丁烯）UN2459；

（3）Methylcyclohexane（甲基环乙烷）UN2296。

2. 类属条目（Generic entries）。

类属条目是具有明确定义的一组物品或物质，如：

（1）Aerosols，Flammable（气溶胶，易燃）UN1950；

（2）Adhesives（黏合剂）UN1133。

（3）Organic peroxide，Type C，liquid（液态 C 型有机过氧化物）UN3103；

（4）Triazine pesticide，liquid，toxic（液态三嗪农药，毒性）UN2998。

3. 特定 n. o. s. 条目（Specific n. o. s. entries）。

特定 n. o. s. 条目是具有某一特定化学或技术性质的一组物品或物质，n. o. s.（not otherwise specified）表示除非另有规定或说明。如：

（1）Barium compound，n. o. s.（钡化合物，n. o. s.）UN1564；

（2）Refrigerant gas，n. o. s.（制冷气体，n. o. s.）UN1078。

4. 一般 n. o. s. 条目（General n. o. s. entries）。

一般 n. o. s. 条目是具有符合一种或多种危险性类别/项别的一组物品或物质，如：

（1）Corrosive liquid，n. o. s. ★（腐蚀性液体，n. o. s.）UN1760；

（2）Toxic solid，inorganic，n. o. s. ★（有毒固体，无机，n. o. s.）UN3288。

二、危险品表中未列条目运输专用名称的确定

对于危险品表中未列出运输专用名称的物品或物质，作为托运人、货运代理人和经营人都应该熟悉如何为它们确定合适的运输专用名称。

当一种物品或物质未在危险品表中列明，但又具有一定的危险性时，必须按照以下规则选择一个合适的运输专用名称：

（1）根据 DGR 中禁运危险品和危险品的分类标准确定该物品或物质不是禁运的。

（2）如果该物品或物质不是禁运的，根据危险品分类标准进行分类。如果其具有两种以上的危险性，必须判定主要危险性（详见本书第三章的相关内容）。

（3）使用能最准确描述物品或物质的类属或 n. o. s. 运输专用名称。

使用顺序按照：类属条目 > 特定 n. o. s. 条目 > 一般 n. o. s. 条目。

如果某物质无法列入“类属条目”就看是否能列入“特定 n. o. s. 条目”，当“类属

条目”和“特定 n. o. s. 条目”都不能列入时，就列入“一般 n. o. s. 条目”。

为了帮助托运人选择最恰当的运输专用名称，DGR 列出了所有的 n. o. s. 条目和主要的类属条目，并按照其危险性的类或项分组。在每一危险性类/项内，类属条目和 n. o. s. 条目分为三组：

①包括一组具有某一特定化学或技术性质的物品或物质的特定条目；

②第 3 类和 6. 1 项的农药条目；

③包括一组具有一种或多种危险性的物品或物质的一般条目。

表 4 – 15 节选了第 3 类的部分类属和 n. o. s. 运输专用名称表。其中，Specific entries 表示的是特定条目，Pesticides 表示的是农药条目，General entries 是一般条目。

表 4 – 15　　类属和 n. o. s. 运输专用名称表（节选）

Class or Divisin	Subsidiary Risk	UN or ID No.	Proper Shipping Names （Note：The★ is not part of proper shipping name）
Class 3			
Specific entries			
3	8	3274	Alcoholates solution，n. o. s. ★ in alcohol
3	6. 1	1986	Alcohols，flammable，toxic，n. o. s. ★
3		1987	Alcohols，n. o. s. ★
3		1989	Aldehydes，n. o. s. ★
3	6. 1	1988	Aldehydes，flammable，toxic，n. o. s. ★
…	…	…	…
Pesticides			
3	6. 1	2760	Arenical pesticide，liquid，flammable，toxic★，flash point < 23℃
3	6. 1	2782	Bipyridilium pesticide，liquid，flammable，toxic ★，flash point < 23℃
3	6. 1	2758	Carbamate pesticide，liquid，flammable，toxic ★，flash point < 23℃
3	6. 1	2776	Copper based pesticide，liquid，flammable，toxic ★，flash point < 23℃
3	6. 1	3024	Coumarin derivative pesticide，liquid，flammable，toxic ★，flash point < 23℃
…	…	…	…
General entries			
3	S. P. A806	3540	Articles containing flammable liquid，n. o. s. ★
3		3256	Elevated temperature liquid，flammable，n. o. s. ★ with flash point above 60℃，at or above its flash point

续表

Class or Divisin	Subsidiary Risk	UN or ID No.	Proper Shipping Names (Note: The★ is not part of proper shipping name)
3		1993	Flammable liquid, n. o. s. ★
3	8	2924	Flammable liquid, corrosive, n. o. s. ★
3	6. 1	1992	Flammable liquid, toxic, n. o. s. ★
3	6. 1 and 8	3268	Flammable liquid, toxic, corrosive, n. o. s. ★

(4) 危险品表 B 栏中的类属和 n. o. s. 运输专用名称后面有符号“★”时，必须在此运输专用名称后注明技术名称或化学名称。

【例 4-14】 物质 Methyl-n-amyl carbinol（甲基正戊基甲醇），经试验测定，该物质是一种闪点 54℃的醇类。查阅危险品表可知该物质未在危险品表中，因此需要选择合适的运输专用名称。

- 确定该物质的性质：闪点 54℃的醇类；
- 检查此物质是否禁运：该物质不属于禁运的危险品；
- 确定此物质的类别/项别：闪点 54℃，该物质属于第 3 类易燃液体，包装等级为Ⅲ级；
- 确定合适的条目：查阅类属和 n. o. s. 运输专用名称表（见表 4-15），存在特定条目即化学通用名称 Alcohols, n. o. s. ★ UN1987，故不使用一般条目 Flammable liquid, n. o. s. ★UN1993；
- 符号“★”需注明技术名称或化学名称：该物质的运输专用名称为 Alcohols, n. o. s. (Methyl-n-amyl carbinol)。

显示的技术名称或化学名称不超过两个，且是构成混合物危险性的最主要成分。如果包装件中含有需要粘贴次要危险性标签的混合物，两个作为成分显示的技术名称之一必须是使用次要危险性标签的成分名称。此要求不适用于国家法律或国际公约禁止泄露其名称等信息的受控物质。

技术名称必须是科学技术手册、教科书和杂志现行使用的公认的化学名称或其他名称，不得使用商业名称。

对于农药只能使用国际标准化组织的通用名称、《世界卫生组织（WHO）建议的农药危险性的分类和分类准则》中的其他名称或有效成分的名称。

对于第 1 类爆炸品，危险品的名称后可以附加表明其商用或军用名称的补充说明文字。

【例 4-15】 氟利昂 14（Freon 14）与氟利昂 23（Freon 23）的混合物的运输专用名称。

该混合物属于制冷气体，查阅类属和 n. o. s. 运输专用名称表可知该物质适用于 2. 2 项特定条目 Refrigerant gas, n. o. s. ★，其技术名称不能写氟利昂，而必须是四氟甲烷（Tetafluoromethane）和三氟甲烷（Trifluoromethane）。

该混合物的运输专用名称为：Refrigerant gas, n. o. s. (Tetafluoromethane, Trifluoromethane)。

（5）对于未列名的物质是否可以空运，或对应遵循何种条件进行空运有疑问的，托运人和/或经营人必须咨询国家主管当局。

（6）水合物可使用无水物质的运输专用名称运输。

三、具有单一危险性的混合物和溶液运输专用名称的确定

当危险品的混合物和溶液没有在危险品表中列出具体名称，则采用以下步骤确定混合物和溶液的分类和运输专用名称。

列名的物质必须以危险品表中列出的运输专用名称运输。对已列名的物质若含有影响其识别结果的杂质或添加剂（做稳定剂或其他用途）必须识别为混合物或溶液。

符合 DGR 分类标准的混合物或溶液，主要成分为一种在危险品表中列名的物质，同时含有一种或多种不受 DGR 限制的其他物质时，必须识别为危险品表列出的物质的运输专用名称，并在其后加表示状态的限定词“Mixture（混合物）”或“Solution（溶液）”。

原则上来说，“Mixture（混合物）”包含“Solution（溶液）”，因此“Solution（溶液）”可以由“Mixture（混合物）”替代，反之则不行。

【例 4－16】 具有单一危险性的混合物和溶液，且包装等级未改变。

丙酮溶液由有效危险成分 Acetone（丙酮）及一种无危险性的成分组成，经测试，该溶液的闪点为 20℃，初始沸点高于 70℃，确定该溶液的运输专用名称。Acetone（丙酮）的危险品表如表 4－16 所示。

表 4－16　　丙酮的危险品表

UN/ID no. A	Proper Shipping Name/Description B	Class or Div. (Sub Risk) C	Hazard Label (s) D	PG E	Passenger and Cargo Aircraft					Cargo Aircraft		S. P. See 4.4 M	ERG Code N
					EQ See 2.6 F	Ltd Qty Pkg Inst G	Ltd Qty Max Net Qty/Pkg H	Pkg Inst I	Max Net Qty/Pkg J	Pkg Inst K	Max Net Qty/Pkg L		
1090	Acetone	3	Flamm. Liquid	II	E2	Y341	1L	353	5L	364	60L		3*H*

- 由危险品表可知，Acetone（丙酮）为第 3 类易燃液体，包装等级为Ⅱ级。
- 该溶液的闪点为 20℃，初始沸点高于 70℃，可以划为第 3 类易燃液体，包装等级为Ⅱ级。
- 混合后物质的危险性类别和包装等级都没改变。

因此该溶液应申报为：Acetone Solution。当 Acetone（丙酮）的含量为 75% 时，可写为 Acetone 75% Solution。

例 4－16 中，溶液的包装等级与危险品表中列出的包装等级相同。如果溶液或混合物

的包装等级发生改变，则不适用 Acetone Solution 的运输专用名称。

当出现以下几种情况时，混合物或溶液必须用最适用的 n. o. s. 运输专用名称，并将所包含的危险物质专业技术名称写在其后的括号内，并注明表示状态的限定词“Mixture（混合物）”或“Solution（溶液）”。

（1）混合物或溶液在危险品表中专门列出名称；

（2）危险品表的条目表示，该条目仅适用于纯物质时；

（3）混合物或溶液的危险性类别或项别、次要危险性、物理状态（固态、液态、气态）或包装等级与危险品表所列危险品不同时；

（4）发生紧急情况时，混合物或溶液所采取的措施与所列危险品不同，存在明显改变时。

【例 4-17】具有单一危险性的混合物和溶液，包装等级改变。

含有 2-Chloropropane（2-氯丙烷）及一种无危险性成分的溶液，经测定闪点低于 23℃，初始沸点高于 35℃。确定该溶液的运输专用名称。2-氯丙烷的危险品表如表 4-17 所示。

表 4-17　　2-氯丙烷的危险品表

UN/ID no. A	Proper Shipping Name/Description B	Class or Div. (Sub Risk) C	Hazard Label (s) D	PG E	Passenger and Cargo Aircraft					Cargo Aircraft		S. P. See 4. 4 M	ERG Code N
					EQ See 2. 6 F	Ltd Qty		Pkg Inst I	Max Net Qty/Pkg J	Pkg Inst K	Max Net Qty/Pkg L		
						Pkg Inst G	Max Net Qty/Pkg H						
2356	2-Chloropropane	3	Flamm. Liquid	I	E3	Forbidden		351	1L	361	30L		3*H*

• 由危险品表可知，2-Chloropropane（2-氯丙烷）为第 3 类易燃液体，包装等级为Ⅰ级。

• 该溶液的闪点为 20℃，初始沸点高于 70℃，可以划为第 3 类易燃液体，包装等级为Ⅱ级。

• 由于混合后包装等级由Ⅰ级变为Ⅱ级，因此要采用 n. o. s. 运输专用名称。

该溶液申报为：UN1993 Flammable liquid n. o. s.（2-Chloropropane solution）或 UN1993 Flammable liquid n. o. s.（2-Chloropropane mixture）。

注意，混合物或溶液中有危险成分在危险品表中列出，但由于其浓度不符合任何危险性的定义，则此混合物或溶液不受 DGR 限制。

四、具有多重危险性的混合物和溶液运输专用名称的确定

当拟运输的危险物品或物质在危险品表中没有列名时，可以根据物品的技术性质鉴定书和各类危险品的定义确定其危险特性，再根据具有多重危险性物品或物质的分类原则确

定其主要危险性、次要危险性，并选择最贴切的 n. o. s. 条目作为运输专用名称。

当某一物质或一种混合物/溶液包含两种以上危险成分，必须先确定其主要危险性、次要危险性。不管危险成分是否列于危险品表上，都必须使用适宜的 n. o. s. 条目作为运输专用名称，并在其后的括号内标出至少两种占主导地位的危险成分的技术名称。

【例 4 – 18】具有多重危险性的混合物和溶液的运输专用名称。

某溶液含有两种危险成分：Caprylyl chloride（辛酰氯）和 Tetrahydrofuran（四氢吡喃），经测定，分别满足以下危险性：第 8 类，包装等级Ⅱ级；第 3 类，包装等级Ⅱ级，确定该溶液的运输专用名称。

- 根据表 3 – 18 危险性和包装等级主次顺序表可知，该溶液的主要危险性是第 3 类，次要危险性是第 8 类，包装等级Ⅱ级；
- 该溶液采用 n. o. s. 运输专用名称

该溶液申报为：UN2924 Flammable liquid，corrosive，n. o. s.（Tetrahydrofuran /Caprylylchloride solution）或 UN2924 Flammable liquid，corrosive，n. o. s.（Tetrahydrofuran /Caprylyl chloride mixture）。

本章小结

本章主要介绍了危险品的识别。

危险品的危险品表标明了危险品运输的相关要求，是危险品识别的重要信息来源，具有很强的操作性。

危险品表按危险品的运输专用名称的英文字母顺序排列，共有 14 栏。表中列明了该危险品的 UN/ID 编号、运输专用名称、类/项别、次要危险、危险性标签、包装等级、包装说明代码及客/货机载运时每一包装件的数量限制、特殊规定及应急措施等。在操作时要根据实际运输情况，通过危险品表准确地查找到危险品适用的运输条件。

由于 DGR 不可能将所有可能被航空运输方式运输的危险物品全部列出，对于危险品表中未列出运输专用名称的物品或物质，作为托运人、货运代理人和经营人都应该熟悉如何为它们确定合适的运输专用名称，再通过危险品表确定其适用的运输条件。

习　题

1. 危险品表中，运输专用名称的哪些组成部分不参加排序？

2. 对于危险品表的 H、J 和 L 栏，回答以下问题：

（1）净数量限制是指一架飞机、一票货物还是一个包装件？

（2）度量单位是什么？

（3）当出现字母“G”时，表示什么意思？

3. 特殊规定（SP）在危险品表的哪个栏目？在 DGR 的哪个章节可以找到具体的特殊规定？

4. 判断下列 UN/ID 编号的对错。

（1） UN1263；

（2） UN8000；

（3） ID3166；

（4） ID8000。

5. 在使用 UN 规格包装的情况下，根据表中给出的数量，完成表格中的其他项目。

物品/运输专用名称	每包装件净数量	UN/ID 编号	类别/项别	次要危险性	标签	包装等级	可否接收		特殊规定
							客机	货机	
Acetal	5L								
Acetone	3L								
Propionyl chloride	2L								
Sodium chlorate	30kg								
Adhesive, having a flash point of 75℃	5L								

6. 写出下列物质的 UN/ID 编号。

（1） Consumer commodity；

（2） Calcium oxide；

（3） Dry ice；

（4） Barium chlorate, solid；

（5） Sodium。

7. 写出下列物质的运输专用名称。

（1） UN 3077；

（2） UN 0153；

（3） UN 2806；

（4） UN 3166；

（5） UN 3484。

8. 写出下列物质的 UN/ID 编号和运输专用名称。

（1） Isobutane；

（2） Camping gas；

（3） Mercury bichloride；

（4） Polish；

（5） Varnish。

9. 解释货物为制冷机器（UN3358）时，何种情况下可确定为“No restricted（不受限制）”？

10. n-Propoxypropanol amyl 是一种醇，闭杯闪点 58℃，初始沸点 87℃。确定该物质的 UN/ID 编号、运输专用名称和包装等级。

11. 某液体混合物由 Hydrobromic acid（氢溴酸）和一种无危险性物质组成，接触 30 分钟，观察 12 天，造成皮肤组织完全溃烂。确定该溶液的 UN/ID 编号、运输专用名称、包装等级和货机的包装说明代码。

12. 某固体混合物由 Arsenic（砷）与另一种不受 DGR 限制的物质组成，其口服毒性数据 LD_{50} 为 45 mg/kg。确定该混合物的 UN/ID 编号、运输专用名称、包装等级和客机的包装说明代码。

13. 某液体混合物由 Benzene（苯）与另一种无危险性物质组成，其闭杯闪点 23℃，初始沸点 40℃。确定该混合物的 UN/ID 编号、运输专用名称、包装等级和客机的包装说明代码。

14. 某液体混合物由 diethyl sulphate 和 dimethyl benzene 两种危险品组成，具有下列性质，且没有腐蚀、氧化性或其他危险性：

液体的口服毒性数据 LD_{50} 为 240 mg/kg；

闭杯闪点 29℃，初始沸点 80℃；

根据以上信息，确定该液体的主要危险性、次要危险性、UN/ID 编号、运输专用名称和包装等级。

第五章
危险品的包装

【学习目标】

1. 了解危险品包装的作用和托运人的责任；
2. 了解危险品包装的一般要求和分类；
3. 熟悉危险品包装的术语；
4. 掌握 UN 规格包装标记并能选用正确的 UN 规格包装；
5. 掌握包装说明代码的选择并查阅相关包装说明；
6. 熟悉不同危险品装于同一外包装的相关规定；
7. 熟悉包装检查的步骤；
8. 了解 OVERPACK 的相关要求。

DGR 参考：第二、第五、第六章

危险品的包装是防止危险品在正常运输过程中发生燃烧、爆炸、腐蚀、毒害、放射射线、污染等事故的重要条件之一，也是保障航空运输安全的基础。危险品的包装是 DGR 的重要组成部分。

本章关于包装的介绍仅针对非放射性物质，放射性物质的包装参照本书第十章相关内容。

第一节　危险品包装的概述

危险品的包装不仅能够保护货物的使用价值不受损失，也是防止危险品在正常运输过程中危害人员、环境、设备和运输工具的重要保障。

一、危险品包装的作用

危险品包装除了一般运输包装的作用以外，还具有一些特殊的作用。

（1）抑制或钝化危险品的危险性，使危险性限制在最小的范围内，提供良好的运输作业环境。

（2）防止危险品因接触雨雪、阳光、潮湿空气和杂质发生变质或发生剧烈化学反应造成事故。

（3）减少货物在运输中受到碰撞、震动、摩擦和挤压，使其在包装的保护下处于完整和相对稳定的状态，从而保证安全运输。

（4）防止因货物撒漏、挥发以及与性质相互抵触的货物直接接触而发生事故或污染运输设备及其他货物。

（5）便于运输过程中的装卸、搬运和保管，做到及时运输和保管安全。

二、托运人的责任

包装是托运人的主要工作之一，托运人应对货物正确地包装，确保其完全符合安全运输的要求。托运人在准备危险品的每个包装件时，必须遵守以下规定：

（1）遵守与所选用的包装类型相应的一系列包装要求。

（2）选用的包装必须是危险品表中 G、I、K 栏指定的该物质适用的包装说明中允许的包装。

（3）所有的包装都要根据危险品表中 H、J、L 栏对每个包装件的净数量限制以及包装设计本身的限制选择较严格的限制。组合包装每一内包装的净数量限制不得超过适用的包装说明中的规定。

（4）包装的所有组成部分，必须按照预定方式组装牢固。

（5）应保证组装的包装件外表面没有灌装过程自身带来的或灌装/组装区周围环境带来的污染。

（6）向经营人交付包装件时，应保证托运人已全部履行有关包装的责任。

三、航空运输的正常条件

本书中多处都有“正常运输条件”的表述，这是对航空运输环境的解释。DGR 中对从温度、压力和振动三个方面对航空运输的正常条件做了说明。

（1）温度。DGR 参考的温度变化范围为 -40℃ 至 55℃，这也是国际航空运输中可能遇到的温度变化区间。

（2）压力。注入容器时的正常压力一般为 100kPa，由于飞行高度的原因，空中包装件的压力小于标准大气压，空中的低压使容器或包装内部与货舱产生压力差。DGR 参考的压力差为：加压舱压力差 25kPa，非加压舱压力差 75kPa。

（3）振动。包装件在商用飞机上经受振动的范围在 7Hz 5mm 振幅（相当于 1g 的加速度）至 200Hz 1.05mm 振幅（相当于 8g 的加速度）。

四、危险品包装的一般要求

包装的一般要求是指危险品包装必须共同满足的一些基本要求。DGR 中一般包装要求主要有以下几个方面：

1. 包装等级。根据危险品的危险程度，将除第 1 类、第 2 类、第 7 类、4.1 项中的自反应物质、5.2 项和 6.2 项的危险品划分为三个包装等级：

（1）Ⅰ级包装——较高危险性的货物；

（2）Ⅱ级包装——中等危险性的货物；

（3）Ⅲ级包装——较低危险性的货物。

第9类的某些物质、5.1项中的液体物质的包装等级，不是根据技术标准而是根据经验划分的，可在危险品表中查阅。危险品的包装等级划定标准详见本书第三章的相关内容。

2. 包装性能要求和质量。除非另有规定，包装说明中列举的UN规格包装，必须符合危险品表中E栏标出的为特定物品或物质制造的相应包装等级的性能试验要求。

危险品必须使用优质包装材料，且具有足够的强度抵抗运输途中在正常情况下受到的冲击和载荷，其结构和封闭装置能经受正常空运条件下温度、湿度、压力的变化而不致泄露。运输过程中包装件外部不得附着危险品。新包装、翻新的包装或重新制造的包装材料都应符合该规定。

3. 包装测试。包装说明中指定的包装必须符合DGR的相关要求。为保证这样的包装符合使用要求，这些包装的制造和测试必须按照国家主管当局认可的质量保障计划进行。需要按相关要求进行测试的包装，其随后的使用应与试验报告及经过测试的设计类型的标准一致，包括包装方法和所有内包装尺寸和型号。在罐装和交运之前，必须检查所有包装以确保其没有受到腐蚀、污染或其他损坏。与批准设计样本比较，任何出现强度降低迹象的包装均不得再使用，或应进行修复处理使其能够承受设计样本试验。

包装性能试验已考虑所用材料和包装的结构设计，也考虑到盛装运输的货物是液体或固体。性能试验的目的是保证在正常运输条件下其内装物不损失泄露。包装性能试验的精确度取决于拟装物的危险程度，即包装等级、相对密度（比重）和蒸气压力（液体）。

包装性能试验主要包括跌落试验、防渗漏试验、内压（液压）试验和堆码试验等。

（1）跌落试验。

对固体和液体，盛装液体的单一包装或组合包装里的内包装（拟运输液体的相对密度不超过1.2，用水来替代进行试验）的跌落高度为：

①Ⅰ级包装——1.8m；

②Ⅱ级包装——1.2m；

③Ⅲ级包装——0.8m。

当拟运输液体的相对密度大于1.2，用水来替代进行试验，跌落高度根据其相对密度计算，结果四舍五入至小数点后1位：

①Ⅰ级包装——相对密度×1.5m；

②Ⅱ级包装——相对密度×1.0m；

③Ⅲ级包装——相对密度×0.67m。

（2）防渗漏试验。

所有拟装液态物质的包装必须进行防渗漏试验（不含组合包装的内包装）。

向包装内充入空气产生压力后，包装及其封闭装置置于水中保持5分钟。充入空气的压力要求如下：

①Ⅰ级包装——不低于30kPa；

②Ⅱ级包装——不低于20kPa；

③Ⅲ级包装——不低于 20kPa。

（3）内压（液压）试验。

所有拟盛装液体的金属、塑料和复合包装的设计型号都应进行内压（液压）试验（不含组合包装的内包装）。

金属包装包括其封闭装置，须承受 5 分钟的试验压力；塑料包装和复合包装包括其封闭装置须承受 30 分钟的试验压力。

（4）堆码试验。除袋子外，所有的包装的设计型号都应进行此项试验。

对试样的顶部表面施加负荷，所施加的负荷应等于在运输中可能堆码在其上方的相同包装件的总重量。

堆积的最低高度包括试样在内 3m，试验持续时间 24 小时。用于盛装液体的塑料桶、方形桶和复合包装（6HH1 和 6HH2）的试验时间应为 28 天且温度不低于 40℃。

4. 兼容性要求。直接与危险物品接触的包装部分不得受危险品影响或严重削弱；不得与危险品反应或催化反应从而产生危险后果；不得使危险品在正常运输条件下渗透而造成危险。必要时对这些包装部分进行处理或使用适合的内涂层。托运人必须确保任何吸附材料及液体的中层包装不与液体发生危险反应。

一些塑料材料在运输过程中由于温度的变化，或者由于内部物质的化学作用或因使用制冷剂而很容易变软、脆化或渗透性增大，禁止使用。

需要注意的是，即使在某一具体包装说明中指定某种包装材料，托运人也有责任保证该包装材料与其内部的物质相兼容。特别要注意内部物质对包装的腐蚀、渗透作用以及软化、脆化和提前老化的影响。

5. 耐温和抗振。包装的主体和封闭装置必须能完全适应正常运输条件下温度和振动的影响。封闭装置的设计必须保证在使用中不可能出现封装失误或不完全封闭的情况，且要容易判断它是否完全封闭；此外，还要保证其在运输过程中始终保持封闭的状态。

对于盛装液体的内包装，封闭装置必须进一步采用胶带、磨砂盖、焊接、封线、封圈、热密封和防止儿童开启的闭锁等方式，以保持其安全、紧密和有效。封闭装置的设计必须保证不会封装失误或不完全封口。二次封闭装置不适用时，内包装必须安全严密并置于防漏内衬中，然后放入外包装。

6. 剩余空间。包装内注入液体后，内部须留有足够的剩余空间，以防止在运输中可能发生的因液体膨胀而导致容器泄漏或永久变形。在 55℃时，液体不得完全充满容器。

7. 内部压力。盛装液体的包装必须能够承受内部产生的不低于 95kPa 的压力差而无泄漏，对于第 3 类或 6.1 项中Ⅲ级包装的液体不低于 75kPa，或者能够承受一个与内装液体所要求的压力而无泄漏。上述两个压力中，取较大值。

8. 可变为液体的固体包装。在航空运输可能遇到的温度下，如果某种固体可以变成液体，那么这种固体所用的包装必须具备盛装该液态物质的能力。

需要注意的是，适用的包装说明中允许使用的可盛装固体的包装（内包装和单一包装），如果它们不适用于盛装液体物质，则不应选用。例如，作为内包装的纸袋或塑料袋，作为单一包装的无内衬纤维板桶，均不应选用。当此类物质允许使用单一包装时，只可使用盛装固体物质的单一包装。

9. 内包装。内包装的包装方法、固定或衬垫，必须保证在正常运输条件下不会破裂、刺破或将内装物泄漏到外包装内。容易破碎或刺破的内包装，如玻璃、陶瓷、塑料等必须使用适当的衬垫材料固定。内装物的任何泄漏都不得降低衬垫材料或外包装的保护功能。

10. 其他包装要求。当运输过程中发生摩擦时，外包装的质地和厚度必须保证不致发热而改变内装物品的化学稳定性。

如果内装物品可能释放气体，为了降低包装内部压力而需要排气的包装不允许在航空运输中使用，DGR 中另有规定除外。

包装件的尺寸不得太小，其表面应有足够的空间粘贴必需的标记和标签。

盛装过某种危险品的空包装，必须根据 DGR 视同装满危险的包装处理，除非已采取充分的措施消除了所有危险。

五、危险品的包装术语

危险品的包装需要使用到的包装术语主要有：

（1）包装（Packaging）：符合 DGR 最低包装要求的一个或几个容器以及为实现其容纳和其他安全功能所需的其他部件或材料的集合体。

（2）打包（Packing）：将物品或物质装到包装内、和/或封装于包装内或其他紧固装置内的手段和操作。

（3）包装件（Package）：是指包装作业的完整产品，包括包装物和准备运输的内装物。

（4）容器（Receptacle）：是指用于盛装物品或物质的器具，包括封口装置。

（5）内包装（Inner packaging）：是运输中还需使用外包装才能达到安全运输目的的包装。一般组合包装的内部构成称为内包装。

（6）内容器（Inner receptacle）：是指需要外包装一起实现其容纳功能的容器。一般复合包装的内部构成称为内容器。

（7）外包装（Outer packaging）：复合包装或组合包装的外保护层，连同吸附材料、衬垫和其他必要的部件一起容纳和保护内部容器或内部包装。

（8）中层包装（Intermediate packagings）：是指介于内包装或物品和外包装之间的包装。

（9）组合包装（Combination packaging）：以运输为目的，将一个或多个内包装按照一定的包装要求放置在一个外包装内所组成的包装组合。

（10）单一包装（Single packaging）：是指不需内包装即能在运输中起到容纳功能的包装。相对于组合包装，单一包装仅由一个容器组成。

（11）复合包装（Composite packaging）：是指由一个外包装和一个内容器在结构上形成一个整体的包装，一旦组装好，其在盛装、存储、运输和倒空时都是一个不可分割的整体。

由于复合包装是用内、外两层不同材料制成的一个不可分割的整体包装，它属于单一包装，如一个铁桶内衬一只塑料内胆组成的铁塑复合桶。

（12）OVERPACK：为了作业和装载的方便，托运人将一个或多个包装件合成的一个作业单元。OVERPACK 内的包装件必须按 DGR 要求正确地包装、标记、标签，并处于良好状态。紧缩包装或捆扎件可被视为一个 OVERPACK。

注意，航空运输中使用的集装器（ULD）不包含在 OVERPACK 的定义内。

关于 OVERPACK，先后存在“组合包装件”“合成包装件”“集合包装件”等中文翻译，本书为避免歧义，统一以 OVERPACK 为名。

六、危险品包装的分类

除放射性物质外，危险品的包装可分为：UN 规格包装、有限数量包装、例外数量包装和其他包装。

1. UN 规格包装。

UN 规格包装（UN Specification packagings）是指经过联合国包装性能测试，满足 DGR 中相关包装标准，保证达到安全标准的包装。

本章第二节将详细介绍 UN 规格包装。

2. 有限数量包装。

有限数量包装（Limited quantity packagings）是指没有经过联合国指定的包装性能测试，但组合包装必须满足 UN 规格包装的结构标准且通过跌落和堆码测试。

有限数量包装无任何规格标记，但必须标明如图 5－1 所示的有限数量包装标记。在危险品表的 G 栏中，以“Y”为前缀的包装说明指明了对此类包装的要求。需要注意的是，有限数量包装方法只能使用组合包装，且包装件的最大毛重为 30kg。

图 5－1　有限数量包装标记

3. 例外数量包装。

例外数量包装（Excepted quantity packagings）是指当某些类型危险品的运输量很小时，可以根据例外数量危险品的规则空运，其包装要求坚固耐用，采用内、中、外三层包装及吸附材料的包装方法，并通过跌落和堆码测试。

例外数量包装无任何包装规格标记，但必须粘贴例外数量包装标记，如图 5－2 所示。

图 5-2　例外数量包装标记

4. 其他包装。

其他包装是为一些有特殊运输需求的危险货物特别设计和制造的包装。这类包装无包装规格标记，也称为非标准规格包装（Non-specification Packagings）。这类包装可以是单一包装也可以是组合包装，但都必须满足 DGR 中的一般包装要求。常见的其他包装有：气体钢瓶、干冰包装、磁性物质包装等，如图 5-3 所示。

图 5-3　其他包装

第二节　UN 规格包装

联合国为了国际运输的需要，对包装的类型、性能测试有严格的规定，并规定了统一的 UN 规格包装和包装标记。UN 规格包装适合普通数量的危险品，是绝大多数危险品所采用的包装方式。

一、UN 规格包装的形式

UN 规格包装包括组合包装和单一包装两种形式。

1. 组合包装。

组合包装定义见包装术语。组合包装一般由木材、纤维板、金属或塑料制成的一层外包装，内装由金属、塑料、玻璃或陶瓷制成的内包装，根据不同要求，还需要装入衬垫或吸附材料，如图 5 - 4 所示。

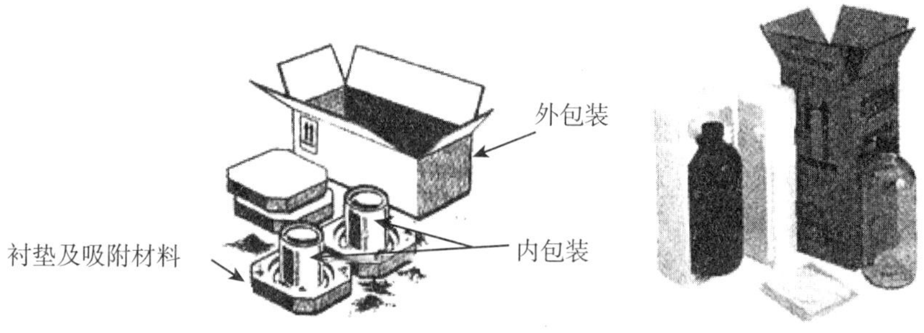

图 5 - 4　组合包装

2. 单一包装。

单一包装的定义见包装术语。单一包装一般由钢铁、铝、塑料或其他被许可的材料制成，如钢桶、方形桶和复合包装，如图 5 - 5 所示。

图 5 - 5　单一包装

二、UN 规格包装的代码

按照联合国危险品包装标准，危险品的包装按照不同的规格给予不同的代码，称为 UN 规格包装代码。UN 规格包装代码分为两个系列：第一个系列适用于除内包装以外的外包装/单一包装；第二个系列适用于内包装。

1. 外包装/单一包装。

此系列代码一般为两位或三位代码，由 1 个数字 +1 个字母（+1 个数字）构成。

（1）第一位数字表示包装类型，如桶、方形桶、箱等。包装类型代码对照如表 5 - 1 所示。

表 5－1 包装类型代码对照表

包装类型代码	包装类型	包装类型（英文）
1	圆桶	Drum
2	预留	Reserved
3	方形桶	Jerrican
4	箱	Box
5	袋	Bag
6	复合包装	Composite Packaging

（2）第二位字母表示包装的材料，如木、塑料等。包装材料代码对照如表 5－2 所示。

表 5－2 包装材料代码对照表

包装材料代码	包装材料	包装材料（英文）
A	钢（各种类型和表面处理的钢）	Steel（all type and surface treatments）
B	铝	Aluminium
C	天然木材	Natural wood
D	胶合板	Plywood
F	再生木材	Reconstituted wood
G	纤维板	Fibreboard
H	塑料材料	Plastic material
L	纺织品	Textile
M	多层纸	Paper，multi-wall
N	金属（钢或铝除外）	Metal（other than steel or aluminium）

注：H 塑料材料中包括了其他聚合材料，如橡胶（Rubber）。P 代表玻璃、陶瓷或粗瓷，DGR 中未使用。

（3）第三位数字（如有需要）表示同类型包装中所属的种类，表示某一种类包装更细的分类。

UN 规格外包装/单一包装代码及类型（不含复合包装）如表 5－3 所示。

表 5－3 外包装表（不含复合包装）

外包装代码	外包装类型
1A1	钢桶，盖子不可取下
1A2	钢桶，盖子可取下
1B1	铝桶，盖子不可取下
1B2	铝桶，盖子可取下

续表

外包装代码	外包装类型
1D	胶合板桶
1G	纤维板桶
3A1	钢制方形桶，盖子不可取下
3A2	钢制方形桶，盖子可取下
3B1	铝制方形桶，盖子不可取下
3B2	铝制方形桶，盖子可取下
1H1	塑料桶，盖子不可取下
1H2	塑料桶，盖子可取下
3H1	方形桶，盖子不可取下
3H2	方形桶，盖子可取下
1N1	金属桶（除钢桶、铝桶外），盖子不可取下
1N2	金属桶（除钢桶、铝桶外），盖子可取下
4A	钢箱
4B	铝箱
4N	其他金属箱
4C1	天然木箱，普通型
4C2	天然木箱，接缝严密型
4D	胶合板箱
4G	纤维板箱
4H1	泡沫塑料箱
4H2	硬质塑料箱
5L2	防漏型编织袋
5L3	防水型编织袋
5H1	无里衬或涂层的塑料编织袋
5H2	防漏型塑料编织袋
5H3	防水型塑料编织袋
5H4	塑料薄膜袋
5M1	多层型纸袋
5M2	多层防水型纸袋

2. 复合包装。

复合包装是特殊的单一包装，通常为三位或四位代码，由 1 个数字 +2 个字母（+1

个数字）构成。

复合包装代码与外包装/单一包装代码的含义基本相同，区别在于：复合包装代码表示包装材料的字母是两位。第一个字母表示内层材料，第二个字母表示外层材料。

UN 规格复合包装代码及类型如表 5－4 所示。

表 5－4　复合包装表

复合包装代码	复合包装类型
6HA1	钢壳塑料桶
6HA2	钢壳塑料箱
6HB1	铝壳塑料桶
6HB2	铝壳塑料箱
6HC	木壳塑料箱
6HD1	胶合板壳塑料桶
6HD2	胶合板壳塑料箱
6HG1	纤维板壳塑料桶
6HG2	纤维板壳塑料箱
6HH1	塑料外壳塑料桶
6HH2	硬质塑料壳塑料箱

3. 组合包装。

组合包装仅使用表示外包装的代码，详见外包装/单一包装。

4. 内包装。

除气溶胶用代码识别其类型、材料和制造外，内包装根据其生产的材料简单地识别为玻璃、金属、塑料等。

内包装代码通常为三位或四位代码，由 2 个字母 +1 个数字（+1 个字母）组成。

（1）前两位字母“IP”表示“内包装”（Inner Packagings）；

（2）第三位数字表示内包装的种类；

（3）第四位（如有需要）表示该类内包装更细的分类。

内包装代码及类型如表 5－5 所示。

表 5－5　内包装表

内包装规格代码	内包装类型
	玻璃
	塑料容器
	塑料
	金属罐、筒或管

续表

内包装规格代码	内包装类型
	纸袋
	塑料袋
	纤维板盒或箱
IP7	金属容器（气溶胶），一次性使用
IP7A	金属容器（气溶胶），一次性使用
IP7B	金属容器（气溶胶），一次性使用
IP7C	塑料气溶胶
	金属或塑料软管

5. 包装限定代码。

一些包装材料可在包装代码后加上一个代码，使它们具有不同的含义。

（1）字母“V”。字母“V”在包装代码后，如 4GV，表示此包装为特殊包装（Special packaging）。特殊包装指用于盛装固体或液体的任何类型的物品或内包装，在满足 DGR 中相关免于试验的条件时，可以豁免试验，装于外包装内进行运输。

（2）字母“U”。字母“U”表示此包装为感染性物质的特殊包装。

（3）字母“W”。字母“W”表示此包装虽属于代码所指示的同一包装类型，但其生产规格与无“W”的包装类型不同，使用此类包装要为主管当局所接受且保证等效。

（4）字母“T”。字母“T”表示此包装为补救包装（Salvage packaging）。补救包装是一类特殊的包装，用于盛装破损、残缺、渗漏或不符合要求的包装件，或已外溢、渗漏的危险品的特殊包装，其目的在于将废料运走，以便回收或处理。运输补救包装必须得到国家主管当局的批准。破损、残缺或渗漏的第 1、2、7 类和 6.2 项（除纳入 UN3291 的临床废品和废药品外）中的危险品的包装不得采用补救包装运输。

三、UN 规格包装的标记

UN 规格包装通过规定的性能测试后，要在包装表面标注持久、清晰、统一的标记后才能使用。该标记称为 UN 规格包装标记。

1. UN 规格包装标记的使用。

（1）UN 规格包装标记的作用。UN 规格包装标记表明带有该标记的容器与已成功经过试验的设计型号是一致的，符合对外包装、单一包装和复合包装的质量要求和性能测试的规定。需要注意的是，这些规定与该容器的制造有关，而与使用无关。所以标记本身并不证明该包装可用于盛装任何特定的物质，即无论该包装盛装何种物质，都应符合包装规格的规定。UN 规格包装标记旨在为包装制造商、修理厂、包装用户、经营人和有关当局提供帮助。对新包装的使用，最初的标记是制造商用以区别包装的类型和标明其达到某些性能试验的手段。

（2）UN 规格包装标记的适用性。除了用于第 2 类气体、第 7 类放射性物质和第 9 类杂项危险品的一些包装外，按联合国规格要求生产和试验的单一包装、组合包装和复合包装的外包装上必须带有耐久、易辨识、位置合适且大小适当、易于看清的标记。

根据 DGR 的规定，内包装不要求做标记。

UN 规格包装标记应直接印刷或模压在包装上，规格标记不可手写：

①对于毛重超过 30kg 的包装件，其标记或复制标记必须在包装件的顶部或一侧，标记的字母、数字和符号的高度至少为 12mm；

②容量为 30L 或 30kg 以下的包装，标记的高度至少为 6mm；

③对于 5L 或 5kg 以下的包装件，其标记也必须有适当的尺寸。

2. UN 规格包装标记的组成。

UN 规格包装标记按顺序必须包括以下几个部分，为清晰识别各标记元素，可用符号“/”或空格将各元素隔开。实际使用时，UN 规格标记可用单行或多行表示，但标记的顺序必须正确。

UN 规格包装标记顺序如下：

(1) 联合国包装符号，如图 5－6 所示。模压金属包装也可以用大写字母“UN”代替。

图 5－6　UN 规格包装标识

(2) 包装类型的代码，如纤维板箱（4G），详见表 5－1 至表 5－4。

(3) 表示包装等级的字母 X、Y 和 Z，如表 5－6 所示。

表 5－6　　包装等级与标记对照表

字母	包装等级	用于所含危险品的包装等级
X	Ⅰ	Ⅰ、Ⅱ和Ⅲ
Y	Ⅱ	Ⅱ和Ⅲ
Z	Ⅲ	只限Ⅲ

(4) 包装等级后可能出现的标记形式有两种：

①对于盛装液体的单一包装，包装等级后标有一个数字表示相对密度，四舍五入到小数点后一位数。若相对密度不超过 1.2 可忽略不标。密度后面要标明包装能承受的液压试验的压力，单位 kPa，四舍五入到 10kPa。如 1.4/150。

②对于盛装固体和内容器的包装，包装等级后的数字表明最大允许毛重，以 kg 为单位，毛重后跟字母“S”，如 25/S。

(5) 包装制造年份的最后两位数，如 20，表示 2020 年制造。

对于包装类型为 1H1、1H2、3H1 和 3H2 的塑料包装，还必须标出其制造月份，如图 5－7 所示。因而可在“＊”处标注生产年份的后两位。

图 5-7 塑料包装制造月份

除非得到主管当局的批准，塑料桶、方形桶、硬质塑料及带有塑料内容器的复合中型散装容器，用于危险品运输的允许使用期限从生产日期起不得超过五年。

（6）国籍识别标记，以国际机动车辆登记代码（VRI Code）来表示国家名称的识别代码。例如，中国 CN，中国香港 HK，美国 USA，英国 GB，日本 J，法国 F，德国 D，俄罗斯 RUS。

（7）生产制造商名称或国家主管当局所规定的识别标记，如 VL（Van Leer）。

【例 5-1】 UN 规格组合包装示例。

Ⓤ 4G/Y145/S/20/NL/VL823

Ⓤ——联合国包装符号；

4G ——包装类型代码，纤维板箱；

Y ——通过包装等级Ⅱ级包装测试；

145 ——最大允许毛重 145kg；

S ——可盛装固体或内包装；

20 ——生产时间 2020 年；

NL ——主管当局国家荷兰；

VL823——生产厂商识别代码 VL823。

【例 5-2】 盛装液体的 UN 规格单一包装示例。

Ⓤ 1A1/Y1.4/150/20/NL/VL824

Ⓤ——联合国包装符号；

1A1——包装类型代码，钢桶，盖子不可取下；

Y ——通过包装等级Ⅱ级包装测试；

1.4 ——液体最大相对密度值为 1.4；

150——最大试验压力为 150kPa；

20 ——生产时间 2020 年；

NL ——主管当局国家荷兰；

VL824——生产厂商识别代码 VL824。

【例 5-3】 盛装固体的 UN 规格单一包装。

Ⓤ 1D/X25/S/20/GB/2882

Ⓤ——联合国包装符号；

1D——包装类型代码，胶合板桶；

X ——通过包装等级Ⅰ级包装测试；

25 ——最大允许毛重 25kg；

S ——可盛装固体或内包装；

20——生产时间 2020 年；

GB ——主管当局国家英国；

2882——生产厂商识别代码 2882。

3. 修复的 UN 规格包装标记。

UN 规格包装修复后，修复者应按以下顺序对包装加以耐久性标记：

（1）修复厂家所在国的国籍识别标记；

（2）修复厂家的名称或国家主管当局所规定的识别标记；

（3）修复年份的最后两位数；

（4）字母“R”表示修复；

（5）对已成功通过了防渗漏试验的包装容器另加字母“L”。

【例 5 -4】 修复 UN 规格包装标记。

原 UN 包装标记：ⓤⓝ 1A1/Y1.4/150/07/NL/VL824

修复后标记：ⓤⓝ 1A1/Y1.4/150/07/ NL /RB/20RL

ⓤⓝ——联合国包装符号；

1A1——包装类型代码，钢桶，盖子不可取下；

Y——通过包装等级Ⅱ级包装测试；

1.4——液体最大相对密度值为 1.4；

150——最大试验压力为 150kPa；

07——生产时间为 2007 年；

NL——修复的主管当局国家荷兰；

RB——修复厂商识别代码 RB；

20——修复时间 2020 年；

R——表示修复；

L——表示通过防渗漏试验。

4. 补救包装的 UN 规格包装标记。

补救包装的标记与一般的 UN 规格包装标记的区别在包装类型代码。补救包装标记必须在确定的包装类型代码后加上表示补救包装的字母“T”。

【例 5 -5】 补救包装 UN 规格包装标记。

ⓤⓝ 1A2T/Y60/S/20/USA/ABCPACK

ⓤⓝ——联合国包装符号；

1A2——包装类型代码，钢桶，盖子可取下；

T——补救包装标记；

Y——通过包装等级Ⅱ级包装测试；

60——最大允许毛重 60kg；

S——可盛装固体或内包装；

20——生产时间为 2020；

USA——主管当局国家美国；

ABCPACK——生产厂商识别代码 ABCPACK。

5. A 级感染性物质的 UN 规格包装标记。

A 级感染性物质的 UN 规格包装标记由以下部分组成：

（1）联合国包装符号；

（2）包装类型代码；

（3）“CLASS 6.2”字样；

（4）包装制造年份的最后两位数；

（5）国籍识别标记；

（6）生产制造商名称或国家主管当局所规定的识别标记。

【例 5－6】 感染性物质的 UN 规格包装标记。

(UN) 4G/CLASS 6.2/20/DK/SP9989

(UN)——联合国包装符号；

4G——包装类型代码，纤维板箱；

CLASS 6.2——用于盛装感染性物质；

20——生产时间为 2020 年

DK——主管当局国家丹麦；

SP9989——生产厂商识别代码 SP9989。

第三节　包装说明

包装说明是对某种危险货物的包装应满足的具体要求的说明，包括包装种类、内装物的含量及对包装的其他要求等。不同危险品的特性不同，对包装的要求也不尽相同，因此会有许多不同的包装说明。

DGR 列出了所有可能使用到的包装说明。每一项包装说明都表示了可接受的单一包装或组合包装。对于组合包装还给出了可接受的外包装和相应的内包装以及每个内包装允许盛装的最大数量。有些包装说明中还会给出特殊包装要求等。

一般来说，包装说明包括以下几个部分：包装说明代码、国家及经营人差异、包装要求、组合包装、外包装和单一包装。

一、包装说明代码

每一个包装说明都有一个代码，称为包装说明代码，它是由三位数字组成。危险品表中的 G 栏（有限数量包装）、I 栏（客机和货机包装）和 K 栏（仅限货机包装）列出了拟运输物品或物质针对不同运输环境所适用的包装说明代码。

包装说明按危险性类别的编号顺序排列，而与危险性大小无关。包装说明代码的第 1 位数字与该货物所属的危险品类别编号一致。

【例 5－7】 Propionyl chloride（丙酰氯）的危险品表如表 5－7 所示。

表 5 -7 丙酰氯的危险品表

UN/ID no. A	Proper Shipping Name/Description B	Class or Div. (Sub Risk) C	Hazard Label (s) D	PG E	Passenger and Cargo Aircraft					Cargo Aircraft		S. P. See 4. 4 M	ERG Code N
					EQ See 2. 6 F	Ltd Qty		Pkg Inst I	Max Net Qty/Pkg J	Pkg Inst K	Max Net Qty/Pkg L		
						Pkg Inst G	Max Net Qty/Pkg H						
1815	Propionyl chloride	3 (8)	Flamm. Liquid & Corrosive	II	E2	Y340	0. 5L	352	1L	363	5L		3C

从表 5 -7 中可以查到三个包装说明代码：Y340、352 和 363。Propionyl chloride（丙酰氯）主要危险性为第 3 类，因此其包装说明代码均以“3”开头。“Y340”中的“Y”表示有限数量包装，当该货物以有限数量包装时，必须满足该包装说明的要求。而当该货物要以客机运输时，其包装必须满足“包装说明 352”中的要求。包装说明分别如表 5 -8、表 5 -9 和表 5 -10 所示。

表 5 -8 包装说明 Y340

PACKING INSTRUCTION Y340
OPERATOR VARIATIONS: 5X -01, AA -01, AM -03, AS -02, BW -01, CX -02, DE -01, FX -02, GA -03, GF -04, H5 -01, JU -06, KA -02, KC -11, KE -07, KQ -08, LD -02, LH -01, LX -02, MH -14, MT -01, O3 -03, OU -04, PX -10, SW -02, TN -04, UX -02, VO -03, VT -01, WY -04, X5 -02, XG -01, XK -03, XQ -01 This instruction applies to Limited Quantities of flammable liquids with a Class 8 or a Class 8 and of Division 6. 1subsidiary risk in Packing Group II. The General Packing Requirements of Subsections 2. 7. 5, 5. 0. 2 to 5. 0. 4 (with the exception of 5. 0. 2. 3, 5. 0. 2. 5. 5. 0. 2. 11 and 5. 0. 2. 14. 2) must be met except that the packagings do not have to meet the marking and testing requirements of 6. 0. 4 and Subsection 6. 3. Packagings must meet the construction criteria specified in Subsections 6. 1 and 6. 2 and the test criteria specified in Subsection 6. 6. Compatibility Requirements • substances must be compatible with their packagings as required by 5. 0. 2. 6; • metal packagings must be corrosion resistant or with protection against corrosion. Closure Requirements • closures must meet the requirements of 5. 0. 2. 7. Limited Quantity Requirements The requirements of Subsection 2. 7 must be met including: • the capability of the package to pass a drop test of 1. 2 m; • a 24 hour stacking test; • inner packagings for liquids must be capable of passing a pressure differential test (5. 0. 2. 9); • the gross weight of the completed package must not exceed 30 kg. *Single packagings are not permitted.*

续表

COMBINATION PACKAGINGS		
Inner Packaging （See 6. 1）	Net quantity per inner packaginq	Total net quantity per package
Glass	0. 5L	0. 5L
Metal	0. 5L	
Plastic	0. 5L	

OUTER PACKAGINGS																	
Type	Drums						Jerricans			Boxes							
Desc.	Steel	Alum-inium	Ply-wood	Fibre	Plastic	Other metal	Steel	Alum-inium	Plastic	Steel	Alum-inium	Wood	Ply-wood	Reconstituted wood	Fibre-board	Plastic	Other metal

表 5 –9　　　　包装说明 352

PACKING INSTRUCTION 352

STATE VARIATIONS：USG –04

OPERATOR VARIATIONS：5X –01，AA –01，AM –03，AS –02，BW –01，CX –02，FX –02，KA –02，KZ –07，LD –02/06，03 –03，UX –04，X5 –04

This instruction applies to flammable liquids with a Class 8 and/or Division 6. 1 subsidiary risk in Packing Group II on passenget aircraft.

The General Packing Requirements of 5. 0. 2 must be met.

Compatibility Requirements

- substances must be compatible with their packagings as required by 5. 0. 2. 6；
- metal packagings must be corrosion resistant or with protection against corrosion for substance with a Class 8 subsidiary risk.

Closure Requirements

- closures must meet the requirements of 5. 0. 2. 7.

Single packagings are not permitted.

COMBINATION PACKAGINGS		
Inner Packaging （See 6. 1）	Net quantity per inner packaginq	Total net quantity per package
Glass	1. 0L	1. 0L
Metal	1. 0L	
Plastic	1. 0L	

续表

OUTER PACKAGINGS																	
Type	Drums						Jerricans			Boxes							
Desc.	Steel	Aluminium	Plywood	Fibre	Plastic	Other metal	Steel	Aluminium	Plastic	Steel	Aluminium	Wood	Plywood	Reconstituted wood	Fibreboard	Plastic	Other metal
Spec.	1A1 1A2	1B1 1B2	1D	1G	1H1 1H2	1N1 1N2	3A1 3A2	3B1 3B2	3H1 3H2	4A	4B	4C1 4C2	4D	4F	4G	4H1 4H2	4N

表 5-10　　包装说明 363

PACKING INSTRUCTION 363

OPERATOR VARIATIONS: 4C-11, 4M-11, 5X-01, 7L-04, AY-04, CA-10, CI-04, CX-02, FX-02, FX-17, JJ-11, JL-09, KE-07, KZ-07, LA-17, LD-02, LD-06, LP-11, LU-11, M3-11, M6-01, M7-11, MK-12, NH-06, O3-03, OZ-08, PZ-11, SU-01, TG-02, UC-11, XL-11

This instruction applies to flammable liquids with a Class 8 or a Class 8 and Division 6.1 subsidiary risk in Packing Group II on Cargo Aircraft Only.

The General Packing Requirements of 5.0.2 must be met.

Compatibility Requirements

- substances must be compatible with their packagings as required by 5.0.2.6;
- metal packagings must be corrosion resistant or with protection against corrosion for substance with a Class 8 subsidiary risk.

Closure Requirements

- closures must meet the requirements of 5.0.2.7.

Combination and Single packagings are permitted.

COMBINATION PACKAGINGS		
Inner Packaging (See 6.1)	Net quantity per inner packaginq	Total net quantity per package
Glass	2.5L	5.0L
Metal	5.0L	
Plastic	2.5L	

OUTER PACKAGINGS																	
Type	Drums						Jerricans			Boxes							
Desc.	Steel	Aluminium	Plywood	Fibre	Plastic	Other metal	Steel	Aluminium	Plastic	Steel	Aluminium	Wood	Plywood	Reconstituted wood	Fibreboard	Plastic	Other metal
Spec.	1A1 1A2	1B1 1B2	1D	1G	1H1 1H2	1N1 1N2	3A1 3A2	3B1 3B2	3H1 3H2	4A	4B	4C1 4C2	4D	4F	4G	4H1 4H2	4N

续表

SINGLE PACKAGINGS								
Type	Drums				Jerricans			Cylinders
Desc.	Steel	Aluminium	Plastic	Other metal	Steel	Aluminium	Plastic	
Spec.	1A1 1A2	1B1 1B2	1H1 1H2	1N1 1N2	3A1 3A2	3B1 3B2	3H1 3H2	As permitted in 5.0.6.6

COMPOSITE PACKAGINGS											
Type	Drums					Box					
Desc.	Steel	Alumi-nium	Plywood	Fibre	Plastic	Steel	Alumi-nium	Wood	Plywood	Fibre	Plastic
Spec.	6HA1	6HB1	6HD1	6HG1	6HH1	6HA2	6HB2	6HC2	6HD2	6HG2	6HH2

二、国家及经营人差异

包装说明代码下为“State variations（国家差异）”和“Operator variations（经营人差异）”。

不同国家或不同经营人对同一包装、同一危险货物的运输可能会有不同的要求。国家差异可能涉及始发国、经停国/中转国、目的国和经营人所在国家。DGR 列出了国家和经营人的差异，可供查阅。

例 5-7 中的“包装说明 352”有国家差异“USG-04”，这说明需要采用航空方式运输 Propionyl chloride（丙酰氯），无论是从美国起运、经美国转运、运往美国，或是由在美国登记注册的航空公司承运时，都必须查看是否符合美国的国家差异条款 04。

“包装说明 Y340”“包装说明 352”和“包装说明 363”都分别列出了经营人差异，当采用某包装说明时，如涉及其经营人差异中所列的航空公司，也必须逐一查看相应的差异。

三、包装要求

包装要求列于包装说明中国家及经营人差异下面。包装要求可能包括适用性、一般要求（General requirements）、相容性要求（Compatibility requirements）、封口要求（Closure requirements）、附加包装要求（Additional packing requirements）和特殊要求（Specific requirements），对于有限数量包装还有有限数量要求（Limited quantity requirements）。这些包装要求对使用该包装说明的注意事项分别进行了说明。

例 5-7 中“包装说明 363”明确该包装说明“适用于仅限货机运输的包装等级为Ⅱ

级的具有第 8 类或第 8 类和 6.1 项次要危险性的易燃液体”。“包装说明 352” 和 “包装说明 363” 都注明了必须满足 DGR 的一般包装要求，相容性要求和封口要求。“包装说明 Y340” 有相容性要求、封口要求和有限数量要求，其中有限数量要求指出该包装“有通过 1.2m 跌落试验和 24 小时堆码试验的能力，液体内包装必须通过压差试验，且包装件的毛重不超过 30kg”。

一般在包装要求部分的最后还会对是否允许使用单一包装进行说明。

例 5 - 7 中的“包装说明 Y340” 和 “包装说明 352” 中明确了 “Single packagings are not permitted（不允许单一包装）”，“包装说明 364” 中指出 “Combination and single packagings are permitted（组合包装和单一包装都可以）”。

四、组合包装

当采用组合包装（Combination packagings）的包装形式，包装说明中会列明允许使用的各种内包装、每个内包装最大允许净数量及单位，以及每个包装件的允许的最大净数量。

例 5 - 7 中“包装说明 352”，如果采用玻璃内包装，每个内包装的最大允许净数量为 1.0L，每个包装的最大允许净数量为 1.0L。

五、外包装

外包装（Outer packagings）列明了组合包装允许使用的外包装。对于 UN 规格包装，每一种外包装都有对应的 UN 规格包装类型代码。如例 5 - 7 中“包装说明 352” 中列出的适用的外包装有 1A1、1B1、1D 等。由于有限数量包装不使用 UN 规格包装，因此有限数量包装说明中的外包装没有相应的包装类型代码。

六、单一包装

当允许采用单一包装（Single packagings）时，包装说明会列明允许使用的单一包装的包装类型代码。如例 5 - 7 中 “包装说明 363” 中所列出的适用的单一包装 1A1、1B1、1H1 等。

在第 61 版之前的 DGR 中，单一包装包装说明如表 5 - 11 所示。当允许复合包装时，单一包装表中显示 “Composites-Plastic-All（复合包装—塑料—全部）”。这种表示不能正确地指出包装的材质、包装类型以及包装规格代码。

第 61 版 DGR（2020 年）对包装说明的单一包装做了重要修订。修订后的包装说明用以更好地识别复合包装，清晰地指出哪种复合包装允许使用，如 6HA1、6HB1，见表 5 - 10 中的 “COMPOSITE PACKAGINGS”。

当客机运输时，有些包装方式不允许使用单一包装，如例 5 - 7 中的 “包装说明 352”。而有限数量包装一律不允许使用单一包装。

表 5-11　　原包装说明的复合包装

SINGLE PACKAGINGS									
Type	Drums				Jerricans			Composites	Cylinders
Desc.	Steel	Aluminium	Plastic	Other metal	Steel	Aluminium	Plastic	Plastic	
Spec.	1A1	1B1	1H1	1N1	3A1	3B1	3H1	All	As permitted in 5.0.6.6

第四节　包装检查

虽然包装是托运人的责任，但作为货运代理人和经营人的货物接收人员，为了确保危险品包装符合运输要求、安全地进行运输，也应该了解包装检查的方法与步骤。

以下将针对危险品包装时的三种情况分别说明它们的包装检查方法。其分别是：将相同内包装装入同一外包装、将不同危险品装入同一 UN 规格包装，以及将不同危险品装入同一有限数量包装。

一、相同内包装装入同一外包装

1. 包装检查步骤。

为了确保危险品的包装符合运输要求，可通过下列步骤对其进行检查。

步骤一：查阅危险品表。

①查找运输专用名称和 UN/ID 编号，对应危险品表中的 A、B 栏；

②查看 UN 包装等级，对应危险品表中的 E 栏；

③确定此危险品是否允许在客机和货机上运输，或仅限由货机运输，对应危险品表中的 G、H、I、J、K 和 L 栏；

④查看包装说明代码，对应危险品表中的 G、I 和 K 栏；

⑤查看每一包装件的最大净数量或最大总毛重限制，对应危险品表中的 H、J 和 L 栏；

⑥查阅可以应用于此项包装的任何特殊规定，对应危险品表中的 M 栏。

步骤二：确定包装说明代码并查阅相应包装说明。

包装说明代码中的第一个数字表示该危险品的主要危险性所属的类别/项别，如包装代码 353 属于第 3 类易燃液体、包装代码 Y840 为第 8 类腐蚀性物质。

步骤三：检查包装是否符合包装说明的所有要求。

根据拟运输的货物性质、数量、可利用的包装和经营人的限制，由货主自行决定采用哪种在相应包装说明中允许使用的包装。这个包装可以是：

①UN 规格包装，此类包装上标有 UN 规格包装标记；或

②有限数量包装，此类包装无 UN 规格包装标记，但有有限数量包装标记；或

③包装说明允许的其他包装，此类包装没有任何标记。

货主对货物进行包装时，必须确保包装：

①满足 DGR 对危险货物运输包装的一般要求；

②符合任何特殊包装、特殊规定以及此次运输涉及的国家和经营人的差异；

③符合危险品表中的每个包装件最大数量限制和包装说明中对内包装的数量限制要求。

需要注意的是，有时包装说明中要求的包装等级会比危险品表中 E 栏所列的包装等级更严格，这种情况下一定要使用较严格的包装等级。有时危险品表中对每个包装件的数量限制比包装说明中的更严格，这种情况下也使用更严格的数量限制。

【例 5－8】 2－Chloropropionic acid（2－氯丙酸）的危险品表如表 5－12 所示。

表 5－12　　　　2－氯丙酸的危险品表

UN/ID no. A	Proper Shipping Name/Description B	Class or Div. (Sub Risk) C	Hazard Label (s) D	PG E	Passenger and Cargo Aircraft					Cargo Aircraft		S. P. See 4. 4 M	ERG Code N
					EQ See 2. 6 F	Ltd Qty		Pkg Inst I	Max Net Qty/Pkg J	Pkg Inst K	Max Net Qty/Pkg L		
						Pkg Inst G	Max Net Qty/Pkg H						
2511	2－Chloropropionic acid	8	Corrosive	III	E1	Y841	1L	852	5L	856	60L	A3 A803	8L

根据 2－Chloropropionic acid（2－氯丙酸）的危险品表可知，其包装等级为Ⅲ级，当采用客机运输时包装说明代码为 852，如表 5－13 所示。

表 5－13　　　　包装说明 852

PACKING INSTRUCTION 852

OPERATOR VARIATIONS: 5X－01, AA－01, AM－08, AS－02, BR－12, BW－01, BY－01, CI－04, CX－02/05, FX－02, KA－02, KE－07, LD－02/06, O3－03, UX－04, X5－07

This instruction applies to Class 8 liquids in Packing Group Ⅲ on passenger aircraft.

The General Packing Requirements of 5. 0. 2 must be met.

Compatibility Requirements

- substances must be compatible with their packagings as required by 5. 0. 2. 6
- metal packagings must be corrosion resistant or with protection against corrosion;
- substances of Class 8 are permitted in glass inner packagings only if the substance is free from hydrofluoric acid.

Closure Requirements

- closures must meet the requirements of 5. 0. 2. 7.

Additional Packing Requirements

- packagings must meet Packing Group Ⅱ performance standards

Single packagings are not permitted.

续表

<table>
<tr><td colspan="18">COMBINATION PACKAGINGS</td></tr>
<tr><td colspan="6">Inner Packaging（See 6.1）</td><td colspan="6">Net quantity per inner packaginq</td><td colspan="6">Total net quantity per package</td></tr>
<tr><td colspan="6">Glass</td><td colspan="6">2.5L</td><td colspan="6" rowspan="3">5.0L</td></tr>
<tr><td colspan="6">Metal</td><td colspan="6">5.0L</td></tr>
<tr><td colspan="6">Plastic</td><td colspan="6">2.5L</td></tr>
<tr><td colspan="18"></td></tr>
<tr><td colspan="18">OUTER PACKAGINGS</td></tr>
<tr><td>Type</td><td colspan="6">Drums</td><td colspan="3">Jerricans</td><td colspan="8">Boxes</td></tr>
<tr><td>Desc.</td><td>Steel</td><td>Aluminium</td><td>Plywood</td><td>Fibre</td><td>Plastic</td><td>Other metal</td><td>Steel</td><td>Aluminium</td><td>Plastic</td><td>Steel</td><td>Aluminium</td><td>Wood</td><td>Plywood</td><td>Reconstituted wood</td><td>Fibreboard</td><td>Plastic</td><td>Other metal</td></tr>
<tr><td>Spec.</td><td>1A1
1A2</td><td>1B1
1B2</td><td>1D</td><td>1G</td><td>1H1
1H2</td><td>1N1
1N2</td><td>3A1
3A2</td><td>3B1
3B2</td><td>3H1
3H2</td><td>4A</td><td>4B</td><td>4C1
4C2</td><td>4D</td><td>4F</td><td>4G</td><td>4H1
4H2</td><td>4N</td></tr>
</table>

“包装说明 852”的“Additional Packing Requirements（附加包装要求）”中指出“packagings must meet Packing Group Ⅱ performance standards（包装必须满足包装等级Ⅱ级的性能测试标准）”。该要求比危险品表中 E 栏的包装等级Ⅲ级要求更高，因此 2－Chloropropionic acid（2－氯丙酸）在采用客机运输时必须使用包装等级Ⅱ级的 UN 规格包装。

步骤四：确保符合 UN 规格包装的相关限制要求。

如果及步骤三确定使用 UN 规格包装，则须进一步查验 UN 规格包装标记，确保包装等级和一些限制条件（总重、相对密度、压力等）都满足所装危险物品的要求。

以上四个步骤是进行包装检查的顺序。对货物正确的包装是货主的责任，如果货物所用内容器满足相关包装说明要求和基本包装要求（数量限制，衬垫和吸附材料等），那么货运代理人或航空公司的货物接收人员则不需要打开包装进行检查。

2. 包装检查举例。

【例 5－9】检查以下包装是否正确。

危险品：Potassium hydroxide，solid（固体氢氧化钾）；

内包装：15 Glass bottles，每个装 0.5kg；

外包装：UN 规格包装 4C2/Y20/S/19/NL/VL823

包装件毛重：15kg；

运输航段只有客机，假设国家差异和经营人差异都满足。

步骤一：查 Potassium hydroxide，solid（固体氢氧化钾）危险品表，如表 5－14 所示。

由危险品表可知：

①运输专用名称：Potassium hydroxide，solid；

②UN 编号：UN1813；

③包装等级：Ⅱ级；

表 5 - 14　　固体氢氧化钾的危险品表

UN/ID no. A	Proper Shipping Name/Description B	Class or Div. (Sub Risk) C	Hazard Label (s) D	PG E	EQ See 2.6 F	Passenger and Cargo Aircraft: Ltd Qty: Pkg Inst G	Passenger and Cargo Aircraft: Ltd Qty: Max Net Qty/Pkg H	Passenger and Cargo Aircraft: Pkg Inst I	Passenger and Cargo Aircraft: Max Net Qty/Pkg J	Cargo Aircraft: Pkg Inst K	Cargo Aircraft: Max Net Qty/Pkg L	S. P. See 4.4 M	ERG Code N
1813	Potassium hydroxide, solid	8	Crossive	II	E2	Y844	5kg	859	15kg	863	50kg		8L

④客机和货机包装说明代码：859；

⑤每一包装件允许的最大净数量：15kg；

⑥特殊规定：无。

步骤二：查找并阅读适用的包装说明。

由于采用客机运输，因此选用包装说明 859，如表 5 - 15 所示。

表 5 - 15　　包装说明 859

PACKING INSTRUCTION 859

STATE VARIATION: USG - 04

OPERATOR VARIATIONS: 5X - 01, AA - 01, AM - 08, AS - 02, BW - 01, FX - 02, KE - 07, UX - 04

This instruction applies to Class 8 solid in Packing Group II on passenger aircraft.

The General Packing Requirements of 5. 0. 2 must be met.

Compatibility Requirements

- substances must be compatible with their packagings as required by 5. 0. 2. 6
- metal packagings must be corrosion resistant or with protection against corrosion;
- substances of Class 8 are permitted in glass inner packagings only if the substance is free from hydrofluoric acid.

Closure Requirements

- closures must meet the requirements of 5. 0. 2. 7.

Single packagings are not permitted.

COMBINATION PACKAGINGS

Inner Packaging (See 6. 1)	Net quantity per inner packaginq	Total net quantity per package
Glass	1. 0kg	15. 0kg
Metal	2. 5kg	
Plastic	2. 5kg	
Plastic bag	1. 0kg	

续表

OUTER PACKAGINGS																	
Type	Drums						Jerricans			Boxes							
Desc.	Steel	Aluminium	Plywood	Fibre	Plastic	Other metal	Steel	Aluminium	Plastic	Steel	Aluminium	Wood	Plywood	Reconstituted wood	Fibreboard	Plastic	Other metal
Spec.	1A1 1A2	1B1 1B2	1D	1G	1H1 1H2	1N1 1N2	3A1 3A2	3B1 3B2	3H1 3H2	4A	4B	4C1 4C2	4D	4F	4G	4H1 4H2	4N

步骤三：检查包装是否符合包装说明的所有要求。

由包装说明 859 与已知条件可知：

①内包装可用玻璃瓶，每个内包装净数量 0.5kg，符合要求；

②每一包装件最大允许净数量 15kg，实际净数量 7.5kg，符合要求；

③外包装可以采用 4C2。

步骤四：确保符合 UN 规格包装的相关限制要求。

对照 UN 规格标记可知：

外包装可以采用 4C2；

包装等级 Y，满足包装等级Ⅱ级的要求；

外包装最大允许毛重 20kg，实际毛重 15kg，符合要求。

综合以上分析，该包装检查通过。

二、不同危险品装入同一 UN 规格包装

1. 不同危险品装入同一外包装的一般要求。

一个外包装可以盛装一种以上的危险品或其他物品，条件是：

（1）几种危险品之间或危险品与其他物品或物质不得相互发生危险反应，从而出现以下情况：

①燃烧和/或产生相当数量的热；

②放出易燃、有毒或窒息性气体；

③生成腐蚀性物质；或

④生成不稳定物质。

（2）除 DGR 中另有规定外，所装入的几种危险品无须按照危险品包装件隔离表进行隔离。危险品包装件隔离表如表 5－16 所示。

（3）装有 6.2 项感染性物质的外包装可以盛装“包装说明 620”所允许以外的危险品。

（4）所包含的每一种危险品使用的内包装及其净数量都应符合各自危险品对应包装说明中的有关规定。

（5）所使用的外包装是每种危险品对应包装说明中都允许使用的外包装。

表 5-16 危险品包装件隔离表

Hazard Lable	1 excl. 1.4S	2.1	2.2，2.3	3	4.1	4.2	4.3	5.1	5.2	8	9 see 9.3.2.1.3
1 excluding 1.4S	See 9.3.2.2.5	×	×	×	×	×	×	×	×	×	×
2.1	×	—	—	—	—	—	—	—	—	—	×
2.2，2.3	×	—	—	—	—	—	—	—	—	—	—
3	×	—	—	—	—	—	—	×	—	—	×
4.1	×	—	—	—	—	—	—	—	—	—	×
4.2	×	—	—	—	—	—	—	×	—	—	—
4.3	×	—	—	—	—	—	—	—	—	×	—
5.1	×	—	—	×	—	×	—	—	—	—	×
5.2	×	—	—	—	—	—	—	—	—	—	—
8	×	—	—	—	—	—	×	—	—	—	—
9 see 9.3.2.1.3	×	×	—	×	×	—	—	×	—	—	—

注：①在行和列的交叉点注有“×”，表明装有这些类/项的危险品的包装件必须相互隔开。若在行和列的交叉点注有“—”，则表明装有这些类/项的危险品包装件无须隔开。②表中不包含 1.4S、6 类、7 类和除锂电池外的 9 类，它们不需与其他类别的危险品隔开。

（6）拟运输的包装件符合其内装物品中最严格的包装等级所对应的性能测试标准。

（7）一个外包装内所装的不同危险品的数量，只有在“Q”值不大于 1 时才是允许的。Q 值计算公式：

$$Q = \frac{n_1}{M_1} + \frac{n_2}{M_2} + \cdots + \frac{n_i}{M_i} + \cdots \tag{5-1}$$

其中，n_i表示第 i 种危险品的净数量（净重或净体积）；M_i表示危险品表中第 i 种危险品每一包装件允许的最大净数量；Q 表示计算的 Q 值必须向上进位到小数点后 1 位，有位就进，并填入危险品申报单中。

（8）下列危险品可以不计算 Q 值：

①固体二氧化碳（干冰），UN1845；

②在危险品表中 H、J 或 L 栏中注明“No Limit（无限制）”的那些物品；

③具有相同的 UN 编号、包装等级、物理状态和危险品表 J 或 L 栏有相同最大净数量的危险品视为同一种，它们的净数量的总和不超过危险品表中允许的最大净数量的危险品。

UN3316 Chemical kit †（化学物品箱）和 UN3316 First and kit †（急救箱）不允许与除干冰以外的其他危险品包装在同一外包装中。

对于危险品表中 J 或 L 栏显示为“See ×××（见包装说明×××）”时，根据包装说明确定每一包装件的最大允许净数量。如“Uranium hexafluoride，radioactive material，excepted package（六氟化铀，放射性物质，例外包装件）”，其危险品表如表 5-17 所示。

表 5-17　　六氟化铀，放射性物质，例外包装件的危险品表

UN/ID no. A	Proper Shipping Name/Description B	Class or Div. (Sub Risk) C	Hazard Label (s) D	PG E	Passenger and Cargo Aircraft					Cargo Aircraft		S. P. See 4.4 M	ERG Code N
					EQ See 2.6 F	Ltd Qty		Pkg Inst I	Max Net Qty/Pkg J	Pkg Inst K	Max Net Qty/Pkg L		
						Pkg Inst G	Max Net Qty/Pkg H						
3507	Uranium hexafluoride, radioactive material, excepted package less than 0.1kg per package, non-fissile or fissile-exceptd	6.1 (7, 8)	Toxic & Crossive	I	E0							A139 A194	8*C*

2. 包装检查步骤。

根据对危险品运输包装的基本要求和不同危险品装入同一外包装中的具体要求，参照危险品表和包装说明，可以对不同危险品装入同一 UN 规格包装进行检查。具体步骤如下：

步骤一：查阅每一种危险品在危险品表中的具体要求。

步骤二：确保各危险品间不会发生危险性反应或无须按照表 5-16 危险品包装件隔离表进行隔离。

步骤三：参照每一种危险品对应的包装说明，确保：

①允许使用所用的内包装；

②符合内包装的最大允许净数量限制；

③外包装符合所有拟运输危险品的包装说明要求；

④符合国家和经营人差异。

步骤四：参照危险品表及所有拟运输危险品对应的包装说明，确定：

①适用于整个包装件的最严格的包装等级；

②满足包装件的最大允许毛重限制；

③计算 Q 值，Q 值保留一位小数有位就进，且 Q≤1。

步骤五：确保外包装内不含有感染性物质的内包装。

3. 包装检查举例。

【例 5-10】 检查以下包装是否正确。

内包装 1：Brucine（马钱子碱），4 个玻璃瓶，每个净数量 0.5kg；

内包装 2：Isopropanol（异丙醇），1 个塑料瓶，净数量 2L；

外包装：UN 规格包装 1D/X10/S/19/NL/VL823。

包装件毛重：8kg；

运输航段只有客机，假设国家差异和经营人差异都满足。

步骤一：查阅每一种危险品在危险品表中的运输要求，如表 5-18 所示。

表 5－18　马钱子碱和异丙醇的危险品表

UN/ID no. A	Proper Shipping Name/Description B	Class or Div. (Sub Risk) C	Hazard Label (s) D	PG E	Passenger and Cargo Aircraft					Cargo Aircraft		S. P. See 4. 4 M	ERG Code N
					EQ See 2. 6 F	Ltd Qty		Pkg Inst I	Max Net Qty/Pkg J	Pkg Inst K	Max Net Qty/Pkg L		
						Pkg Inst G	Max Net Qty/Pkg H						
1570	Brucine	6. 1	Toxic	I	E5	Forbidden		666	5kg	673	50kg	A6	6*L*
1219	Isopropanol	3	Flamm. Liquid	II	E2	Y341	1L	353	5L	364	60L	A180	3*L*

由危险品表可知：

①UN1570Brucine（马钱子碱）包装等级Ⅰ级，客机包装说明代码 666；

②UN1219Isopropanol（异丙醇）包装等级Ⅱ级，客机包装说明代码 353。

步骤二：查表 5－16 危险品包装件隔离表。

UN1570 属 6. 1 项危险品，UN 1219 属第 3 类危险品，由隔离表可知，两种危险品可放在同一外包装内，无需隔离。

步骤三：参照每一危险品的包装说明，并确保满足相关包装要求。

由于采用客机运输，因此选用包装说明 666 和包装说明 353，分别如表 5－19 和表 5－20 所示。

表 5－19　包装说明 666

PACKING INSTRUCTION 666		
STATE VARIATIONS: USG－04 OPERATOR VARIATIONS: 4C－03, 4M－03, 5X－01, AA－01, AM－06, AS－02, BR－02, BW－01, CA－11, FX－02, HA－01, JL－08, KZ－07, L7－03, LA－06, LP－03, LU－03, M3－03, OM－09, QR－09, TU－09, UA－02, UC－03, UU－02, UX－04, VN－04, X5－04, XL－03 This instruction applies to Division 6. 1 solids without a subsidiary risk in Packing Group I on passenget aircraft. The General Packing Requirements of 5. 0. 2 must be met. Compatibility Requirements • substances must be compatible with their packagings as required by 5. 0. 2. 6; Closure Requirements • closures must meet the requirements of 5. 0. 2. 7. *Single packagings are not permitted.*		
COMBINATION PACKAGINGS		
Inner Packaging (See 6. 1)	Net quantity per inner packaginq	Total net quantity per package
Glass	0. 5kg	5. 0kg
Metal	1. 0kg	
Plastic	1. 0kg	

续表

OUTER PACKAGINGS																	
Type	Drums						Jerricans			Boxes							
Desc.	Steel	Alum-inium	Ply-wood	Fibre	Plastic	Other metal	Steel	Alum-inium	Plastic	Steel	Alum-inium	Wood	Ply-wood	Reconstituted wood	Fibre-board	Plastic	Other metal
Spec.	1A1 1A2	1B1 1B2	1D	1G	1H1 1H2	1N1 1N2	3A1 3A2	3B1 3B2	3H1 3H2	4A	4B	4C1 4C2	4D	4F	4G	4H1 4H2	4N

表 5-20　　　　　　　　　　　　包装说明 353

PACKING INSTRUCTION 353		
STATE VARIATIONS: BEG-03, SAG-01 OPERATOR VARIATIONS: AM-03, CX-02, FX-02, IR-06, KA-02, KZ-07, LD-02 This instruction applies to flammable liquids without a subsidiary risk in Packing Group Il on passenget aircraft. The General Packing Requirements of 5.0.2 must be met. Compatibility Requirements • substances must be compatible with their packagings as required by 5.0.2.6; Closure Requirements • closures must meet the requirements of 5.0.2.7. *Single packagings are not permitted.*		
COMBINATION PACKAGINGS		
Inner Packaging (See 6.1)	Net quantity per inner packaginq	Total net quantity per package
Glass	1.0L	5.0L
Metal	5.0L	
Plastic	5.0L	

OUTER PACKAGINGS																	
Type	Drums						Jerricans			Boxes							
Desc.	Steel	Alum-inium	Ply-wood	Fibre	Plastic	Other metal	Steel	Alum-inium	Plastic	Steel	Alum-inium	Wood	Ply-wood	Reconstituted wood	Fibre-board	Plastic	Other metal
Spec.	1A1 1A2	1B1 1B2	1D	1G	1H1 1H2	1N1 1N2	3A1 3A2	3B1 3B2	3H1 3H2	4A	4B	4C1 4C2	4D	4F	4G	4H1 4H2	4N

①内包装：查阅包装说明 666 和包装说明 353 可知，包装说明 666 允许玻璃瓶作为其内包装，包装说明 353 允许塑料瓶作为其内包装，符合要求。

②内包装的最大净数量限制：包装说明 666 对于玻璃瓶为内包装的危险品最大允许净数量为 0.5kg，每个包装件允许的最大净数量 5kg；包装说明 353 对于塑料瓶为内包装的危

险品最大允许净数量5L。根据已知条件，Brucine（马钱子碱），每个净数量0.5kg，总净数量2kg；Isopropanol（异丙醇）净数量2L。均未超限值，符合要求。

③外包装：查阅包装说明666和包装说明353，两个包装说明中，均允许使用1D（胶合板桶）作为外包装，符合要求。

步骤四：参照危险品表和每一包装说明，查看：

①包装等级：盛装两种危险品的包装最严格的包装等级为Ⅰ级。本次运输外包装的包装等级为X，满足包装等级Ⅰ级的要求。

②毛重：包装件允许的最大毛重为10kg，实际毛重8kg，符合要求。

③计算Q值：

危险品1：总净量为$n_1 = 0.5kg \times 4 = 2kg$，最大允许量为$M_1 = 5kg$。

危险品2：总净量为$n_1 = 2L$，最大允许量为$M_2 = 5L$。

$$Q = \frac{n_1}{M_1} + \frac{n_2}{M_2} = \frac{0.5 \times 4}{5} + \frac{2}{5} = 0.8 < 1$$

步骤五：确保不含感染性物质，本次运输不含6.2项感染性物质。

综合以上分析，该包装检查通过。

三、不同危险品装入同一有限数量包装

1. 不同危险品装入同一有限数量包装的一般要求。

按有限数量要求运输的危险品，在包装时必须符合相应的包装规定。当不同的有限数量危险品装入同一个外包装时，应该满足如下要求：

（1）几种危险品之间或危险品与其他物品不得相互发生危险反应，从而出现以下情况：

①燃烧和/或产生相当数量的热；

②放出易燃、有毒或窒息性气体；

③生成腐蚀性物质；或

④生成不稳定物质。

（2）除DGR中另有规定外，所装入的几种危险品无须按照表5-16危险品包装件隔离表进行隔离。

（3）所包含的每一种危险品使用的内包装及其净数量都应符合各自危险品对应包装说明中的有关规定。

（4）所使用的外包装是所有危险品相应包装说明中都允许使用的。

（5）对于不包括第2类（UN2037、UN3478和UN3479除外）和第9类的其他危险品，对每一包装计算Q值，只有在“Q”值不大于1时才是允许的。Q值计算公式：

$$Q = \frac{n_1}{M_1} + \frac{n_2}{M_2} + \cdots + \frac{n_i}{M_i} + \cdots \tag{5-2}$$

其中，n_i表示第i种危险品的净数量（净重或净体积）；M_i表示危险品表中第i种危险品以有限数量运输时每一包装件允许的最大净数量。

（6）对于第2类（UN2037、UN3478和UN3479除外）和第9类危险品：

①未与其他类别危险品混装时，每一包装件的毛重不得超过30kg；

②与其他类别危险品混装时，每一包装件的毛重不得超过30kg，并且每一包装件内所装的除第2类（UN2037、UN3478和UN3479除外）和第9类以外的其他危险品，根据“Q”值计算公式使Q≤1。

（7）固体二氧化碳（干冰），UN1845可以与其他类别的物品包装在一起，但是包装件的毛重不超过30kg。干冰的数量不必计算“Q”值。

（8）相同UN编号、包装等级和物理状态（固体或液体）的危险品装在同一外包装内的危险品，不必计算“Q”值，但总净数量不得超过危险品表中H栏所规定的每一包装件的最大允许净数量。

此外，有限数量包装的危险品必须按照相应的有限数量包装说明要求（以“Y”打头）进行包装，且包装必须符合相关的构造和试验标准。有限数量包装上没有UN规格包装标记。

UN3316不允许与除干冰外的其他危险品包装在同一外包装中。

ID8000不允许与其他危险品包装在同一个外包装内。

2. 包装检查步骤。

对于将不同的危险品放入同一有限数量包装的检查步骤如下：

步骤一：查阅每一种危险品在危险品表中的具体要求。

步骤二：确保危险品间不会发生危险性反应或无须按表5-16危险品包装件隔离表进行隔离。

步骤三：查阅每一危险品所对应的有限数量包装说明，并确保：

①允许使用所用的内包装；

②符合内包装的最大允许净数量限制；

③符合国家和经营人差异。

步骤四：根据危险品表及包装说明确定Q值。

①除第2类（UN2037、UN3478和UN3479除外）和第9类计算Q值；

②第2类（UN2037、UN3478和UN3479除外）和第9类这两类危险品包装在一起，且不含其他类危险品时，整个包装件毛重不得超过30kg；

③当第2类和第9类危险品包装在一起，且含有其他类危险品时，整个包装件毛重应≤30kg，且其他类危险品的Q值应≤1；

④当具有相同的UN编号且包装等级和物理状态相同时，不需计算Q值，但包装件的总净数量不得超过危险品表中所规定的每一包装件的最大允许净数量。

步骤五：确保外包装符合相关制造和试验标准。

步骤六：确保包装件的总毛重不超过30kg。

3. 包装检查举例。

【例5-11】不同危险品装入同一有限数量包装的包装检查。

内包装1：Nicotine（烟碱），3个玻璃瓶，每个净数量0.1L；

内包装2：Nitroethane（硝基乙烷），1个金属罐，净数量1.5L；

外包装：标有“LTDQTY”的结实纤维板箱，且符合相关制造和试验标准；

包装件毛重：15kg；

运输航段只有客机，假设国家差异和经营人差异和其他要求都满足。

步骤一：查阅每一种危险品在危险品表中的运输要求，如表 5－21 所示。

表 5－21　　烟碱和硝基乙烷的危险品表

UN/ID no. A	Proper Shipping Name/Description B	Class or Div. (Sub Risk) C	Hazard Label (s) D	PG E	Passenger and Cargo Aircraft					Cargo Aircraft		S. P. See 4.4 M	ERG Code N
					EQ See 2.6 F	Ltd Qty		Pkg Inst I	Max Net Qty/Pkg J	Pkg Inst K	Max Net Qty/Pkg L		
						Pkg Inst G	Max Net Qty/Pkg H						
1654	Nicotine	6.1	Toxic	II	E4	Y641	1L	654	5L	662	60L		6L
2842	Nitroethane	3	Flamm. Liquid	III	E1	Y344	10L	355	60L	366	220L		3L

使用有限数量包装运输，由危险品表可知：

①UN1654Nicotine（烟碱），包装等级Ⅱ级，包装说明代码 Y641；

②UN2842Nitroethane（硝基乙烷），包装等级Ⅲ级，包装说明代码 Y344。

步骤二：查表 5－16 包装件隔离表。

UN1654 属 6.1 项危险品，UN 2842 属第 3 类危险品，由隔离表可知，两种危险品可放在同一外包装内，无须隔离。

步骤三：查阅每一危险品所对应的有限数量包装说明，并确保满足相关包装要求。

包装说明 Y641 和包装说明 Y344 分别如表 5－22 和表 5－23 所示。

表 5－22　　包装说明 Y641

PACKING INSTRUCTION Y641

STATE VARIATION：USG－04

OPERATOR VARIATIONS：5X－01，AA－01，AM－06，AS－02，BW－01，CX－02，DE－01，FX－02，GA－03，GF－04，H5－01，HA－01，JU－06，KA－02，KC－11，KE－07，KQ－08，LA－06，LD－02，LH－01，LX－02，MH－14，MT－01，OS－01，OU－04，PX－10，SW－02，TN－04，UA－02，UX－02，VO－03，VT－01，WY－04，X5－02，XG－01，XK－03，XQ－01

This instruction applies to Limited Quantities of Division 6.1 liquids in Packing Group II.

The General Packing Requirements of Subsections 2.7.5，5.0.2 to 5.0.4（with the exception of 5.0.2.3，5.0.2.5.5.0.2.11 and 5.0.2.14.2）must be met except that the packagings do not have to meet the marking and testing requirements of 6.0.4 and Subsection 6.3. Packagings must meet the construction criteria specified in Subsections 6.1 and 6.2 and the test criteria specified in Subsection 6.6.

Compatibility Requirements

- substances must be compatible with their packagings as required by 5.0.2.6；
- metal packagings must be corrosion resistant or with protection against corrosion for substance with a Class 8 subsidiary risk.

Closure Requirements

- closures must meet the requirements of 5.0.2.7.

续表

PACKING INSTRUCTION Y641																	
Limited Quantity Requirements The requirements of Subsection 2.7 must be met including: • the capability of the package to pass a drop test of 1.2 m; • a 24 hour stacking test; • inner packagings for liquids must be capable of passing a pressure differential test (5.0.2.9); • the gross weight of the completed package must not exceed 30 kg. *Single packagings are not permitted.*																	
COMBINATION PACKAGINGS																	
Inner Packaging (See 6.1)						Net quantity per inner packaginq						Total net quantity per package					
Glass						0.1L						1.0L					
Metal						0.1L											
Plastic						0.1L											
OUTER PACKAGINGS																	
Type	Drums						Jerricans			Boxes							
Desc.	Steel	Alum-inium	Ply-wood	Fibre	Plastic	Other metal	Steel	Alum-inium	Plastic	Steel	Alum-inium	Wood	Ply-wood	Reconstituted wood	Fibre-board	Plastic	Other metal

表 5-23　　　　包装说明 Y344

PACKING INSTRUCTION Y344
STATE VARIATION: BEG-03, SAG-01, USG-04 OPERATOR VARIATIONS: AM-03, CX-02, DE-01, GA-03, GF-04, H5-01, JU-06, KA-02, KC-11, KE-07, KQ-08, LD-02, LH-01, LX-02, MH-14, MT-01, OS-01/03, OU-04, PX-10, SW-02, TN-04, UX-02, VO-03, VT-01, WY-04, X5-02, XG-01, XK-03, XQ-01 This instruction applies to Limited Quantities of flammable liquids with no subsidiary risk in Packing Group Ⅲ. The General Packing Requirements of Subsections 2.7.5, 5.0.2 to 5.0.4 (with the exception of 5.0.2.3, 5.0.2.5.5.0.2.11 and 5.0.2.14.2) must be met except that the packagings do not have to meet the marking and testing requirements of 6.0.4 and Subsection 6.3. Packagings must meet the construction criteria specified in Subsections 6.1 and 6.2 and the test criteria specified in Subsection 6.6. Compatibility Requirements • substances must be compatible with their packagings as required by 5.0.2.6; Closure Requirements • closures must meet the requirements of 5.0.2.7. Limited Quantity Requirements

续表

PACKING INSTRUCTION Y344

The requirements of Subsection 2. 7 must be met including:

- the capability of the package to pass a drop test of 1. 2 m;
- a 24 hour stacking test;
- inner packagings for liquids must be capable of passing a pressure differential test (5. 0. 2. 9);
- the gross weight of the completed package must not exceed 30 kg.

Single packagings are not permitted.

COMBINATION PACKAGINGS

Inner Packaging (See 6. 1)	Net quantity per inner packaginq	Total net quantity per package
Glass	2. 5L	10. 0L
Metal	5. 0L	
Plastic	5. 0L	

OUTER PACKAGINGS

Type	Drums						Jerricans			Boxes							
Desc.	Steel	Alum-inium	Ply-wood	Fibre	Plastic	Other metal	Steel	Alum-inium	Plastic	Steel	Alum-inium	Wood	Ply-wood	Reconstituted wood	Fibre-board	Plastic	Other metal

①内包装：查阅包装说明 Y641 和包装说明 Y344 可知，包装说明 Y641 允许使用玻璃瓶作为内包装；包装说明 Y344 允许使用金属罐作为内包装，符合要求。

②内包装的最大允许净数量限制：包装说明 Y641 对于玻璃瓶为内包装的危险品最大允许净数量为 0. 1L，实际盛装 0. 1L；Y344 对于金属罐为内包装的危险品最大允许净数量为 5L，实际盛装 1. 5L。均未超过限制，符合要求。

③符合国家和经营人差异。

步骤四，确定 Q 值。

该批货物不含第 2 类和第 9 类危险品，且两种危险品的 UN 编号和包装等级不同，Q 值计算如下：

危险品 1：总净数量为$n_1 = 0.1L \times 3 = 0.3L$，最大允许量为$M_2 = 1L$。

危险品 2：总净数量为$n_2 = 1.5L$，最大允许量为$M_1 = 10L$。

$$Q = \frac{n_1}{M_1} + \frac{n_2}{M_2} = \frac{0.1 \times 3}{1} + \frac{1.5}{10} = 0.45 = 0.5 < 1$$

步骤五：外包装符合相关制造和试验标准。

步骤六：包装件的实际毛重 15kg，不超过 30kg，符合要求。

综合以上分析，该包装检查通过。

第五节 OVERPACK

OVERPACK 是为了运输和装卸的方便，将若干个符合危险品包装、标记及标签要求的包装件合成一个作业单元用于运输的包装件。

一、组装 OVERPACK 的要求

（1）OVERPACK 中不能装入性质相互抵触（即相互可能产生危险反应）的不同物质的包装件或根据表 5-16 危险品包装件隔离表需要相互隔离的危险品包装件。

（2）OVERPACK 内的每个包装件都必须经过正确的包装，作标记、贴标签，且包装件不能有任何破损或泄漏。

（3）每种包装件的功能不能被 OVERPACK 损坏。

（4）OVERPACK 中可以含有不受 DGR 限制的物品的包装件。

二、OVERPACK 的分类

OVERPACK 分为敞开式和封闭式两种。

（1）敞开式 OVERPACK。组成 OVERPACK 的每一个包装件都捆绑在一起，从外部可清楚地看到每一个包装件的标记、标签，如图 5-8 所示。

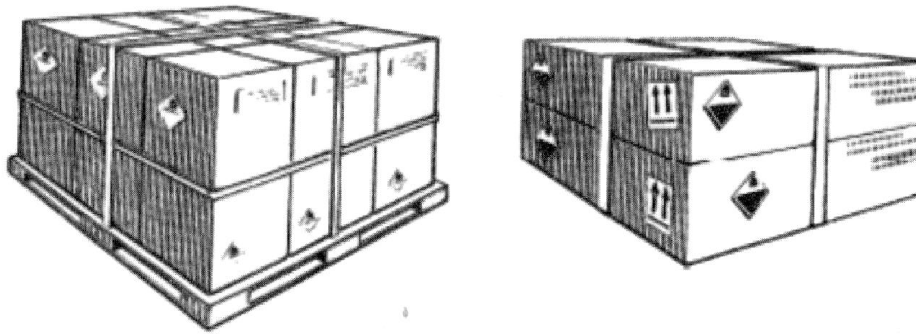

图 5-8 敞开式 OVERPACK

（2）封闭式 OVERPACK。将组成 OVERPACK 的每一个包装件放入同一个外包装中，从 OVERPACK 的外部看不到每一个包装件的具体情况，如图 5-9 所示。

三、OVERPACK 的形成

OVERPACK 是由一个个包装件组成，这些包装件既可以是单一包装件也可以组合包装件。图 5-10 和图 5-11 分别显示了封闭式和敞开式 OVERPACK 的形成过程。

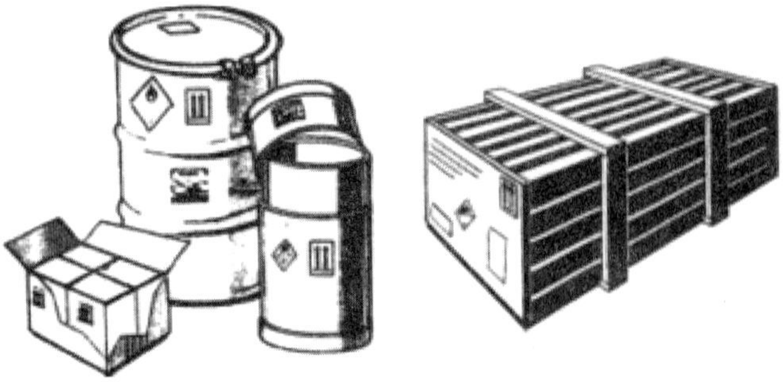

图 5－9　封闭式 OVERPACK

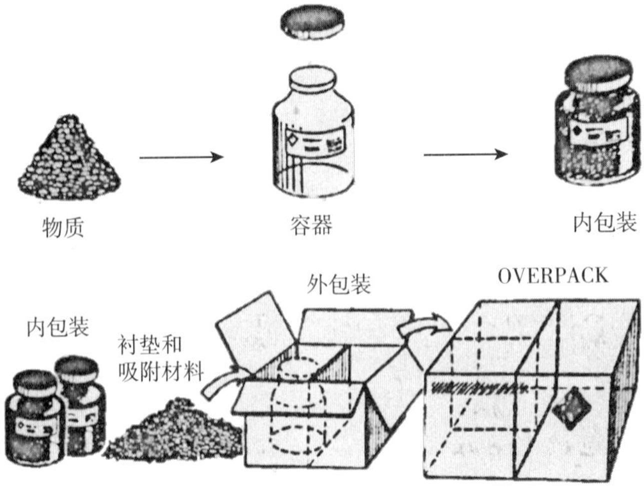

图 5－10　封闭式 OVERPACK 的形成

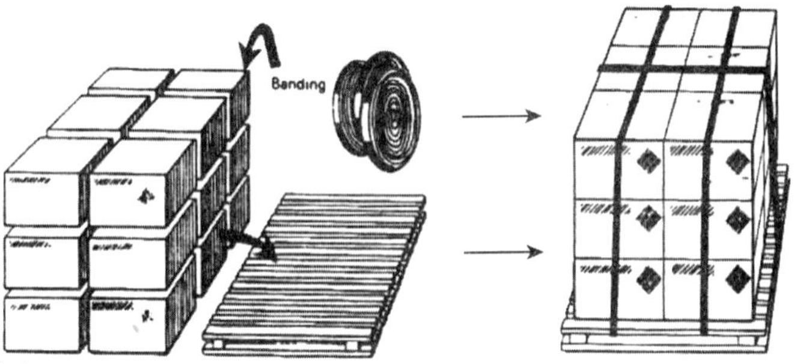

图 5－11　敞开式 OVERPACK 的形成

关于 OVERPACK 的标记和标签将在本书第六章介绍。

本章小结

本章主要介绍了危险品的包装。

包装是托运人的主要工作之一。除放射性物质外，危险品的包装可分为 UN 规格包装、有限数量包装、例外数量包装和其他包装。UN 规格包装是绝大多数危险品所采用的包装方式。联合国为了国际运输的需要，对这类包装的类型、性能测试有严格的规定，并规定了统一的 UN 规格包装和包装标记。

虽然包装是托运人的责任，但作为货运代理人和经营人的货物接收人员，应掌握包装检查的方法与步骤，从而确保危险品包装符合运输要求、安全地进行运输。

习　题

1. 指出以下 UN 规格标记中各字母、符号代表的含义。

（1）Ⓤ 4G/X25/S/20/GB/RB；

（2）Ⓤ 1A1/Y1.4/150/20/DK/08RL；

（3）Ⓤ 4GV/X40/S/20/CN/110016；

（4）Ⓤ 1A2/X25 Y50/S/20/DK/BAM。

2. 已知危险品 2，3 - Dimethylbutane（2，3 - 二甲基丁烷），

净数量：60L；

包装等级：Ⅱ级；

内包装：玻璃制；

外包装：天然木箱（4C2）；

装在一个包装中运输。

问：

（1）UN/ID 编号；

（2）主要危险性类别/项别；

（3）次要危险性类别/项别；

（4）该包装件可以用客机运输吗？

（5）该包装件可以用货机运输吗？

（6）包装说明；

（7）每个内包装的最大允许净数量是多少？

（8）至少需要几个内包装？

3. 已知危险品 Pentachloroethane（五氯乙烷），

净重：3L；

内包装：玻璃瓶；

外包装：UN 规格包装木箱（4C1）；

只有客机可利用。

问：

（1）UN/ID 编号；

（2）包装等级；

（3）每一包装件允许的最大净数量；

（4）包装说明；

（5）是否可以使用单一包装，为什么？

（6）至少需要几个内包装，几个外包装？

4. 已知危险品 Phosphorous acid（亚磷酸），

净重：30kg；

内包装：玻璃瓶；

外包装：UN 规格包装木箱；

只有货机可利用。

问：

（1）UN/ID 编号；

（2）危险品的包装等级；

（3）包装说明，并说明其原因；

（4）是否可以使用单一包装，为什么？

（5）至少需要几个内包装，需要几个外包装？

5. 以下 UN 规格的包装是否可以收运？并解释原因。

（1）UN1885 Benzidine（联苯胺），净数量 19kg，包装件毛重 22kg，装入一个 4G 的组合包装中，客机运输。外包装的 UN 规格标记如下：

(UN) 4G/Z20/S/20/GB/2234。

（2）UN2809 Mercury（汞）净数量 34kg，包装件毛重 37kg，装入一个 4C2 的组合包装中，客机运输。外包装的 UN 规格标记如下：

(UN) 4C2/X30 - Y45 - Z60/20/F/ABC。

6. 仅根据 Q 值判断以下危险品的包装件是否可以用客机运输？

内包装 A：Nicotine（烟碱），玻璃瓶 4 个，每瓶装 0.5L；

内包装 B：Petrol（汽油），玻璃瓶 4 个，每瓶装 0.2L。

7. 以下包装件是否可以用客机运输？

内包装 A：Cobalt Naphthenates，power（环烷酸钴粉末），塑料瓶 2 个，每瓶装 10kg；

内包装 B：Caesium nitrate（硝酸铯），塑料瓶 1 个，每瓶装 2kg；

外包装：(UN) 4G/Z25/S/19/GB/ABC；

包装件毛重：30kg。

问：

（1）如果该包装件不能用客机运输，请说明全部原因；

（2）假若要重新包装该危险品，选择一个合适的纤维板箱（4G），并计算 Q 值；

（3）如果该包装件中含有 10kg 干冰，Q 值将受到什么影响？

第六章
危险品包装的标记与标签

【学习目标】

1. 了解危险品包装的标记和标签；
2. 掌握基本标记的使用；
3. 熟悉附加标记的使用；
4. 掌握危险性标签的使用；
5. 熟悉操作标签的使用；
6. 熟悉 OVERPACK 标记和标签的使用。

DGR 参考：第七章

为了保证危险品的航空运输安全，以及在发生紧急情况时能够迅速、正确地采取适当行动，必须确保涉及危险品航空运输的相关人员能够正确识别危险品，并明确它们的危险性。因此，托运人在提交危险品托运时，必须对所托运的包装件进行正确标记、标签；货运代理及航空公司的接收人员必须在接收货物之前对包装件进行检查，以确保标记、标记被正确使用。

危险品包装的标记与标签就是用图形、文字、字母或数字在货物的外包装上注明的特定记号或说明事项。正确的标记和标签能方便相关工作人员的鉴别和操作。

第一节　危险品包装的标记

危险品采用航空运输的方式时，在其外包装上需要进行严格的标记，以起到警示、提醒的目的。

一、危险品包装标记的一般要求

对于所有包装件的标记，必须做到：

（1）所有标记不得被包装的任何部分及附属物，或其他任何标签和标记所遮盖；所需标记不得与其他可能影响这些标记效果的包装标记标注在一起。如果使用标签的方式体现标记，则不能被折叠或粘贴在不同侧面。

（2）所有标记必须经久耐用，用印刷或其他方式打印或粘贴在包装件或 OVERPACK 的外表面。

（3）所有标记必须清晰可见。

（4）所有标记必须能够经受暴露，在露天环境也不会大大降低其牢固性和清晰度。

（5）所有标记必须应与包装件表面的背景形成鲜明的颜色对比。

（6）标记必须使用英文，如始发国需要也可同时使用其他语言（详见经营人差异）。

（7）两种或两种以上的危险品放入同一外包装时，应在包装件上按要求标注各自相应的标记。

（8）除第 7 类外，任何装过危险品的包装，在没有经过清洗、蒸气清洁或重新装入非危险品以消除其有害性前，都必须按要求对危险品进行标记。

（9）装过感染性物质的空包装在返还托运人或送至其他地点前，都必须进行完全消毒或灭菌，并去除原有的感染性物质标记。

（10）除 DGR 规定的标记外，其他国际或国家运输规则所要求的标记也可使用，但不得与 DGR 所规定的颜色、设计和形状相抵触、混淆。

二、危险品包装标记的分类

危险品包装的标记分为两大类：包装使用标记、包装设计或规格标记（如 UN 规格包装标记）。其中，包装的使用标记可分为基本标记和附加标记，如图 6－1 所示。

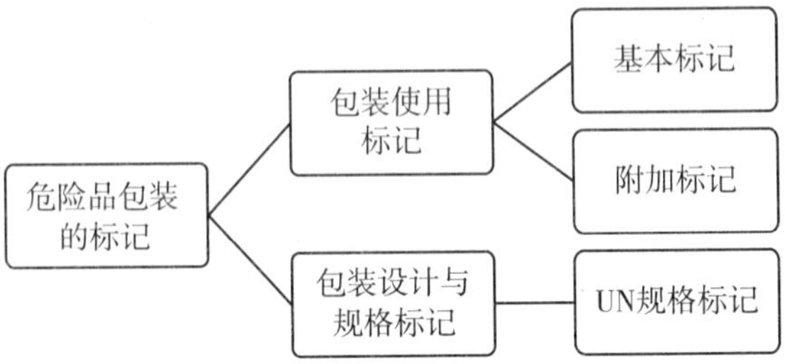

图 6－1　危险品包装标记的分类

本书第五章已详细介绍了 UN 规格包装标记，如图 6－2 所示，本章主要介绍包装使用标记中的基本标记和附加标记。

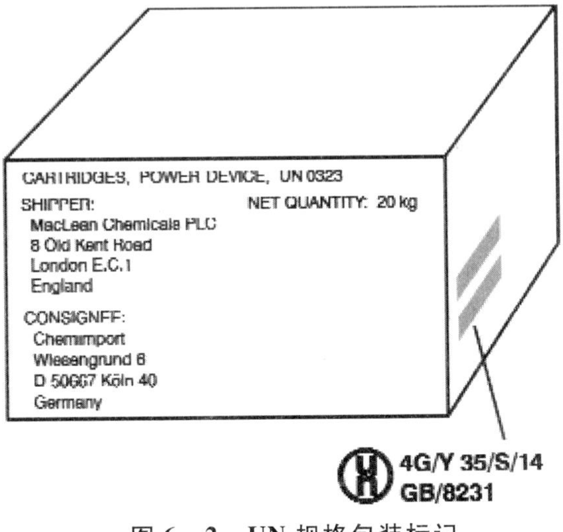

图 6－2　UN 规格包装标记

三、基本标记

基本标记是用以识别特定运输的危险品而使用的标记。对所有装有危险品的包装件或OVERPACK，必须在其外表面做耐久、清晰的基本标记。

1. 运输专用名称。

内装物的运输专用名称，必要时还应注明其化学名称或技术名称。运输专用名称的确定详见本书第四章。

2. 适用的 UN 或 ID 编号。

一般来说，UN/ID 编号以及字母“UN/ID”的高度至少为 12mm。对于容量不超过 30L 或 30kg 的包装件，该标记的高度至少为 6mm。对于容量超过 5L 或 5kg 的包装件，该标记也必须有适当的尺寸。

3. 托运人及收货人姓名、地址。

如果包装件尺寸允许，托运人及收货人的全名和地址必须与运输专用名称标记临近，且位于包装件的同一表面。

【例 6-1】 完成以下危险品包装件的基本标记。

运输专用名称：Infectious substance，affecting human（Monkey virus）

UN 编号：2814

危险品如表 6-1 所示。

表 6-1　　UN2814 的危险品

UN/ID no. A	Proper Shipping Name/Description B	Class or Div. (Sub Risk) C	Hazard Label (s) D	PG E	Passenger and Cargo Aircraft					Cargo Aircraft		S. P. See 4.4 M	ERG Code N
					EQ See 2.6 F	Ltd Qty		Pkg Inst I	Max Net Qty/Pkg J	Pkg Inst K	Max Net Qty/Pkg L		
						Pkg Inst G	Max Net Qty/Pkg H						
2814	Infectious substance, affecting animals★ (liquid)	6.2	Infec-tious subst.		E0			620	50mL	620	4L	A81 A140	11Y

托运人姓名及地址：ST. MARY HOSPITAL
678 HUGHEST ST.
LONDOM WC. 1
UNITED KINDOM

发货人姓名及地址：ST. LUKE HOSPITAL
76 FLEET ST.
SYDNEY
AUSTRALIA

该包装件上的基本标记如图 6－3 所示。

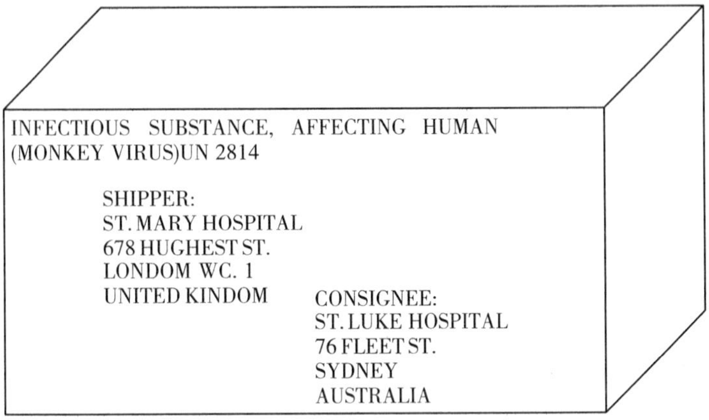

图 6－3 基本标记的书写

四、附加标记

除书写上述基本标记，某些危险品在进行航空运输时，还必须在外包装上书写或粘贴相应的附加标记。

1. 所含危险品的净数量。

每一包装件必须注明所含危险品的净数量。当危险品表中 H、J 或 L 栏所示的最大净数量为毛重时，必须注明包装件的毛重，并在计量单位后注明字母“G”。该净数量应标注在 UN 编号和运输专用名称旁边。如图 6－4 中的“NET QUANTITY：20kg”。

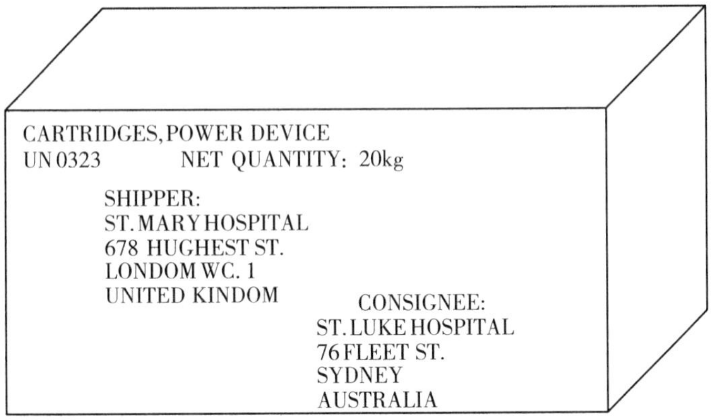

图 6－4 所含危险品净数量标记

这一要求不适用于以下三种情况：

（1）一票货物中只含有一个危险品包装件；

（2）一票货物中含多个相同危险品的包装件，如相同的运输专用名称、相同的 UN 编号、相同的包装等级和相同的含量；

（3） ID8000 消费品和第 7 类放射性物质的包装件。

2. UN1845 固体二氧化碳（干冰）。

对于 UN1845 固体二氧化碳（干冰），应标明每个包装件中所含干冰的净重，如图 6－5 所示。

图 6－5　UN1845 固体二氧化碳（干冰）标记

3. 6.2 项感染性物质。

对于 6.2 项感染性物质，必须在包装件上注明负责人的姓名及电话号码。

【例 6－2】 在例 6－1 基础上增加附加标记。

负责人姓名：MARK WRIGHT

联系电话：190 5123 4567

该包装件的附加标记如图 6－6 所示。

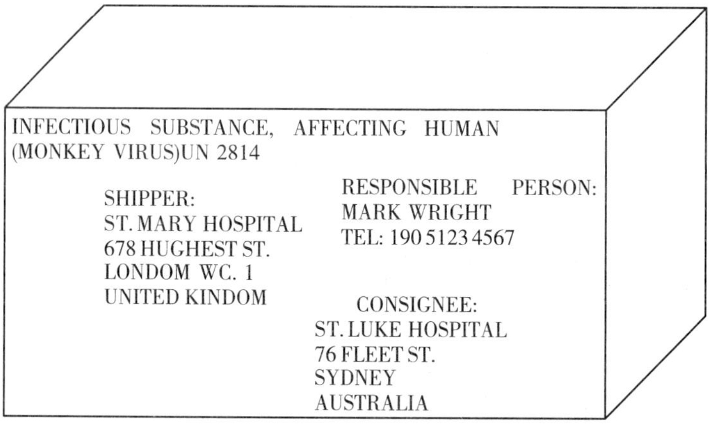

图 6－6　6.2 项感染性物质的附加标记

4. 2.2 项中的冷冻液化气体。

2.2 项中的冷冻液化气体的标记如图 6－7 所示。对于 2.2 项中的冷冻液化气体，必须标明：

（1） 每个包装件的直立方向必须用 “Package Orientation（包装件方向）” 标签或符合方向标签规格的事先印制在包装件上的标签明显标识，且必须粘贴或印制在包装件相对的至少两个垂直面上。（包装件方向标签详见本章第二节中的操作标签。）

（2） 环绕包装件每隔 120°或每个侧面都必须标出 “KEEP UPRIGHT（保持向上）”。

（3）包装件上还必须清楚地标出“DO NOT DROP-HANDLE WITH CARE（切勿跌落，小心轻放）”字样。

（4）包装件必须注明在延误、无人提取或出现紧急情况时应遵循的处置说明。

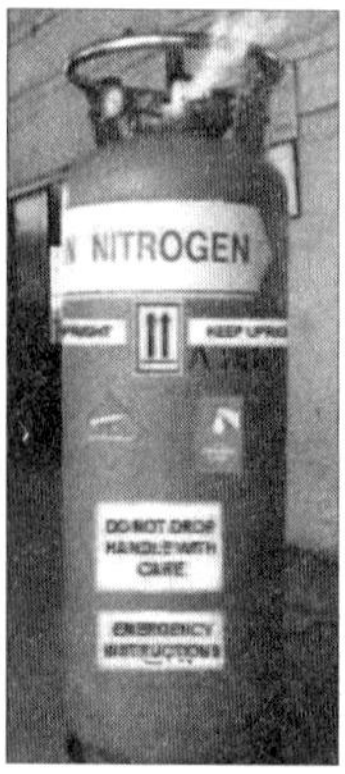

图 6－7　冷冻液化气体标记

5. 内装 UN3373 的包装件。

对于内装 UN3373 的包装件，必须标明运输专用名称“Biological Substance，Category B（生物物质，B 级）”，以及如图 6－8 所示的标记。该标记最小尺寸要求 50mm×50mm。

图 6－8　UN3373 生物物质 B 级

注意，内装生物物质的包装件不需要在外包装上注明净重。但如果采用干冰做制冷剂时，应注明干冰的净重。

6. 根据特殊规定 A144 运输带有化学氧气发生器的呼吸保护装置。

对于当根据特殊规定 A144 运输带有化学氧气发生器的呼吸保护装置（PBE）时，必须在包装件的运输专用名称旁注明“Air Crew Protective Breathing Equipment（smoke hood）in accordance with Special Provision A 144（飞行机组呼吸保护装置（防烟罩），符合 A144 特殊规定）”。

7. 补救包装。

在交付补救包装进行航空运输之前，托运人除了要标记内装危险品的运输专用名称和 UN 编号外，还必须在外包装上标明高度至少为 12mm 的“SALVAGE（补救）”字样。

8. 环境危害物质。

对于含有环境危害物质或混合物（UN3077 或 UN3082）的包装件，必须标记有环境危害物质标记，如图 6－9 所示。该标记一般情况下最小尺寸要求 100mm×100mm。环境危害物质标记必须位于 UN/ID 编号和运输专用名称标记附近。

图 6－9　环境危害物质标记

所有含有环境危害物质的包装件上除了粘贴环境危害物质标记，还必须有第 9 类危险性标签，如图 6－10 所示。

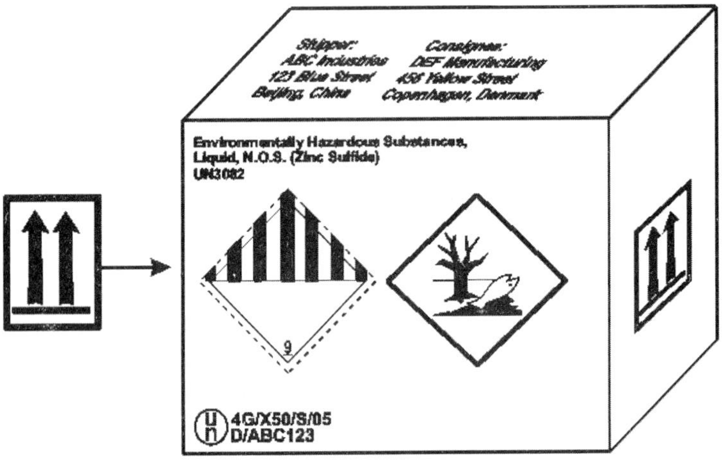

图 6－10　环境危害物质的标记与标签

9. 锂电池标记。

符合包装说明 965～970 第Ⅱ部分以及包装说明 965 和 968 第 IB 部分的含有锂电池的包装件必须使用相应的"Lithium Battery（锂电池）"标记，如图 6－11 所示。该标记一般情况下最小尺寸要求 120mm×110mm。

该标记必须标明 UN 编号和能提供其他信息的电话号码，且 UN 编号的高度至少为 12mm。当一个包装件内含有不同 UN 编号的锂电池时，在标记上应显示所有适用的 UN 编号。

①UN3090 Lithium metal batteries（锂金属电池）；

②UN3091 Lithium metal batteries contained in equipment（锂金属电池安装在设备中）；

③UN3480 Lithium ion batteries（including lithium polymer batteries）（锂离子电池）；

④UN3481 Lithium ion batteries contained in equipment（including lithium polymer batteries）（锂离子电池安装在设备中）。

* ——UN 编号

** ——电话号码

图 6－11 锂电池标记

10. 方向文字标记。

当包装件或 OVERPACK 上使用“Package Orientation（包装方向）”标签时，相应的文字标记“THIS END UP（此端向上）”或“THIS SIDE UP（此面向上）”可以标识在包装件或 OVERPACK 的顶上。

11. 附加操作和储存标记。

必要时可在包装件上显示在搬运或储存包装件时需采取的预防措施的附加标记或符号，如雨伞的符号表示防潮。建议使用国际标准化组织（ISO）推荐的符号标记。

12. 有限数量包装。

对于有限数量包装，必须在外包装上标注有限数量标记，如图 6－12 所示。该标记一般情况下最小尺寸要求 100mm×100mm。如果一个包装件只能容纳一个较小的标记，则尺寸可缩小为 50mm×50mm。字母“Y”必须置于标记的中心位置清晰可见。

图 6－12 有限数量标记

贴有公路、铁路、水运和海运的有限数量标记（见图 6－13）的包装件，如果危险品及其包装件完全符合 DGR 所适用的标记和标签的规定，空运也是可以接收的。

13. 例外数量危险品。

含例外数量危险品的包装件必须标有例外数量包装件标记，如图 6－14 所示。该标记

图 6-13 水陆运输有限数量标记

一般情况下最小尺寸要求 100mm×100mm。

对于例外数量危险品，在包装件中的每一危险品的主要类别或项别都必须显示在标记的 * 栏中；当托运人收件人的名字没有显示在包装上的其他地方时，此信息必须包含在标记的 ** 栏内。

标记必须使用在包装件的一个侧面上，不得折叠。

该标记仅适用于非放射性物质的例外数量包装件，放射性物质例外包装件标签见本章第二节中的操作标签。

图 6-14 例外数量包装件标记

14. 禁用标记。

不是用来表示包装件或 OVERPACK 方向的箭头不得标印在含有液体危险品的包装件外面。

第二节 危险品包装的标签

为了保证航空运输的安全进行，在危险品的外包装正确粘贴或拴挂具有提醒、警示、指导操作和信息说明等作用的标签是一项非常重要的工作。

一、危险品包装标签的一般要求

危险品包装的标签在使用时，需要注意以下事项：

(1) 标签应具有耐久性，能够经受暴露在露天环境也不会大大降低其牢固性和清晰度。

（2）必须使用正确规格的标签。危险品包装件及 OVERPACK 上所使用的各种标签，在形状、颜色、格式、符号和文字说明上，都必须符合 DGR 的要求。

（3）标签上文字的使用必须符合规定。除另有规定外（参见国家差异和承运人差异），仅表明危险性质的文字可与类、项号码及配装组一起填入危险性标签的下半部。除另有规定外，标签上的文字应使用英文。

（4）两种或两种以上的危险品放入同一外包装时，应在包装件上按要求粘贴每种危险品相应的标签。包装件中每类别/项别的危险品只需要粘贴一个危险性标签。

（5）除第 7 类外，任何装过危险品的包装，在没有经过清洗、蒸气清洁或重新装入非危险品以消除其有害性前，都必须按要求对危险品进行识别、标记、粘贴标签。

（6）装过感染性物质的空包装在返还托运人或送至其他地点前，都必须进行完全消毒或灭菌，并去除原有的感染性物质标记和标签。

（7）除 DGR 规定的标签外，其他国际或国家运输规则所要求的标签也可使用，但不得与 DGR 所规定的颜色、设计和形状相抵触、混淆。

二、危险品包装标签的分类

危险品包装的标签分为两大类：危险性标签（hazard lables）和操作标签（handling lables）。

1. 危险性标签。

形状为菱形，危险性标签的一般样式如图 6－15 所示。

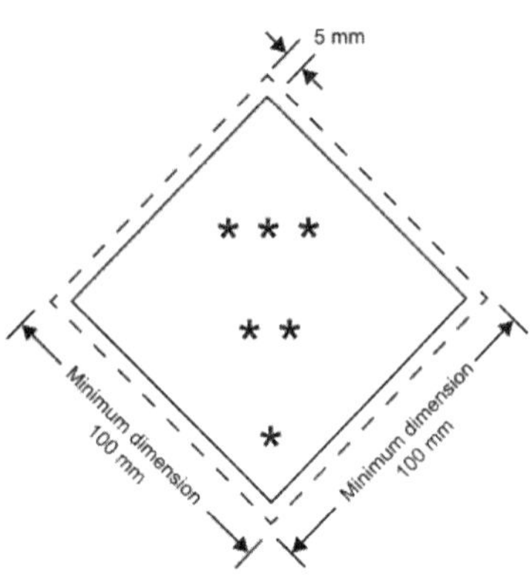

图 6－15 危险性标签的一般样式

其中：

* ——危险品的类别或者项别，如“2”表示第 2 类，“5.1”表示 5.1 项。

** ——一些强制性的或选择性的额外的字母、数字或文本信息，如“Flammable gas”。

*** ——危险品类别或项别的图形符号，或项别的代码（如 1.4、1.5 和 1.6），或“FISSILE”。

2. 操作标签。

形状为矩形，某些危险品需要粘贴此种标签，如磁性物质、仅限货机等。操作标签既可以单独使用，也可以与危险性标签同时使用。

三、危险性标签

危险品包装件及 OVERPACK 上使用的危险性标签都在危险品表的 C 栏中列出。表中列出的每一危险品都要求使用一种指定的主要危险性标签。具有次要危险性的危险品应使用一种或两种以上的次要危险性标签。

在有些情况下，即使危险品表的 C 栏没有显示次要危险性，但是特殊规定中标明需要使用次要危险性标签，如特殊规定 A132（如物品中含有满足第 8 类定义的可释放腐蚀性烟雾的物质，则必须贴有“腐蚀性”次要危险性标签。含有可产生烟雾的物质的物品，如根据 6.1 项的标准，该物质具有吸入毒性，必须加贴“毒性”次要危险性标签）；有些危险品具有次要危险性，也可能不需要使用危险性标签（4.2 项物质如果也是易燃固体，无须粘贴用于 4.1 项的次要危险性标签）。

1. 第 1 类爆炸品。

第 1 类爆炸品，橙色标签，其类别、项别及配装组的号码或字母都必须标注在标签上，如图 6－16 所示。

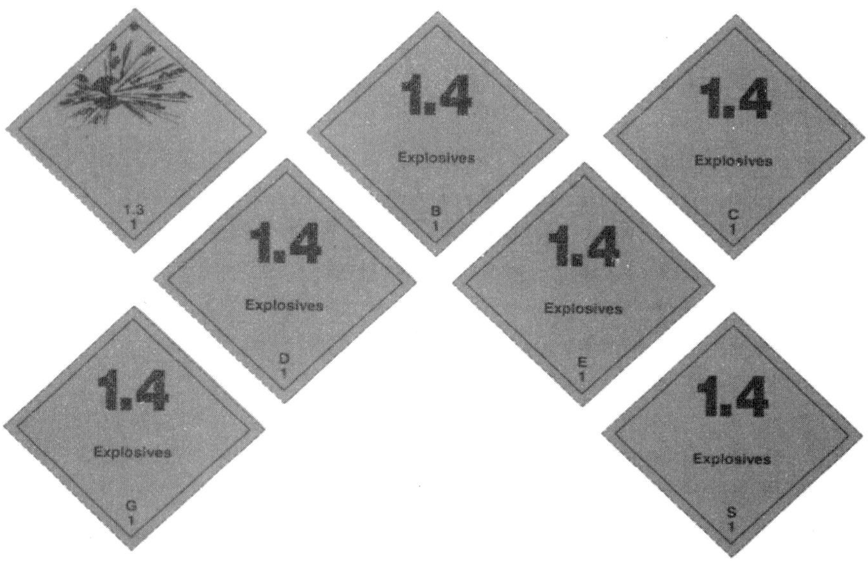

图 6－16　第 1 类爆炸品的危险性标签

对贴有 1.1、1.2、1.4F、1.5 和 1.6 项爆炸品标签的包装件，通常是禁止空运的，如图 6－17 所示。

2. 第 2 类气体。

第 2 类气体根据其项别有三种不同的危险性标签：

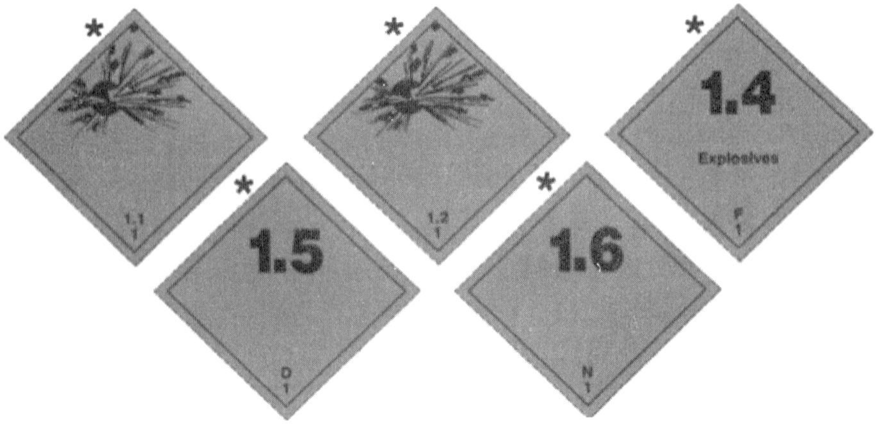

图 6－17　通常禁止空运的爆炸品的危险性标签

（1）2.1 项易燃气体，红色标签，危险性标签如图 6－18（a）所示，该标签内通常在 ** 栏填入“Flammable gas”的字样；

（2）2.2 项非易燃无毒气体，绿色标签，危险性标签如图 6－18（b）所示，该标签内通常在 ** 栏填入“Non-flammable non-toxic gas”的字样；

（3）2.3 项毒性气体，白色标签，危险性标签如图 6－18（c）所示，该标签内通常在 ** 栏填入“Toxic gas”的字样。

（a）　（b）　（c）

图 6－18　第 2 类气体的危险性标签

3. 第 3 类易燃液体。

第 3 类易燃液体，红色标签，危险性标签如图 6－19 所示，该标签通常在 ** 栏填入“Flammable liquid”的字样。

图 6－19　第 3 类易燃液体的危险性标签

4. 第 4 类易燃固体、易于自燃的物质及遇水放出易燃气体的物质。

第 4 类易燃固体、易于自燃的物质及遇水放出易燃气体的物质根据其项别有 3 种危险性标签，分别是：

（1）4.1 项易燃固体，白色带七条红色竖条，危险性标签如图 6－20（a）所示；

（2）4.2 项易于自燃的物质，上半部白色，下半部红色，危险性标签如图 6－20（b）所示，该标签也可通常在 ** 栏填入“Spontaneously combustible”的字样；

（3）4.3 项遇水放出易燃气体的物质，蓝色标签，危险性标签如图 6－20（c），该标签通常在 ** 栏填入“Dangerous when wet”的字样。

4.2 项物质如果也是易燃固体，无须粘贴用于 4.1 项的次要危险性标签。

（a）（b）（c）

图 6－20　第 4 类易燃固体、易于自燃的物质及遇水放出易燃气体的物质的危险性标签

5. 第 5 类氧化性物质和有机过氧化物。

第 5 类氧化性物质和有机过氧化物根据其项别有 2 种危险性标签：

（1）5.1 项氧化性物质，黄色标签，危险性标签如图 6－21（a）所示，该标签通常在 ** 栏填入“Oxidizer”的字样；

（2）5.2 项有机过氧化物，上半部红色，下半部黄色，危险性标签如图 6－21（b）所示。许多液态有机过氧化物的成分是易燃的，但无须粘贴第 3 类易燃液体的危险性标签，因为有机过氧化物本身就意味着该危险品可能是易燃的。

满足第 8 类包装等级Ⅰ级或Ⅱ级的有机过氧化物必须带有腐蚀性次要性标签。

（a）（b）

图 6－21　第 5 类氧化性物质和有机过氧化物的危险性标签

6. 第 6 类感染性物质和毒性物质。

第 6 类毒性物质和感染性物质根据其项别有 2 种危险性标签：

（1）6.1 项毒性物质，白色标签，危险性标签如图 6－22（a）所示，该标签通常在 ** 栏填入“INFECTIOUS SUBSTANCE In case of Damage or Leakage Immediately Notify Public Health Authority”的字样。

（2）6.2 项感染性物质，白色标签，危险性标签如图 6－22（b）所示，该标签通常在 ** 栏填入“Toxic”的字样。

（a）　　（b）

图 6－22　第 6 类感染性物质和毒性物质的危险性标签

7. 第 7 类放射性物质。

第 7 类放射性物质有 4 种危险性标签：

（1）Ⅰ级，白色标签，危险性标签如图 6－23（a）所示；

（2）Ⅱ级，上半部黄色，下半部白色，危险性标签如图 6－23（b）所示；

（3）Ⅲ级，上半部黄色，下半部白色，危险性标签如图 6－23（c）所示；

（4）裂变物质、临界安全指数，白色标签，危险性标签如图 6－23（d）所示。临界安全指数必须与对应的放射性标签放在一起，用于对含有裂变物质的包装件或 OVERPACK 的聚集进行控制。

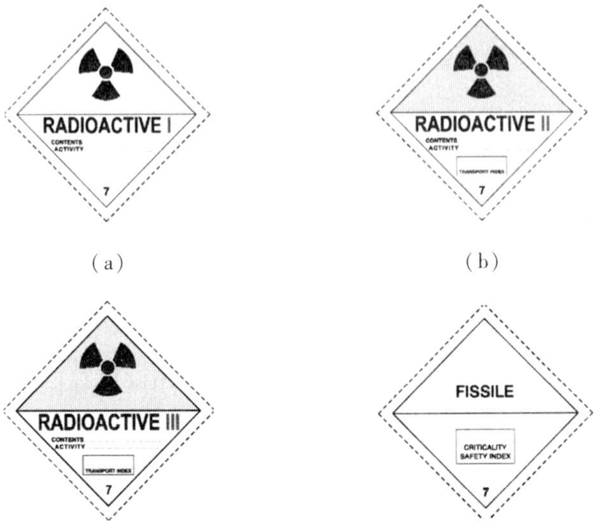

（a）　　（b）

（c）　　（d）

图 6－23　第 7 类放射性物质的危险性标签

8. 第 8 类腐蚀性物质。

第 8 类腐蚀性物质，上半部白色，下半部黑色，危险性标签如图 6 - 24 所示，该标签通常在 ** 栏填入 "Corrosive" 的字样。第 8 类危险品如果其毒性只产生于对组织的破坏作用，则无须粘贴用于 6.1 项的次要危险性标签。

图 6 - 24　第 8 类腐蚀性物质的危险性标签

9. 第 9 类杂项危险品。

使用第 9 类杂项危险品的危险性标签有以下几种情况：

（1）一般情况下，危险性标签如图 6 - 25（a）所示；

（2）当包装件内为锂离子电池或锂金属电池时，必须贴上第 9 类锂电池标签，如图 6 - 25（b）所示；

（3）当包装件或 OVERPACK 内为磁性物质时，必须贴上 "Magnetized Material（磁性物质）" 标签来替代危险性标签，见 "操作标签" 部分的图 6 - 26。

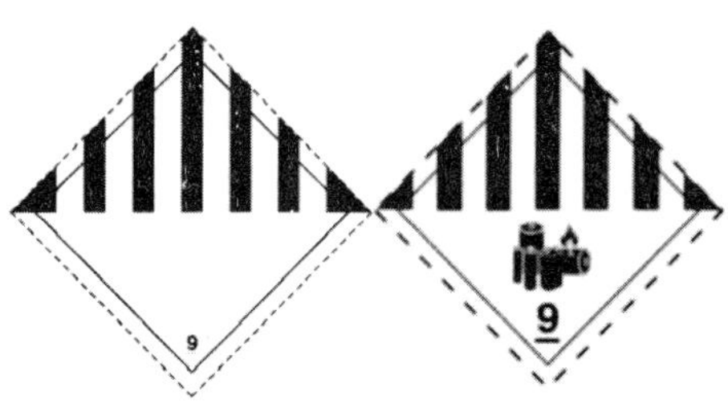

（a）　　　　（b）

图 6 - 25　第 9 类杂项危险品的危险性标签

四、操作标签

操作标签既可单独使用，也可与危险性标签一起使用。航空危险品运输的操作标签有以下几类。

1. 磁性物质标签。

装有磁性物质的包装件和 OVERPACK 必须使用 "Magnetized Material（磁性物质）" 标签。对于第 9 类杂项危险品中的磁性物质，因粘贴 "Magnetized Material（磁性物质）" 标签，而不粘贴第 9 类的危险性标签。磁性物质标签及规格如图 6 - 26 所示。

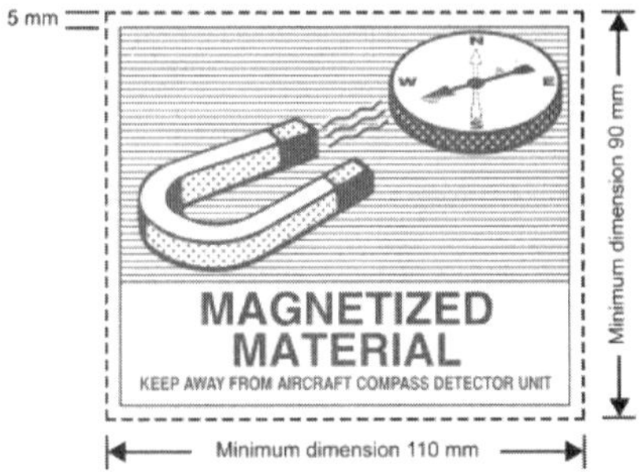

图 6－26 磁性物质标签

2. 仅限货机标签。

"Cargo Aircraft Only（仅限货机）"标签必须用在仅限货机运输的危险品包装件和 OVERPACK 上。仅限货机标签及规格如图 6－27 所示。

当包装说明及包装件的净数量指明客、货机均可承运时，不应使用"Cargo Aircraft Only（仅限货机）"标签。

在同一票货物中，即使其他包装件申报 CAO（Cargo Aircraft Only），按照客机限制的包装件也不使用"Cargo Aircraft Only（仅限货机）"标签。

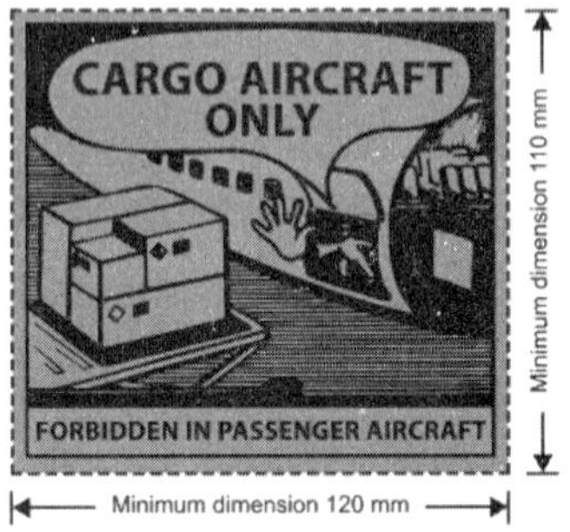

图 6－27 仅限货机标签

3. 冷冻液化气体标签。

含有冷冻液化气体的包装件和 OVERPACK 上除了粘贴 2.2 项非易燃无毒气体的危险性标签外，还必须同时使用"Cryogenic Liquids（低温液体）"的操作标签。冷冻液化气体标签及规格如图 6－28 所示。

4. 方向标签。

盛装液体危险品的包装件和 OVERPACK 必须使用"Package Orientation（包装件方向）"标签，或使用符合规格的事先印在包装件上的标签，最低尺寸要求 74mm × 105mm，如图 6－29 所示。

标签的横线下可填入"Dangerous Goods（危险品）"字样。粘贴时还可将"THIS END UP（此端向上）"或"THIS SIDE UP（此面向上）"的文字标记显示在包装件或 OVER-PACK 的顶上。

外包装上不需要粘贴方向标签的情况有：

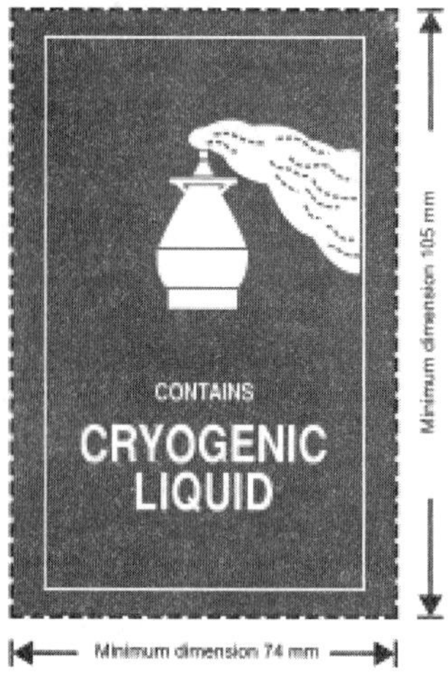

图 6－28　冷冻液化气体标签

图 6－29　方向标签

（1）装有内包装的危险品，内包装和外包装之间放置吸附材料，确保所装液体能够被完全吸收，且每个内包装所装的危险品不超过 120mL；

（2）装有气密内包装的危险品，如管、袋、需要刺穿或打破才能打开的小瓶，每个内包装不超过 500mL；

（3）主容器内的感染性物质不超过 50mL；

（4）放射性物质。

5. 远离热源标签。

装有 4.1 项中的自反应物质和 5.2 项有机过氧化物的包装件和 OVERPACK，除了使用危险性标签外，还必须使用“Keep Away From Heat（远离热源）”操作标签。该标签与危险性标签相邻粘贴在包装件的同一表面。远离热源标签及规格如图 6－30 所示。

6. 放射性物质例外包装件。

除 UN3507 Uranium hexafluoride，radioactive material，excepted package（六氟化铀、放射性物质、例外包装件）或采用特殊规定 A130（b）运输的放射性物质外，在装有放射性物质的例外包装件上必须贴上“Radioactive Material，Excepted Package（放射性物质、例外包装件）”标签。放射性物质例外包装件标签及规格如图 6－31 所示。

图 6－30　远离热源标签

图 6－31　放射性物质例外包装件标签

7. 电池驱动的轮椅和移动辅助工具标签。

为了便于操作装有电池的轮椅或助行器，并识别是否已经取出轮椅中的电池，可以使用图 6－32 所示的标签。

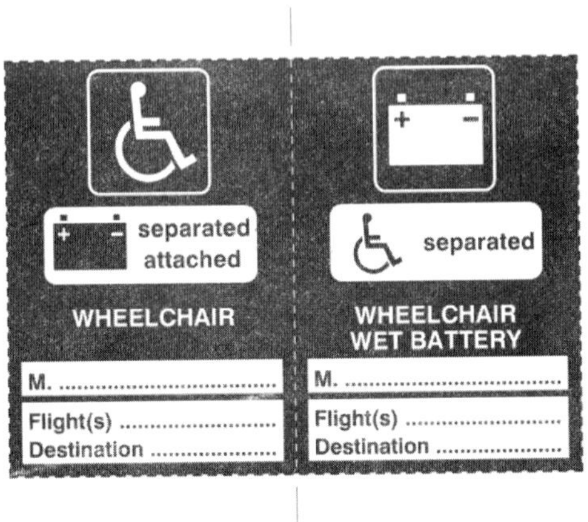

图 6－32　电池驱动的轮椅和移动辅助工具标签

该标签分为两部分，其中，左边部分粘贴在轮椅上以注明是否已经取出电池；当电池与轮椅分开运输，则用右边部分识别电池，并保证电池与轮椅匹配。

8. 禁用标签。

不是用来表示包装件方向的箭头不得显示在盛有液体危险品的包装件上。

气瓶及其他细长形的包装件，其尺寸不得小到使标签自身叠盖。

五、标签的粘贴

（1）所有标签必须牢固粘贴或印制在包装件上，清晰可见，且不被包装的任何部分或附件或其他标签或标记覆盖。

（2）包装件的底色应明显区别于标签的颜色，或在标签的周围用颜色对比明显的虚线或实线圈出。

（3）标签粘贴时不得折叠，不得将同一标签的各部分贴在包装件的不同侧面上。如图6－33所示的粘贴方式是错误的。

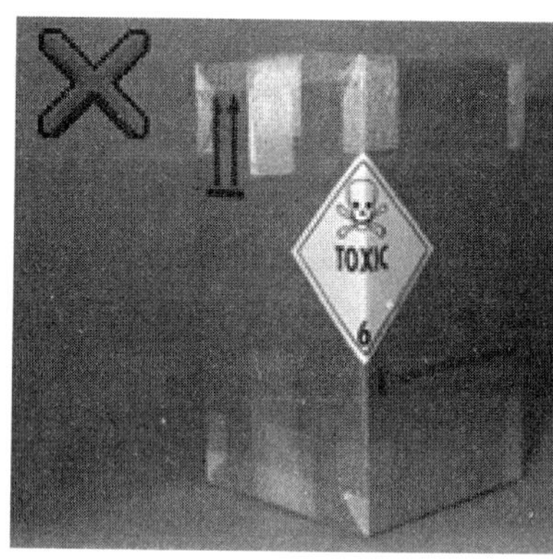

图6－33　错误的标签粘贴方式

（4）包装件必须有足够的位置粘贴所有的标签。如果包装件的表面无法粘贴或打印标签，则可以使用硬质的拴挂标签。

（5）在包装尺寸大小适宜的情况下，标签必须与运输专用名称贴于同一面，且临近运输专用名称。

（6）标签应临近托运人及收货人的姓名地址粘贴。

（7）如果需要同时粘贴主要危险性和次要危险性标签，则次要危险性标签应紧邻主要危险性标签粘贴在包装的同一侧面。通常情况下，主要危险性标签贴于左侧或上侧，次要危险性贴于右侧或下侧。

（8）若同一包装件中有不同条目的危险品需要粘贴多个危险性标签，这些标签必须彼此相邻。

（9）除包装件的尺寸不足外，危险性标签必须以45°的角度粘贴。

（10）如果需要粘贴“Cargo Aircraft Only（仅限货机）”标签，则应与危险性标签在同一侧面，且临近粘贴。

(11) 如果需要粘贴“Package Orientation (包装方向)”标签，则在包装件上至少需要贴两个，在两个相对侧面各贴一个。

【例 6-3】单一危险性标签的粘贴。

运输专用名称：Aluminium bromide, anhydrous (无水溴化铝)

UN 编号：1725

净数量：11kg

危险品表如表 6-2 所示。

表 6-2　　无水溴化铝的危险品表

UN/ID no. A	Proper Shipping Name/Description B	Class or Div. (Sub Risk) C	Hazard Label (s) D	PG E	Passenger and Cargo Aircraft					Cargo Aircraft		S. P. See 4.4 M	ERG Code N
					EQ See 2.6 F	Ltd Qty		Pkg Inst I	Max Net Qty/Pkg J	Pkg Inst K	Max Net Qty/Pkg L		
						Pkg Inst G	Max Net Qty/Pkg H						
1725	Aluminium bromide, anhydrous	8	Corrosive	Ⅱ	E2	Y844	5kg	859	15kg	863	50kg		8L

该包装件上的标记和标签如图 6-34 所示。

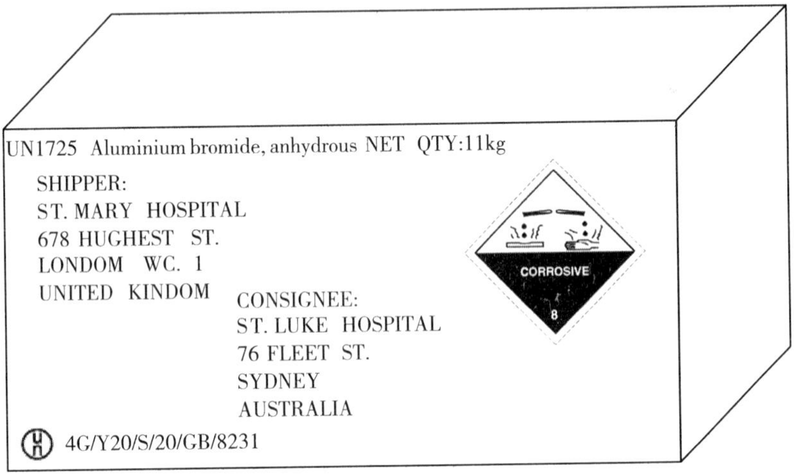

图 6-34　单一危险性包装件

【例 6-4】多重危险性和方向标签的粘贴。

运输专用名称：Butyronitrile (丁腈)

UN 编号：2411

净数量：1L

危险品表如表 6-3 所示。

表 6 – 3　　丁腈的危险品表

UN/ ID no. A	Proper Shipping Name/Description B	Class or Div. (Sub Risk) C	Hazard Label (s) D	PG E	Passenger and Cargo Aircraft					Cargo Aircraft		S. P. See 4. 4 M	ERG Code N
					EQ See 2. 6 F	Ltd Qty		Pkg Inst I	Max Net Qty/Pkg J	Pkg Inst K	Max Net Qty/Pkg L		
						Pkg Inst G	Max Net Qty/Pkg H						
2411	Butyronitrile	3 (6. 1)	Flamm. Liquid & Toxic	Ⅱ	E2	Y341	1L	352	1L	364	60L		3*P*

该包装件上的标记和标签如图 6 – 35 所示。

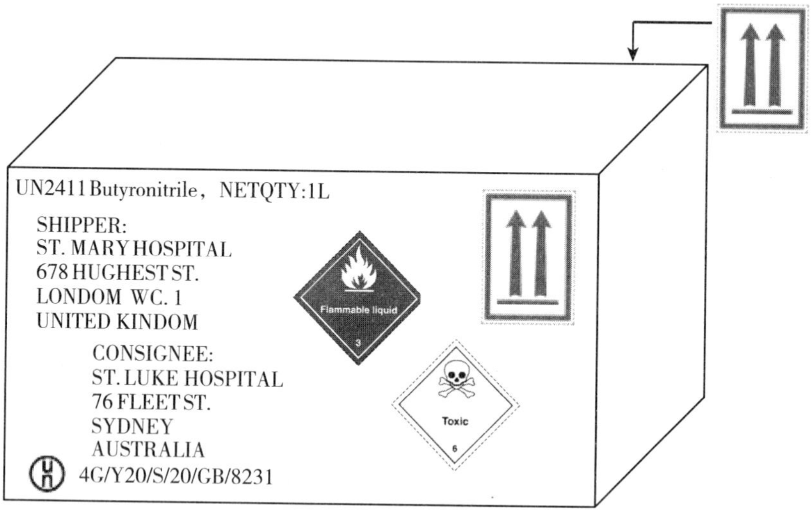

图 6 – 35　多重危险性和方向标签的包装件

【例 6 – 5】 仅限货机标签的粘贴。

运输专用名称：2 – Chloropropionic acid（2 – 氯丙酸）

UN 编号：2511

净数量：10L

危险品表如表 6 – 4 所示。

表 6 – 4　　2 – 氯丙酸的危险品表

UN/ ID no. A	Proper Shipping Name/Description B	Class or Div. (Sub Risk) C	Hazard Label (s) D	PG E	Passenger and Cargo Aircraft					Cargo Aircraft		S. P. See 4. 4 M	ERG Code N
					EQ See 2. 6 F	Ltd Qty		Pkg Inst I	Max Net Qty/Pkg J	Pkg Inst K	Max Net Qty/Pkg L		
						Pkg Inst G	Max Net Qty/Pkg H						
2511	2 – Chloropropionic acid	8	Corrosive	Ⅲ	E1	Y841	1L	852	5L	856	60L	A3 A803	8*L*

该包装件上的标记和标签如图 6－36 所示。

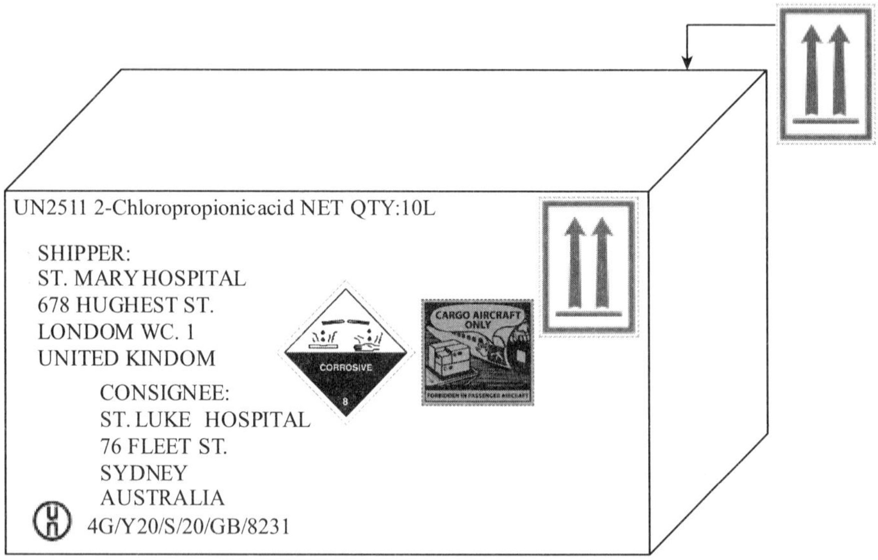

图 6－36　仅限货机的包装件

第三节　OVERPACK 的标记与标签

一、*OVERPACK* 的标记

如果并非所有危险品的标记都能从 OVERPACK 的外部看清楚，则以下标记必须标注在 OVERPACK 的包装外表面上：

（1）“Overpack” 标记字样，且高度至少 12mm；

（2）OVERPACK 内所有包装件上的基本标记，即运输专用名称、UN/ID 编号；

（3）OVERPACK 内所有包装件上的相关附加标记（含本章第一节附加标记中第 3 至第 12 项的标记）；

（4）对于 UN1845 固体二氧化碳（干冰），应注明 OVERPACK 中所含的总净重；

（5）详细操作说明。

包装规格标记不用标注在 OVERPACK 的外表面上，因为 “Overpack” 标记即表明 OVERPACK 内的包装件都符合规定的规格。

二、*OVERPACK* 的标签

OVERPACK 内各包装件使用的标签必须能从外部清楚识别，或在 OVERPACK 表面重新复制。包装件中的每类或每项危险品只需一个危险性标签。

【例 6-6】OVERPACK 包装件的标记和标签。

一个 OVERPACK 由三个包装件组成，危险品表如表 6-5 所示，每个包装件的基本情况如下：运输专用名称：

包装件 A：Camphor oil（樟脑油），UN1130，净数量 30L；

包装件 B：Allyl acetate（乙酸烯丙酯），UN2333，净数量 1L；

包装件 C：Magnesium（镁），UN1869，净数量 18kg。

表 6-5　　OVERPACK 内装危险品的危险品表

UN/ID no. A	Proper Shipping Name/Description B	Class or Div. (Sub Risk) C	Hazard Label (s) D	PG E	Passenger and Cargo Aircraft					Cargo Aircraft		S. P. See 4. 4 M	ERG Code N
					EQ See 2. 6 F	Ltd Qty		Pkg Inst I	Max Net Qty/Pkg J	Pkg Inst K	Max Net Qty/Pkg L		
						Pkg Inst G	Max Net Qty/Pkg H						
2333	Allyl acetate	3 (6. 1)	Flamm. Liquid & Toxic	II	E2	Y341	1L	352	1L	364	60L		3*P*
1130	Camphor oil	3	Flamm. Liquid	III	E1	Y344	10L	355	60L	366	220L		3*L*
1869	Magnesium	4. 1	Flamm. Solid	III	E1	Y443	10kg	446	25kg	449	100kg	A15 A803	3*L*

该包装件上的标记和标签如图 6-37 所示。

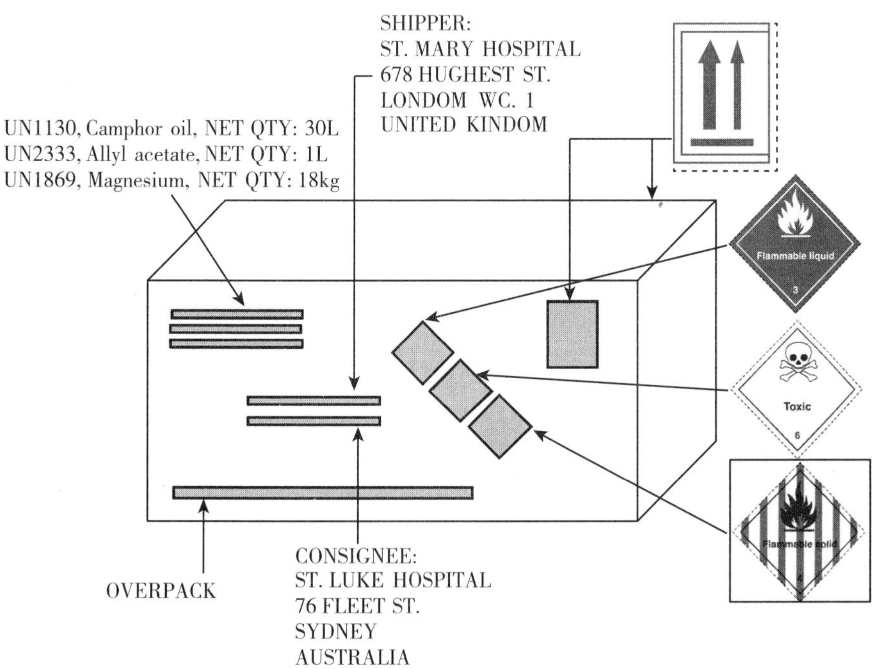

图 6-37　OVERPACK 的标记和标签

本章小结

本章主要介绍了危险品包装的标记和标签。

危险品包装的标记有基本标记和附加标记。基本标记是所有包装件都必须有的标记，包括运输专用名称、UN/ID 编号、托运人及收货人的姓名和地址。附加标记针对所运输的危险品有进一步的要求，主要包括净数量、UN1845 固体二氧化碳（干冰）、6.2 项感染性物质、2.2 项冷冻液化气体、UN3373 生物物质 B 级、有限数量、例外数量、危害环境物质、补救包装和锂电池标记等。

危险品包装的标签有危险性标签和操作标签。9 类危险品共有 30 个危险性标签，分别对应每一类别/项别/配装组的危险品。操作标签既可单独使用，也可与危险性标签一起使用。主要操作标签有磁性物质标签、仅限货机标签、方向标签、冷冻液化气体标签、远离热源标签和放射性物质例外包装件标签。

危险品包装的标记和标签使用必须遵守 DGR 的相关规则和要求。正确的标记和标签为正确识别、操作危险品提供了保证。

习　题

1. 所有危险品的包装件上都需要有的标记有哪些？

2. 感染性物质的包装件上需要什么附加标记？

3. 有限数量包装的包装件上需要什么识别标记？

4. 冷冻液化气体的包装件上需要什么附加标记？

5. 在什么情况下，危险品的净数量不用标记在包装件上？

6. 下列包装件可以用客机运输吗？如果可以，在包装件上做适当的标记和标签。

内包装 A：Acetone（丙酮），塑料瓶 1 个，每瓶装 0.25L；

内包装 B：Acetyl bromide（乙酰溴），塑料瓶 1 个，每瓶装 0.1L；

内包装 C：Adhesives（黏合剂），塑料瓶 1 个，每瓶装 1L；

外包装：有限数量包装；

包装件毛重：28kg；

假设国家差异和经营人差异均满足。

问：

（1）Q 值；

（2）包装件是否可以有客机运输？

（3）在外包装上标明适用的标记和标记（托运人和收货人地址自行拟定）。

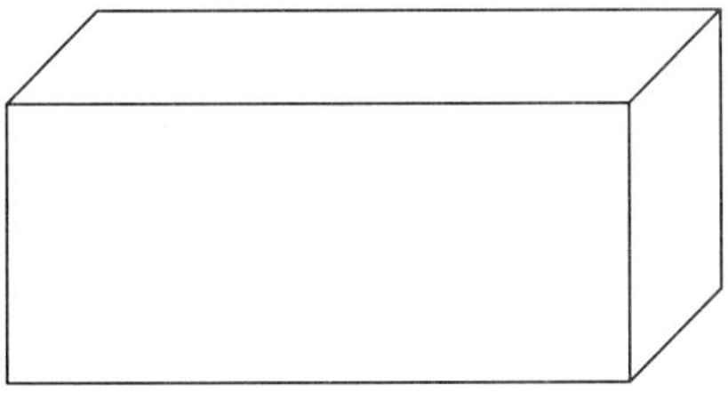

7. 请在图中标出所要求的标记与标签，该 OVERPACK 由 3 个包装件组成，准备由客机运输，假设国家差异和经营人差异均满足，托运人和收货人地址自行拟定。

包装件 1：UN 1219 Isopropanol（异丙醇），5L，装于 1 个 UN 规格的纤维板箱中；

包装件 2：UN 1712 Zinc arsenate（亚砷酸锌），6kg，装于 1 个 UN 规格的大口径钢桶中；

包装件 3：UN 0405 Catridges，signal（信号弹弹药筒），5kg，装于 1 个 UN 规格的胶合板箱中。

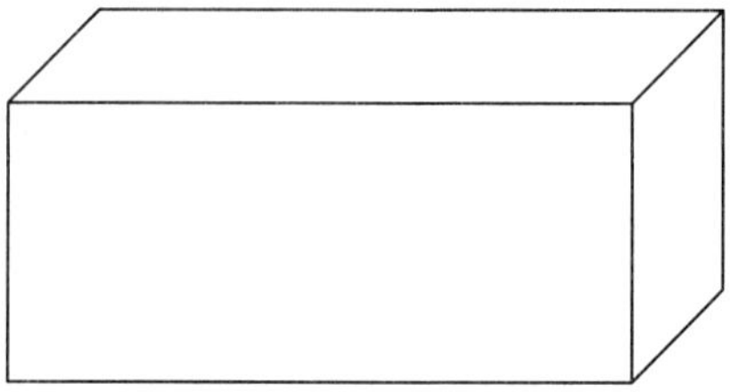

第七章
危险品运输的文件

【学习目标】

1. 掌握托运人危险品申报单的填写；
2. 熟悉航空货运单中关于危险品的相关内容填写。

DGR 参考：第八章

填制危险品运输文件是航空危险品运输的一项非常重要的工作。危险品运输过程中所涉及的主要文件包括：

（1）托运人危险品申报单（Shipper's Declaration for Dangerous Goods，DGD，简称危险品申报单或申报单）；

（2）航空货运单（Air waybill，AWB，简称货运单）；

（3）特种货物机长通知单（Special Load Notification to Captain，NOTOC，简称机长通知单）；

（4）收运检查单，包括非放射性危险品收运检查单和放射性危险品收运检查单。

本章主要介绍托运人危险品申报单（DGD）和航空货运单（AWB），DGD 和 AWB 也是航空危险品运输最常用的运输文件。NOTOC 和收运检查单的有关内容见本书第八章。

第一节　托运人危险品申报单

一、托运人危险品申报单的填写要求

根据 DGR 的相关规定，填制申报单是托运人的责任。对于所运输的危险品，托运人必须如实准确地填写申报单，并依据国际、国家以及经营人的有关规定正确进行包装、作标记等，以保证运输的安全。申报单必须用英文填写，可在英文后面附上另一种文字的准确译文。

托运人危险品申报单分为手工填制与机器填制两种。填写过程中应注意以下事项：

（1）申报单所填写的内容必须与所托运危险品一致，必须遵守 UN、IATA、各国以及各经营人的有关规定。

（2）字迹清晰工整，用英文填写，一式 2 份，一份交接收经营人保存，另一份随货物运至目的地。

（3）申报单如有变更或修改，在修改处必须有托运人的签名，否则经营人不予接收。如申报单被经营人被拒收后，要重新填制新的完整的申报单。

（4）对于集运货物，托运人除填写一份总的申报单外，每一不同托运人交运的物品还必须单独填制一份申报单。

（5）申报单中不得填入与交运的危险品或交运货物中包含的危险品无关的信息。若申报单中同时列出了危险品和非危险品，必须先列出危险品。

（6）申报单必须经托运人签字后才具有法律效力。签字必须使用全称，可手写，可印章，但不准使用打印机。

（7）在任何情况下，申报单都不得由拼装人、货运代理人或经营人填制、签字。

（8）如果需要将大宗货物分作一批以上、装在不同飞机上运输时，第一经营人必须从托运人处获取每架飞机每批货物的危险品申报单，也可接受危险品申报单的影印件。

二、托运人危险品申报单的填写说明

为方便说明填写步骤，将申报单分为 15 个部分。机器格式和手工格式的 DGD 在“Nature and Quantity of Dangerous Goods（危险品的种类与数量）”部分有所不同，如图 7－1 和图 7－2 所示。

申报单各栏必须按如下说明严格填制。其中，“7.3 货运单号码（Air Waybill No.）”“7.6 始发站机场（Airport of Departure）”和“7.7 目的站机场（Airport of Destination）”栏可由托运人填写，也可由承运人的货物收运人员填写，但其他栏目必须由托运人填写。托运人可手工填写或机器打印，但对托运人签名有特殊要求。

（1）7.1 托运人栏（Shipper）。

填写托运人的姓名地址全称。

（2）7.2 收货人栏（Consignee）。

填写收货人的姓名和地址全称。

（3）7.3 航空货运单号码（ Air Waybill No.）。

填写与申报单附在一起的货运单号码。

（4）7.4 第……页，共……页栏（Page...of...Pages）。

填写此页码和总页码。当交运的危险品数量较多，用一张申报单填写不完，可使用续页，如 Page 1 of 3 Pages，表示交运危险品申报单共有 3 页，本页为第一页；当无续页，可写为 Page 1 of 1 Pages。

（5）7.5 运输详情（或机型限制）栏（Transport Details）。

“Passenger And Cargo Aircraft（客货机均可）”和“Cargo Aircraft Only（仅限货机）”，根据实际运输情况，划掉不适用的一项。

（6）7.6 始发地机场名称栏（Airport of Departure）。

填写始发站机场或城市的全称，不允许使用机场或城市的三字代码。

（7）7.7 目的地机场名称栏（Airport of Destination）。

填写目的地机场或城市的全名，不允许使用机场或城市的三字代码。

（8）7.8 货物种类栏（Shipment Type）。

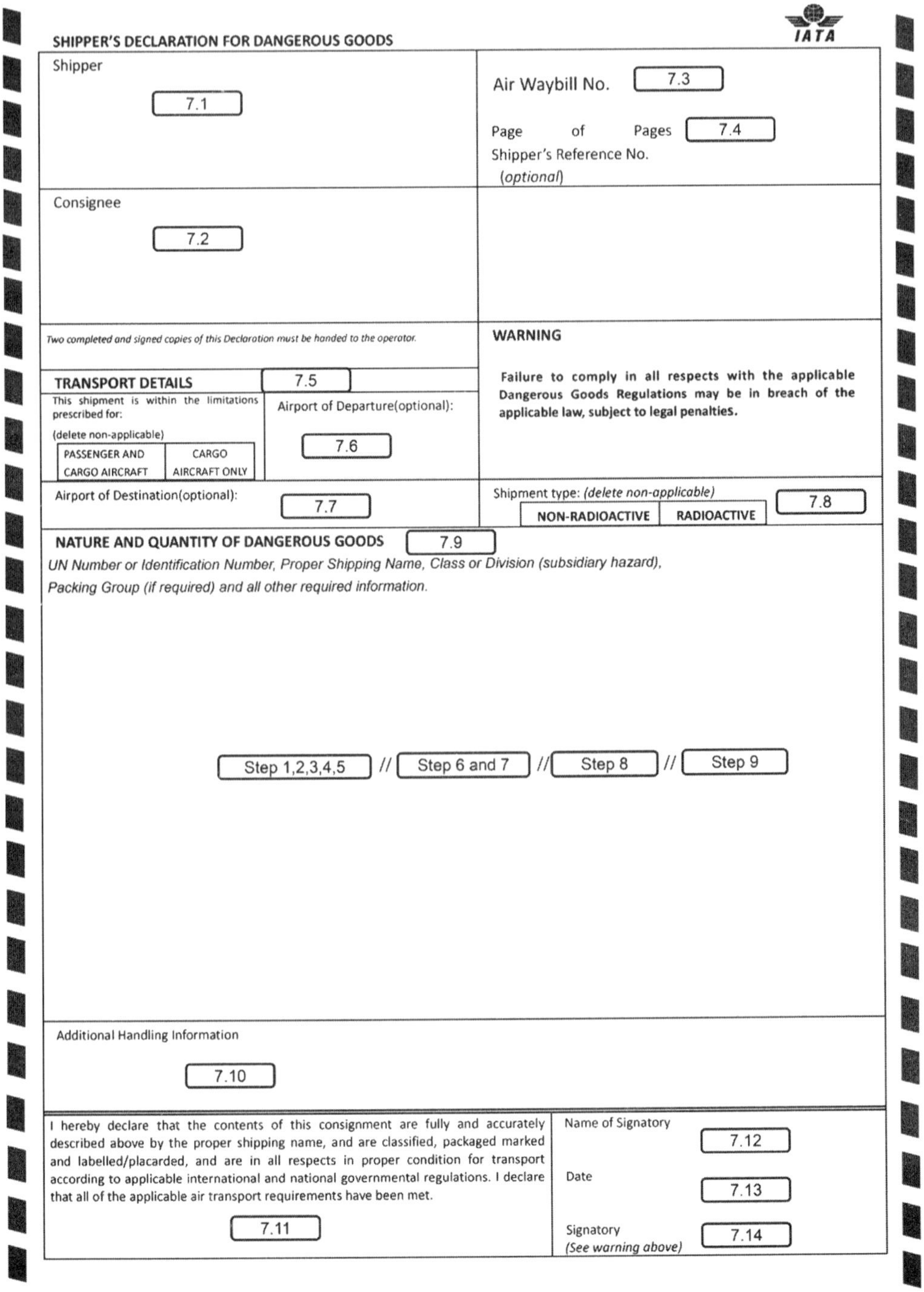

SHIPPER'S DECLARATION FOR DANGEROUS GOODS

IATA

Shipper 7.1

Air Waybill No. 7.3

Page of Pages 7.4

Shipper's Reference No.
(optional)

Consignee 7.2

Two completed and signed copies of this Declaration must be handed to the operator.

WARNING

Failure to comply in all respects with the applicable Dangerous Goods Regulations may be in breach of the applicable law, subject to legal penalties.

TRANSPORT DETAILS 7.5

This shipment is within the limitations prescribed for:
(delete non-applicable)

PASSENGER AND CARGO AIRCRAFT	CARGO AIRCRAFT ONLY

Airport of Departure(optional): 7.6

Airport of Destination(optional): 7.7

Shipment type: (delete non-applicable) NON-RADIOACTIVE RADIOACTIVE 7.8

NATURE AND QUANTITY OF DANGEROUS GOODS 7.9

UN Number or Identification Number, Proper Shipping Name, Class or Division (subsidiary hazard), Packing Group (if required) and all other required information.

Step 1,2,3,4,5 // Step 6 and 7 // Step 8 // Step 9

Additional Handling Information 7.10

I hereby declare that the contents of this consignment are fully and accurately described above by the proper shipping name, and are classified, packaged marked and labelled/placarded, and are in all respects in proper condition for transport according to applicable international and national governmental regulations. I declare that all of the applicable air transport requirements have been met. 7.11

Name of Signatory 7.12

Date 7.13

Signatory
(See warning above) 7.14

图 7－1 托运人危险品申报单（机器格式）

托运人必须在预先印制的申报单上划掉“Radioactive（放射性）”字样，以表明该货物不含放射性物品。对于托运人申报单是由计算机系统生成的，如果只显示一个货物类型是足够的，可只打印适用的“Non-Radioactive（非放射性物品）”。放射性物品不得与其他危险品列在同一申报单内，但作为制冷剂使用的固体二氧化碳（干冰）除外。

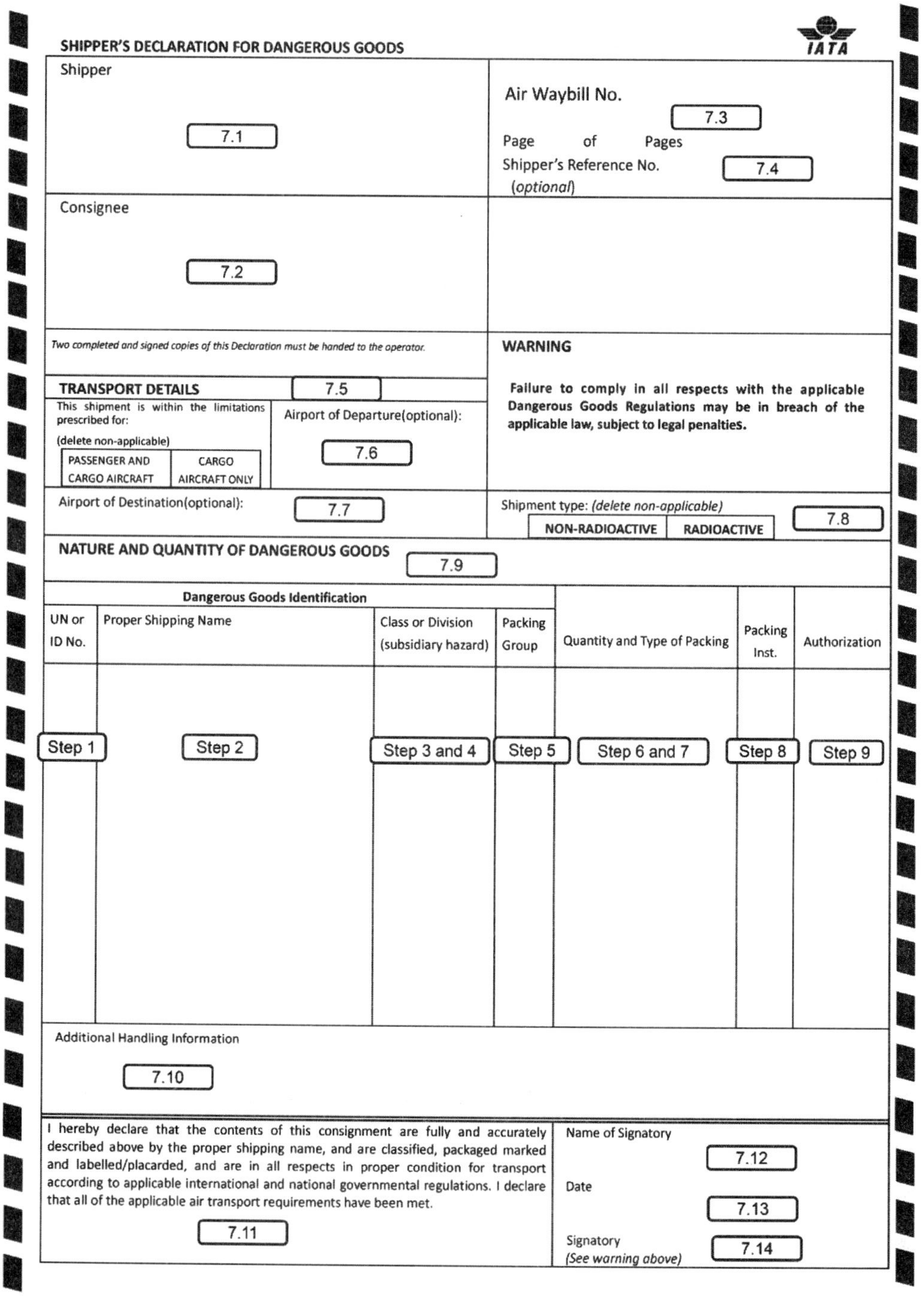

IATA

SHIPPER'S DECLARATION FOR DANGEROUS GOODS

Shipper 7.1

Air Waybill No. 7.3

Page of Pages

Shipper's Reference No. (*optional*) 7.4

Consignee 7.2

Two completed and signed copies of this Declaration must be handed to the operator.

WARNING

Failure to comply in all respects with the applicable Dangerous Goods Regulations may be in breach of the applicable law, subject to legal penalties.

TRANSPORT DETAILS 7.5

This shipment is within the limitations prescribed for:

(delete non-applicable)

PASSENGER AND CARGO AIRCRAFT	CARGO AIRCRAFT ONLY

Airport of Departure(optional): 7.6

Airport of Destination(optional): 7.7

Shipment type: *(delete non-applicable)*

NON-RADIOACTIVE	RADIOACTIVE

7.8

NATURE AND QUANTITY OF DANGEROUS GOODS 7.9

Dangerous Goods Identification						
UN or ID No.	Proper Shipping Name	Class or Division (subsidiary hazard)	Packing Group	Quantity and Type of Packing	Packing Inst.	Authorization
Step 1	Step 2	Step 3 and 4	Step 5	Step 6 and 7	Step 8	Step 9

Additional Handling Information 7.10

I hereby declare that the contents of this consignment are fully and accurately described above by the proper shipping name, and are classified, packaged marked and labelled/placarded, and are in all respects in proper condition for transport according to applicable international and national governmental regulations. I declare that all of the applicable air transport requirements have been met. 7.11

Name of Signatory 7.12

Date 7.13

Signatory *(See warning above)* 7.14

图 7-2　托运人危险品申报单（手工格式）

（9）7.9 危险品种类和数量栏（Nature and Quantity of Dangerous Goods）。

当采用机器格式填写“危险品种类和数量（Nature and Quantity of Dangerous Goods）”栏时，所填写的各部分信息必须清楚地分隔开来。各部分之间可以用双斜线分开或每部分分行填写。手工格式填写申报单时，所填内容必须在相关的栏目里按顺序填写。同一部分内的各条信息可以用逗号分开。

对于非放射性物品，信息必须严格按下列要求填写。每项信息顺序必须清楚隔开或识别。

顺序一：危险货物识别栏（Dangerous Goods Identification）。

步骤1：UN/ID编号（UN or ID No.）。

步骤2：运输专用名称（Proper Shipping Name）。

步骤3：类/项别（Class or Division），第1类危险品需注明配装组字母。

步骤4：次要危险性（Subsidiary risk）与次要危险性标签相符的次要危险性类别或项别号码必须填写在主要危险性类别或项别号码后面的括号内。

步骤5：包装等级（Packing Group），前面可以冠以"PG"字样，例如，PGII。

顺序二：包装数量及类型、危险品数量栏（Quantity and Type of Packing）。

包装件件数可用数字如1、2、3或文字如one、two、three来表示。不论包装件的实际数量是多少，包装件类型均可以用单数或复数表述，如4 steel drum、1 plastic boxes（4个钢桶、1个塑料箱）。

步骤6：包装件的数量（同类型和同一内装物）及包装类型，如4 Firbreboard boxes。

①每一包装件的净数量及单位，如3kg、10L等。当"危险品表"H栏、J栏中有最大允许毛重"G"时，以毛重代替净重。包装类型信息和紧跟着填写的数量信息之间用"×"连接，如2 Plastic jerrican ×2L（2个塑料方形桶，每个2L）。

②两种或两种以上的危险品装入同一外包装后，在描述完所包含的内包装件后，紧跟着应注明"All packed in one（description of type of package）（所有物品均包装在一个（某一包装类型）包装内）"字样。如果有多个这样的包装件时，还应标明数量，如"All packed in one wooden box×10"表示有10个同样的装有2种或2种以上危险品的木制箱。同时在文字描述后填写"Q值"，Q值应进位到小数点后一位。

步骤7：当使用OVERPACK时，"Overpack used"字样必须填入申报单，并紧随该OVERPACK内每一包装件的信息之后。

顺序三：包装说明（Packing Inst.）。

步骤8：根据所运危险品的性质、数量选择适当的包装说明代码或有限数量包装说明代码（带有前缀Y）（G、I或K栏），如377、558、Y305、Y609等。对于按照包装说明965IB和968IB准备的锂电池，须在包装说明编号后面加上字母"IB"，但"IB"不必写在该栏，应填写在包装说明编号后面的"批准"栏内。

顺序四：主管部门的批准栏（Authorization）。

步骤9：视情况填写：

①如特殊规定为A1、A2、A4、A5、A51、A81、A88、A99等时，应有特殊规定序号。

②如物质是经政府当局按A1或A2条款批准运输，则必须在本栏内填写与本次运输有关的批准或豁免证明。

③当危险品装在移动式储罐中运输时，必须随附一份主管当局批准的文件。

④当运输的爆炸品符合"包装说明101"并获得有关国家主管当局的批准时，应在申报单上注明"Packaging authorized by the competent authority of …（包装件由…主管当局批准）"字样。

以上这些有关的认可、批准和豁免证书必须和申报单一起随附运输，且须翻译成英文。

（10）7.10 附加操作信息栏（Additional handling information）。

①对于4.1项自反应物质及5.2项有机过氧化物，须填写“Must be protected from direct sunlight, and all sources of heat and be placed in adequately ventilated areas（避免阳光直射，远离热源，放置于充分通风处）”；若运输的是它们的样品，在该栏应做相应说明。

②对于按照特殊规定A144运输的含有呼吸装置的化学氧气发生器，须填写“Air crew protective breathing equipment（Smoke hood）in accordance with special provision A144（飞行机组用呼吸保护装置（防烟罩）符合特殊规定A144）”。

③对于6.2项A级感染性物质（UN2814和UN2900），以及根据国家法律或国际公约禁止公布其技术名称的感染性物质，必须填写责任人的姓名及联系电话。

④当运输UN0336或UN0337的烟火时，申报单必须包括国家主管当局给出的分类编码。

⑤当易燃黏稠物质被划分为包装等级Ⅲ级时，必须在该栏内声明。

（11）7.11 证明声明栏（Certification statement）。

申报单中应有证明或声明，保证货物按照相关规定准备完毕并符合运输条件。

（12）7.12 签署人姓名栏（Name of Signatory）。

填写签署人的姓名，可打印或盖章。

（13）7.13 日期栏（Date）。

填写签署货运单的日期。

（14）7.14 签字栏（Signature）。

由填写申报单的托运人或托运人的委托代理人签字，不得打印。

以下物质/物品不需要填写危险品申报单DGD：

①UN3164，液压物品；

②UN3164，气压物品；

③UN3373，B级生物物质；

④UN1845，固体二氧化碳（干冰）作为非危险品制冷剂时；

⑤例外数量危险品；

⑥UN3245，转基因生物、转基因微生物；

⑦满足包装说明编号965－970第Ⅱ部分的锂离子或锂金属电池芯或电池；

⑧UN2807，磁性物质；

⑨放射性物质例外包装件。

经营人在收运危险品时，应当确认危险品航空运输文件由托运人签字，并且签字人已按规定的要求训练合格。托运人必须将申报单和其他文件至少保存三个月。例如，文件以电子形式保存或存于电脑系统中，托运人必须存留打印的纸质文件。

三、托运人危险品申报单填写实例

【例7－1】机打申报单所列的危险品中包含4.1项自反应物质，则要求附加操作栏中有强制性文字要求，如图7－3所示。

SHIPPER'S DECLARATION FOR DANGEROUS GOODS

IATA

Shipper
ABC Company
1000 High Street
Youngville, Ontanrio
Canada

Air Waybill No. **800 1234 5686**

Page **1** of **1** Pages

Shipper's Reference No.
(optional)

Consignee
CBA Lte
50 Rue de la Paix
Pairs 75006
France

Two completed and signed copies of this Declaration must be handed to the operator.

WARNING

Failure to comply in all respects with the applicable Dangerous Goods Regulations may be in breach of the applicable law, subject to legal penalties.

TRANSPORT DETAILS

This shipment is within the limitations prescribed for:
(delete non-applicable)

~~PASSENGER AND CARGO AIRCRAFT~~	CARGO AIRCRAFT ONLY

Airport of Departure(optional): **Youngville**

Airport of Destination(optional): **Pairs, Charles de Gaulle**

Shipment type: *(delete non-applicable)*

NON-RADIOACTIVE	~~RADIOACTIVE~~

NATURE AND QUANTITY OF DANGEROUS GOODS

UN Number or Identification Number, Proper Shipping Name, Class or Division (subsidiary hazard), Packing Group (if required) and all other required information.

UN1816, Propyltrichlorosilane, 8(3) ,II // 3 Plastic drums 8 × 30L // 976

UN3226, Self-reactive solid type D (Benzenesulphonyl hydrazide), Div. 4.1
1 Fibreboard box × 10kg
459

UN1263, Paint, Class 3, II
2 Fibreboard boxes × 4L
3 Plastic drums × 60L
364

UN1263, Paint, Class 3, PG III
1 Composite steel drum (6HA1) × 30L
366

UN3166, Vehicle, flammable liquid powered, 9 // 1 automobile 1350kg // 950

UN3316, Chemical kits, 9, II // 1 Fibreboard box × 3kg // 960

Additional Handling Information
The packages containing UN3226 must be protected from direct sunlight and all sources of heat and be placed in adequately ventilated areas.
24-hour Number: +1 905 123 4567

I hereby declare that the contents of this consignment are fully and accurately described above by the proper shipping name, and are classified, packaged marked and labelled/placarded, and are in all respects in proper condition for transport according to applicable international and national governmental regulations. I declare that all of the applicable air transport requirements have been met.

Name of Signatory
B. Smith

Date
2020-01-01

Signatory
(See warning above)
B. Smith

图 7－3　托运人危险品申报单填写实例（机器格式）

【例 7－2】与计算机填写的申报单相比，手写申报单的“Nature and Quantity of Dangerous Goods”栏填写的格式有所不同，如图 7－4 所示。

SHIPPER'S DECLARATION FOR DANGEROUS GOODS

IATA

Shipper ABC Company 1000 High Street Youngville, Ontanrio Canada	Air Waybill No. 800 1234 5686 Page 1 of 1 Pages Shipper's Reference No. (*optional*)
Consignee CBA Lte 50 Rue de la Paix Pairs 75006 France	
Two completed and signed copies of this Declaration must be handed to the operator.	**WARNING** **Failure to comply in all respects with the applicable Dangerous Goods Regulations may be in breach of the applicable law, subject to legal penalties.**
TRANSPORT DETAILS This shipment is within the limitations prescribed for: (delete non-applicable) ~~PASSENGER AND CARGO AIRCRAFT~~ / CARGO AIRCRAFT ONLY Airport of Departure(optional): Youngville	
Airport of Destination(optional): Pairs, Charles de Gaulle	Shipment type: *(delete non-applicable)* NON-RADIOACTIVE / ~~RADIOACTIVE~~

NATURE AND QUANTITY OF DANGEROUS GOODS

Dangerous Goods Identification						
UN or ID No.	Proper Shipping Name	Class or Division (subsidiary hazard)	Packing Group	Quantity and Type of Packing	Packing Inst.	Authorization
UN1816	Propyltrichlorosilane	8(3)	II	3 Plastic drums 8 × 30L	976	
UN3226	Self-reactive solid type D (Benzenesulphonyl hydrazide)	Div. 4.1		1 Fibreboard box × 10kg	459	
UN1263	Paint	Class 3	II	2 Fibreboard boxes × 4L	353	
UN1263	Paint	Class 3	III	1 Fibreboard boxes × 30L	366	
UN3166	Vehicle, flammable liquid powered	9		1 automobile 1350kg	950	
UN3316	Chemical kits	9	II	1 Fibreboard box ×3kg	960	
UN2794	Batteries,wet, filled with acid	8		1 Wooden box×50kg	870	
UN1950	Aerosols, non-flammable	2.2		1 Steel cylinder×16kg	203	
UN0255	Detonators, electric	1.4B		5 Fibreboard boxes×2kg (NEQ 0.11kg)	131	

Additional Handling Information

The packages containing UN3226 must be protected from direct sunlight and all sources of heat and be placed in adequately ventilated areas.

24-hour Number: +1 905 123 4567

I hereby declare that the contents of this consignment are fully and accurately described above by the proper shipping name, and are classified, packaged marked and labelled/placarded, and are in all respects in proper condition for transport according to applicable international and national governmental regulations. I declare that all of the applicable air transport requirements have been met.	Name of Signatory B. Smith Date 1 January 2020 Signatory *(See warning above)* B. Smith

图 7－4　托运人危险品申报单填写实例（手工格式）

【**例 7－3**】装在同一外包装内的两种或两种以上的危险品，必须标明 Q 值，如图 7－5 所示。

NATURE AND QUANTITY OF DANGEROUS GOODS						
Dangerous Goods Identification						
UN or ID No.	Proper Shipping Name	Class or Division (Subsidiary risk)	Packing Group	Quantity and type of packing	Packing Inst.	Authorization
UN2339 UN2653 UN2049	2-Bromobutane Benzyl iodide Diethylbenzene	3 6.1 3	II II III	2 L 2 L 5L All packed in one wooden box. Q=0.9	353 654 355	

图 7－5　危险品申报单填写实例 3

【**例 7－4**】装在同一外包装内的两种或两种以上的有限数量危险品，必须标明 Q 值。注意：Q 值是用 H 栏没有大写字母“G”的 2 个条目计算的，Q 值下面再标注上总毛重，如图 7－6 所示。

UN1950	Aerosols, non-flammable	2.2		5 kg	Y203	
UN2653 UN2049	Benzyl iodide Diethylbenzene	6.1 3	II III	0.3 L 0.5 L All packed in one wooden box. Q=0.4 Total Gross Weight: 10kg G	Y641 Y344	

图 7－6　危险品申报单填写实例 4

【**例 7－5**】装在同一 UN 规格包装内的感染性物质与干冰，Q 值不需标注，如图 7－7 所示。

UN2814	Infectious substance, affecting humans (Dengue virus culture)	6.2		25 g	620	
UN1845	Dry Ice	9		20 kg All packed in one Fibreboard box.	954	

图 7－7　危险品申报单填写实例 5

【例7-6】符合包装说明954的OVERPACK，包含UN规格包装件内的6.2项感染性物质，并且四周用干冰包裹，如图7-8所示。

NATURE AND QUANTITY OF DANGEROUS GOODS						
Dangerous Goods Identification						
UN or ID No.	Proper Shipping Name	Class or Division (Subsidiary risk)	Packing Group	Quantity and type of packing	Packing Inst.	Authorization
UN2814	Infectious substance, affecting humans (Dengue virus)	6.2		1 Fibreboard box x 25 g	620	
UN1845	Dry Ice	9		20 kg Overpack used	954	

图7-8 危险品申报单填写实例6

【例7-7】组成OVERPACK的危险品，注意第三项不在OVERPACK内，因为OVERPACK必须列在前面，紧随后面应注明“Overpack used”字样，如图7-9所示。

NATURE AND QUANTITY OF DANGEROUS GOODS						
Dangerous Goods Identification						
UN or ID No.	Proper Shipping Name	Class or Division (Subsidiary risk)	Packing Group	Quantity and type of packing	Packing Inst.	Authorization
UN1203	Motor Spirit	3	PGII	1 Steel drum x 4 L 2 Plastic Jerricans x 2 L	353	
UN1950	Aerosols, flammable	2.1		1 Fibreboard box x 5 kg Overpack used	203	
UN1992	Flammable liquid, toxic, n.o.s. (Petrol, Carbon tetrachloride mixture)	3 (6.1)	III	1 Fibreboard box x 1 L	Y343	

图7-9 危险品申报单填写实例7

【例7-8】含有同一种物质同一种规格的多个OVERPACK。注意该货物中共有600个装有气溶胶的纤维板箱，它们包装在三个相同的OVERPACK内。为便于识别、装载和通知，经营人要求每一OVERPACK上都标有识别标记（可以任何字母—数字形式）和危险品的总量。以上事项应填写在申报单上。申报单上的总量必须与OVERPACK标明的总量相符，如图7-10所示。

【例7-9】含有同一种物质不同规格的多个OVERPACK。注意该货物中共有600个装有气溶胶的纤维板箱，分别包装在两个不相同和三个相同的OVERPACK内。为便于识别、装载和通知，经营人要求每一OVERPACK上都标有识别标记（可以任何字母—数字形式）

NATURE AND QUANTITY OF DANGEROUS GOODS						
Dangerous Goods Identification						
UN or ID No.	Proper Shipping Name	Class or Division (Subsidiary risk)	Packing Group	Quantity and type of packing	Packing Inst.	Authorization
UN1950	Aerosols, flammable	2.1		200 Fibreboard boxes x 0.2 kg Overpack used x 3 #1234 #2345 #1841 Total quantity per overpack 40 kg	203	

图 7－10 危险品申报单填写实例 8

和危险品的总量。以上事项应填写在申报单上。申报单上的总量必须与 OVERPACK 标明的总量相符，如图 7－11 所示。

NATURE AND QUANTITY OF DANGEROUS GOODS						
Dangerous Goods Identification						
UN or ID No.	Proper Shipping Name	Class or Division (Subsidiary risk)	Packing Group	Quantity and type of packing	Packing Inst.	Authorization
UN1950	Aerosols, flammable	2.1		200 Fibreboard boxes x 0.2 kg Overpack used #AA44 Total net quantity 40 kg 100 Fibreboard boxes x 0.1 kg Overpack used #AB62 Total net quantity 10 kg 100 Fibreboard boxes x 0.3 kg Overpack used x 3 #AA60 #AA72 #AA84 Total quantity per overpack 30 kg	203	

图 7－11 危险品申报单填写实例 9

【例 7－10】符合包装说明 965 第 IB 部分运输的锂电池申报单的填写，如图 7－12 所示。

NATURE AND QUANTITY OF DANGEROUS GOODS						
Dangerous Goods Identification						
UN or ID No.	Proper Shipping Name	Class or Division (Subsidiary risk)	Packing Group	Quantity and type of packing	Packing Inst.	Authorization
UN 3480	Lithium ion batteries	9	II	1 Fibreboard box x 5.5 kg G	965	IB

图 7－12 危险品申报单填写实例 10

第二节　航空货运单

本节填写货运单的说明只是有关危险货物的填写需要的信息。航空货运单的详细填写说明可查阅 IATA《航空货物运价手册》（The Air Cargo Tariff（TACT）Manual Rules）。

需要填写危险品申报单的危险品，其货运单中必须在“Handling Information（操作信息）”栏内包含以下声明：

（1）“Dangerous goods as per attached Shipper's Declaration”或“Dangerous goods as per attached DGD”，如图 7－13 所示。

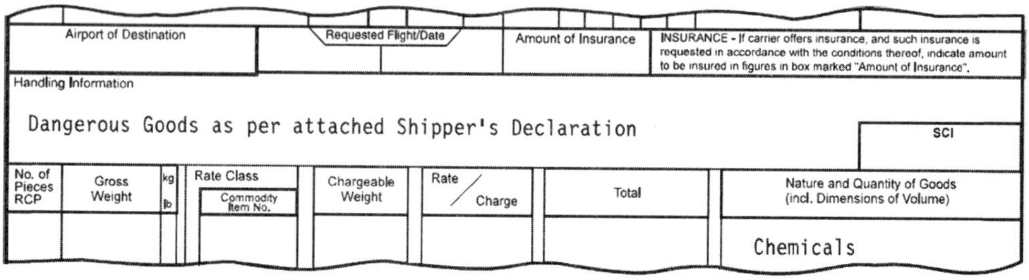

图 7－13　客机和货机均可运输的危险品货运单

（2）对于仅限货机运输的危险品，还须再注明“Cargo aircraft only（仅限货机）”或“CAO”，如图 7－14 所示。

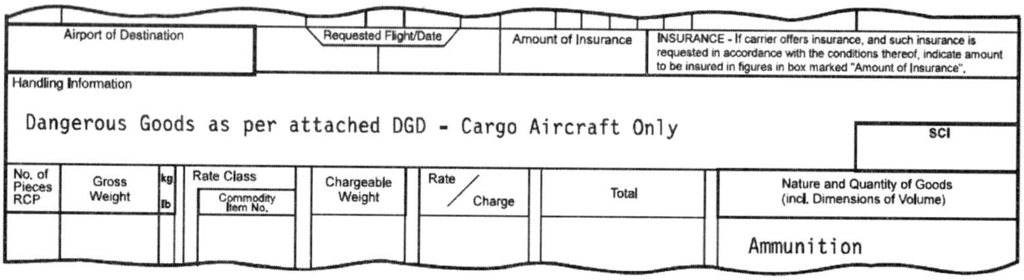

图 7－14　仅限货机的危险品货运单

【例 7－11】同时含有危险品和非危险品的航空货运单，还必须在“Nature and quantity of goods”栏中标明危险品的件数，如图 7－15 所示。

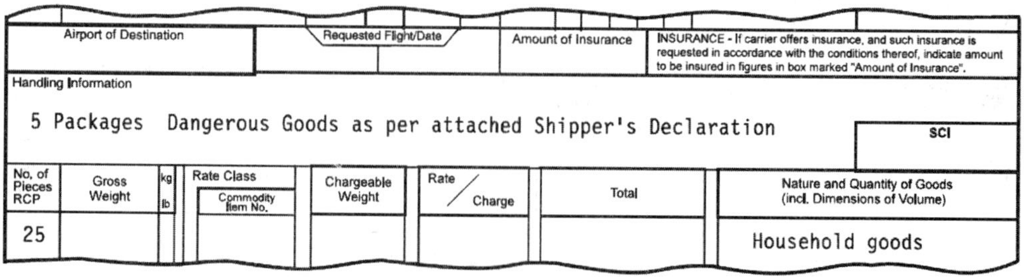

图 7－15　含有危险品和非危险品的货运单

【例 7－12】若一批集运货物中含有几件危险品均需要附危险品申报单时，应在货运单中注明危险品的件数及“Dangerous good as per attached shipper's declaration（危险品如所附托运人危险品申报单）”，如图 7－16 所示。

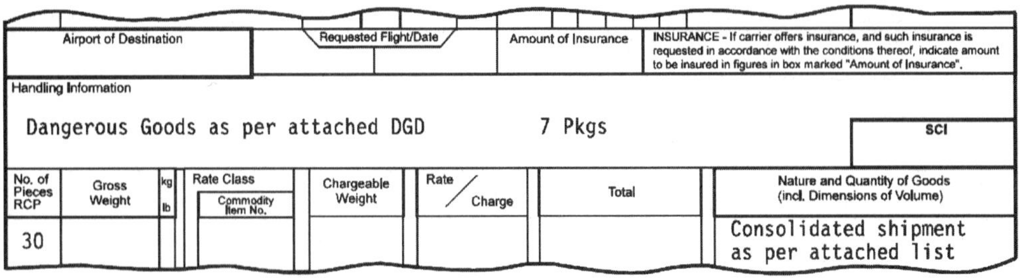

图 7－16　有危险品的集运货物的货运单

【例 7－13】固体二氧化碳（干冰）与非危险品一起运输时不需要单独填写危险品申报单，但必须将干冰的信息按顺序在货运单“Nature and quantity of goods”栏依次填写：运输专用名词、类别或项别、UN 或 ID 编号、包装等级、次要危险性、包装件数、每一包装件的净数量及包装说明代码，如图 7－17 所示。

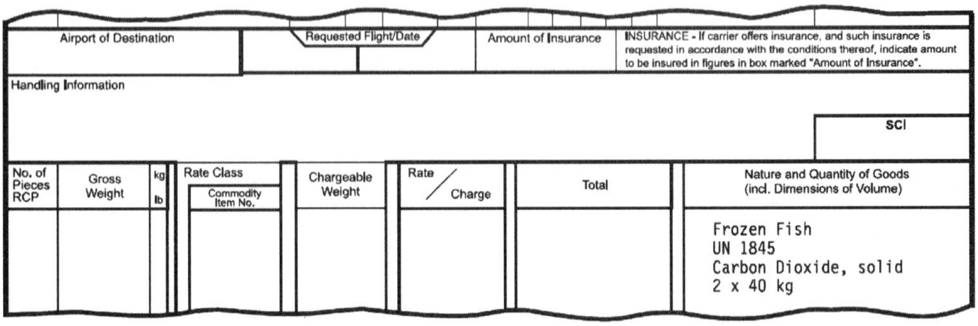

图 7－17　不需要托运人申报单的危险品的货运单

【例 7－14】满足规定要求的例外数量危险品的申报单，只需要在货运单“Nature and quantity of goods”栏注明“Dangerous goods in expected quantities（例外数量危险品）”，如图 7－18 所示。

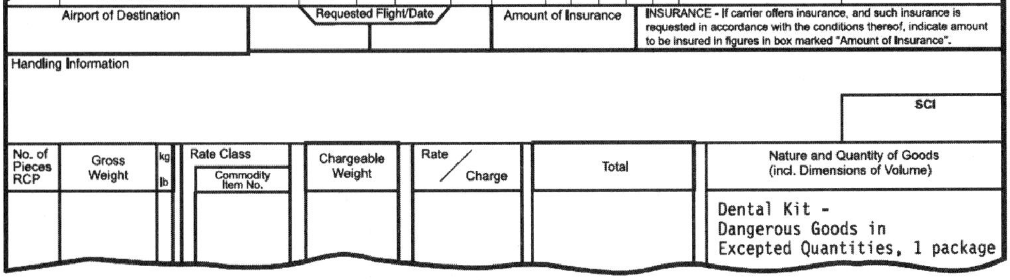

图 7－18　含有例外数量危险品的货运单

【例 7－15】按照包装说明 965－970 第Ⅱ部分包装的锂电池的货运单。在货运单“Nature and quantity of goods”栏注明相应的信息，如“Lithium ion batteries in compliance with Section Ⅱ of PI965（满足包装说明 965 第Ⅱ部分的锂离子电池）”，如图 7－19 所示。

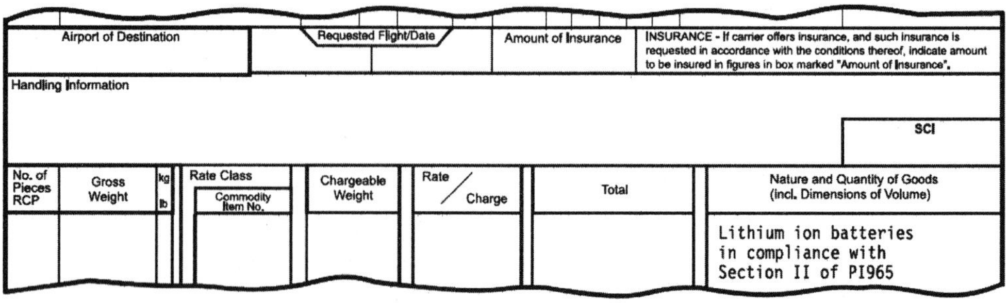
Airport of Destination | Requested Flight/Date | Amount of Insurance | INSURANCE - If carrier offers insurance, and such insurance is requested in accordance with the conditions thereof, indicate amount to be insured in figures in box marked "Amount of Insurance".

Handling Information

SCI

No. of Pieces RCP	Gross Weight	kg lb	Rate Class Commodity Item No.	Chargeable Weight	Rate / Charge	Total	Nature and Quantity of Goods (incl. Dimensions of Volume)
							Lithium ion batteries in compliance with Section II of PI965

图 7－19　按照包装说明 965－970 第Ⅱ部分包装的锂电池的货运单

本章小结

本章主要介绍了危险品运输过程中常见的文件。

申报危险品需要托运人或其代理人能够正确填制托运人危险品申报单，并承担相应的责任。经营人或其地面操作代理人应能够正确填写航空货运单、特种货物机场通知单和危险品收运检查单等，并承担相应的责任。同时，经营人在收运危险品时，应当确认危险品航空运输文件由托运人签字，并且签字人已按规定的要求训练合格。

习　题

1. 下列货物准备使用货机运输。

时间：2020 年 7 月 9 日

Shipper：ST. MARY HOSPITAL
234HUGHES ST.
LONDON WC. 1
UINTED KINGDOM

Consignee：ST. LUKE HOSPITAL
56FLEET ST.
SYDNEY
AUSRTALIA

货物 A：环己烯（Cyclohexene）

包装：4 个塑料瓶，每个内装 3L，外包装为 UN 规格包装胶合板箱。

货物 B：二氯苯胺，固体（Dichloroanilines，solid）

包装：放入玻璃瓶，每个内装 2kg，外包装为 UN 规格纤维板箱，净重 20kg。

货运单号：016－12345678

作为公司经理的 Mr. B. Smith，需要完成托运人危险品申报单，样本见附录一。

2. 下列货物准备使用货机运输。

时间：2020 年 7 月 12 日

发货人：New Chemicals

8 Old Bridge Road

London EC34 A0

United Kingdom

收货人：Isotope inc

Longbank 187 Bree Street

Johannesburg

South Africa

货物 A：氯酸铜（Copper chlorate）

包装：6 个玻璃瓶，每个内装 2.5kg，外包装为 UN 规格包装塑料方形桶。

货物 B：氰尿酰氯（Cyanuric chloride）

包装：放入 3 个塑料瓶，每个内装 5kg，外包装为 UN 规格纤维板箱。

货运单号：101 - 2143 8675

（1）作为公司出口部经理的 Mr. Brown，需要完成托运人危险品申报单，样本见附录一。

（2）完成航空货运单有关栏目的填写。

Airport of Destination	Requested Flight/Date	Amount of Insurance	INSURANCE - If carrier offers insurance, and such insurance is requested in accordance with the conditions thereof, indicate amount to be insured in figures in box marked "Amount of Insurance".

Handling Information	SCI

No. of Pieces RCP	Gross Weight	kg lb	Rate Class Commodity Item No.	Chargeable Weight	Rate / Charge	Total	Nature and Quantity of Goods (incl. Dimensions of Volume)

（3）完成包装件上的标记和标签。

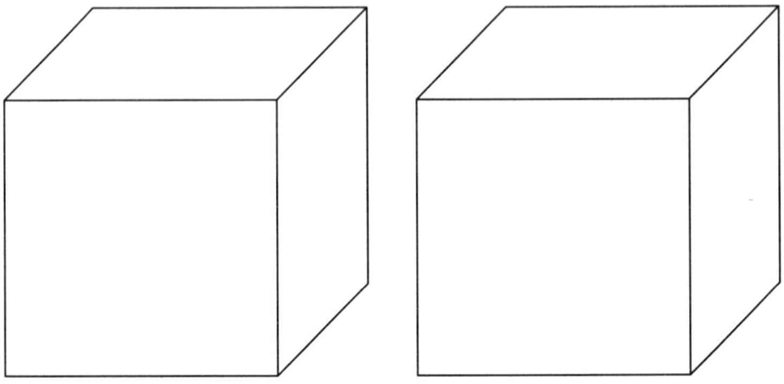

第八章
危险品的操作

【学习目标】

1. 了解危险品操作的一般流程和基本原则；
2. 熟悉危险品收运的注意事项，正确使用危险品检查单；
3. 熟悉危险品的存储和装载知识；
4. 了解机长通知单的填写；
5. 熟悉危险品事故应急响应程序及事故处理。

DGR 参考：第九章

在实际运输过程中，危险品操作涉及的环节多，涉及人员复杂。因此，不仅需要了解危险品的分类、正确识别危险品、正确包装和填写运输文件，并且需要知道如何正确操作危险品。本章从危险品操作——收运、存储、装载、报告等环节进行介绍，供不同类别的人员接受培训及相关人员实际操作使用。

第一节　危险品操作的基本原则

在危险品运输的各个环节中，操作的正确性是保证安全的关键。操作危险品应遵循如下基本原则。

一、预先检查原则

危险品包装件在收运、入库、装箱/板及装机之前，必须由具体负责人进行认真的检查。经检查，包装件如果有一项不符合要求，则岗位负责人员应拒绝接收，并退回原处。只有当包装件在完全符合要求的情况下，才可继续进行作业。对已装入飞机的包装件，如果发现有泄漏或破损，则必须从飞机上卸下，并马上采取安全处理措施。此时，经营人必须对飞机上货物进行检查以确认其他货物没有被损坏或没有被污染。

检查标准如下：

（1）外包装无漏洞、无破损，包装件无气味，无任何渗漏及损坏的迹象。

（2）包装件上的危险性标签和操作标签正确无误，粘贴牢固。若发现标签脱落、遗失、模糊不清，则经营人的工作人员必须按照危险品申报单标注的标签重新粘贴完整。

（3）包装件上的文字标记书写正确，字迹清楚。

二、请勿倒置原则

在危险品运输中，装有液体危险品的包装件均应按要求贴有“Package Orientation（包装件方向）”标签，有时还标有“THIS END UP（此端向上）”或“THIS SIDE UP（此面向上）”的标记。作业人员在搬运、存储、装卸的全部过程中，必须按该标签的指向使包装件始终保持直立向上。对于不符合这一要求的包装件，不得接收。

三、轻拿轻放原则

在搬运或装卸危险品包装件过程中，无论是人工操作还是机械操作都必须遵循轻拿轻放原则，切忌“磕、碰、摔、撞”。

四、隔离原则

为了保证人员的安全和货物的完好，某些危险品与人之间、某些不同类别的危险品之间、某些危险品与其他非危险货物之间，在存储与装载中均须隔离（详见本章第四节）。

五、可接近性原则

当存储和装载仅限货机运输的包装件时，必须使贴有“Cargo Aircraft Only（仅限货机）”标签的包装件具有可接近性。可接近性的意思是，在存储或飞行中，仓库管理人员或机组人员能够看见并接近这种包装件。在必要时，只要包装的大小和重量允许，上述人员可以用手随时将它搬开，如图 8－1 所示。该原则的详细描述见本书第四节“货机上的装载”的相关内容。

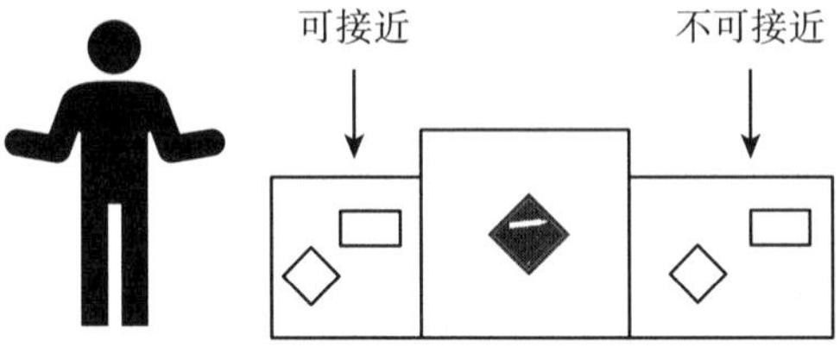

图 8－1 仅限货机货物的可接近性

六、固定货物，防止滑动原则

危险品包装件装入机舱后，必须以某种方式将它们固定在机舱内，以免在飞行中移动或改变方向，造成危险品的损坏。装载人员应将它们在机舱内固定住，以免在飞行中滑动或倾倒，如图 8－2 所示。

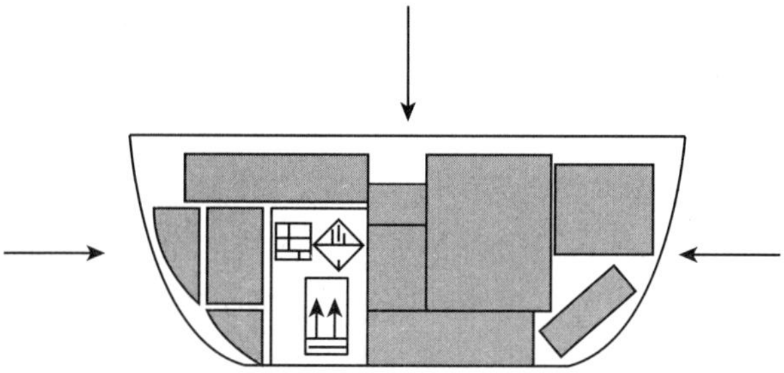

图 8－2　散装包装件在航空器中的固定

第二节　危险品收运

危险品的收运是安全运输危险品的关键环节之一。收运人员必须严格按照收运要求，使用收运检查单对货物收运过程实施严格的检查和监控。

一、危险品收运的一般要求

（1）货物收运人员必须依照 CCAR－276－R1、DGR 及 TI 的规定接受初始培训和定期复训。

（2）对于可能隐含危险品的货物，收运人员必须要求托运人提供有关资料（如 MSDS）或出具相应的鉴定证明（出具鉴定证明的机构必须是经营人指定的专业鉴定机构），以证实托运的物品不是危险品或不含危险品，并在货运单上注明其包装内物品不具有危险性。

（3）无论在何种情况下，经营人均保留请专业人士或部门对货物进行最后判定的权利。如果收运人员认为托运人提供的资料不足以说明货物的性质，有权要求托运人到经营人认可的危险物品鉴定检测机构对其所托运的货物进行检测。

（4）对于危险物品使用的 UN 规格包装，必须检查包装是否具有包装检测机构出具的包装性能测试报告。对于从中国始发危险品的 UN 规格包装，经营人只认可中华人民共和国出入境检验检疫局出具的《出境货物运输包装性能检测结果单》及《出境危险货物运输包装使用鉴定结果单》，特殊批准除外。

（5）对于危险物品使用的非 UN 规格包装，有限数量包装的生产和测试，必须符合有限数量包装的测试标准。有限数量包装与 UN 规格包装一样，托运人必须提供专业包装检测机构出具的包装性能测试报告。

（6）收运人员应参照国家及承运人差异及 TACT 中国家及承运人信息，注意查阅危险物品运输的经停站和目的站国家及续程承运人的不同规定。

（7）托运人应预订全程航班、日期、吨位。如果危险物品需要中转运输，承运人就必须事先通知中转站，经中转站同意方能中转，以保证货物的安全运输和及时中转。

二、经营人对危险品的收运

经营人收运含危险品的包装件或OVERPACK，或收运含放射性物品的放射性专用货箱在飞机上运输，必须满足以下条件：

（1）它随附有一式两份“托运人危险品申报单”或等效替代文件；一份申报单随货物运抵目的站，一份由经营人在货物运输始发地点保留一段时间，直到货物运抵目的站后，方可存档处理。

（2）以电子形式提供的适用于托运货物的信息。

（3）如经允许，用替代文件并随附。

三、危险品收运的特殊要求

1. 放射性专用货箱和集装器的收运。

通常情况下，除下列情况外，经营人不得收运装有危险品的集装器或放射性专用货箱：

（1）放射性物品专用货箱；

（2）按包装说明Y963准备的ID8000日用消费品的集装器；

（3）除UN3373、生物物质B级和ID8000日用消费品以外，只含有UN1845固体二氧化碳（干冰）作为冷冻剂的集装器；

（4）UN2807，磁性物质；

（5）UN3373，根据包装说明650准备的生物物质B级；

（6）UN3245，根据包装说明959准备的转基因微生物及转基因生物；

（7）符合包装说明965～970第Ⅱ部分运输的锂离子或锂金属电池芯及电池；

（8）UN3164，根据包装说明208（a）准备的液压制品或气压制品；

（9）例外数量危险品；

（10）放射性物质例外包装件。

经营人必须保证含放射性物品的放射性专用货箱的所有四个侧面都有专用标签。

当经营人接收“按包装说明Y963准备的ID8000日用消费品的集装器”及“除UN3373，生物物质B级和ID8000日用消费品以外，只含有UN1845固体二氧化碳（干冰）作为冷冻剂的集装器”时，必须在集装器上随附一个识别标牌。

2. 收运感染性物质。

收运感染性物质应做好行程安排。无论采取何种方式都必须通过快速的行程进行运输。如需转运，必须采用相应的预防措施，确保特别照顾、快速作业和在中转过程中的监管。

被故意感染和已知或怀疑含有感染性物质的活体动物都不得空运，除非其所含有的感染性物质不能通过其他的方法进行托运。受感染的动物只能按照国家主管部门批准通过的条款条件来进行运输。

3. 收运4.1项自反应物质和5.2项有机过氧化物。

装有4.1项的自反应物质或5.2项有机过氧化物的包装件或集装器必须避免阳光直射、远离一切热源并置于通风良好的区域。

4. 消费品警告。

某一物品或包装件可能附有警告符号或消费品危险性标签①，但该包装件中的物品或物质可以不必符合本书第三章的分类标准。作为“Not Restricted（不受限制）”收运包装件之前，如需要，则应从托运人处获取说明。

5. 集运危险品的收运。

集中运输（集运）的危险品必须符合下列条件方可收运：

（1）危险品可与非危险品集运。收运集中运输的危险品必须按收运检查单的规定来办理检查手续。在收运检查时，任何差错造成的延误将导致整批集运货物的延误。

（2）集运的危险品必须按DGR的要求进行识别、分类、包装、写标记、贴标签和填制有关文件，并且保证包装件无破损和渗漏迹象。

（3）托运人向经营人交运货物时，装有危险品的包装件或OVERPACK，必须与按非危险品办理的普通货物分开；除前面允许集运的危险品外，经营人不得收运其他装于集装器内的集运危险品。

（4）每票分运单上的危险品都需要一份托运人危险品申报单。

（5）任何“Cargo Aircraft Only（仅限货机）”的危险品集中运输时，都必须在货机上运输。

四、收运检查单

为便于在收运危险品时履行职责，经营人在收运危险品时必须填制“危险品收运检查单”。该检查单包括危险品运输的所有步骤，检查完毕后才能收运包装件、OVERPACK、危险品集装器或其他种类的托盘。

收运检查单主要是供经营人收运危险品时使用，分为非放射性物质收运检查单、放射性物质收运检查单和干冰（固体二氧化碳）收运检查单，经营人必须使用适用的检查单核对下列各项：

（1）文件已遵从本书第七章对非放射性危险品和本书第十章第五节对放射性物品的详细要求；

（2）无论是客机还是货机运输，托运人危险品申报单上所述危险品的数量在每一包装件的限量以内；

（3）包装件、OVERPACK或放射性专用货箱上的标记符合随附危险品申报单上所描述的细节，而且清楚可见；

（4）在需要时，要检查包装规格标记中指示包装等级设计类型的字母所对所含危险品是否适当（不适用于规格标记不可见的OVERPACK）；

（5）OVERPACK中包装件上的运输专用名称、UN编号、标签和特殊操作说明清楚可

① 包装件上的GHS菱形象形图标表示包装件内可能含有危险品。然而国家和地区差异的存在，虽然包装件上有这些图标，但是在运输中没有被列为危险品。

见或被复制在 OVERPACK 的外侧；

（6）包装件、OVERPACK 或放射性专用货箱的标签对非放射性危险品已按第六章的要求提供，对放射性物品已按本书第十章的要求提供；

（7）组合包装的外包装或单一包装符合适用的包装说明，并且当目测检查时，与随附危险品申报单描述的包装类型一致；

（8）包装件或 OVERPACK 不含按隔离表需要隔离的不同的危险品；

（9）包装件、OVERPACK 或放射性专用货箱或集装器没有泄漏，且保持其完整性。

对于收运检查单中的每一项目所提出的检查项目，如果托运人提交的货物符合 DGR 中相应的规定，则在"是"栏中做标记；反之，如果托运人提交的货物不符合 DGR 中相应的规定，则在"否"栏中做标记；表中许多项目有"不适合"的选择，如果该项目的问题与所交运的货物不相符，则应在"不适用"栏中做标记，但"不适用"不是"否定"的回答。

在"Comments（意见）"栏中，应该清楚地解释拒收的原因。非放射性物质收运检查单、放射性物质收运检查单和干冰（固体二氧化碳）收运检查单样本见本书附录二、附录三和附录四。

第三节　危险品存储

危险品是特殊的货物，在存储中需要特殊照料，一旦发生货物丢失或其他危险事故，就会给人员、财产带来危害和损失。因此，要求担任危险品库管理工作的人员必须具有高度的责任心和安全意识，具备危险品存储的有关知识。

一、危险品存储的一般要求

（1）危险品的包装件应在专门设计的库房中存放。如果在普通货物的库房中存储，则必须放在指定区域以便集中管理。

（2）危险品仓库及普通仓库的指定区域应通风良好，无阳光直射，远离各种热源；避免夏季温度过高；消防设备和器材准备齐全；与其他货物保持距离，出事故时便于迅速抢运出库。

（3）用于存储放射性物质的仓库，其墙壁及仓库大门必须坚固耐用，在一定程度上具有降低放射性物质辐射水平的功能。

（4）危险品库区严禁使用明火，严禁吸烟。

（5）危险品仓库内或存放区内外明显位置应标明应急救援电话号码。

（6）危险品存放场所必须设有明显的标志，有明显的隔离设施。

（7）危险品仓库必须安全、有充足的照明设备和有效的消防设施，以备在发生事故时能及时采取应急措施。

（8）危险品仓库应有良好的通风，以便有效地消除仓库内储存大量的危险品而难以避免地散发出的化学物品气味。

（9）危险品仓库应配备相应的防护用品，以备在发生危险品泄露及危险品事故时，能及时、有效地采取应急措施，实施个人防护。

（10）操作人员必须依照轻拿轻放原则和请勿倒置原则搬运和码放危险品包装件。

（11）性质相抵触的危险品包装件在仓库的码放必须符合隔离原则。

（12）入库的危险品应按照包装件上的操作标签、标记进行码放，标记、标签应朝外以便查看，码放时还应遵循大不压小、重不压轻、木箱或金属包装不压纸箱的原则。一般情况下，货物码放的高度不宜超过同类货物 4 层或 3 米高。

二、危险品存储的特殊要求

以下是几种危险品存储的特殊要求（放射性物质的存储要求见本书第十章）：

（1）气瓶：气瓶既可以直立放在瓶架上，也可以平放在干燥的地面上，但不可倒置，气瓶平放时应避免滚动。当多个气瓶存放时，钢瓶的首位朝向要一致，并应避免将瓶口指向人多处。

（2）液氮罐：应保持直立、箭头向上；当数量多时，如果放置于封闭的空间内，应注意通风，防止窒息。

（3）自反应物质与有机过氧化物包装件：必须避免阳光直射，放置于远离热源且通风良好的地方。

三、危险品仓库的管理

（1）专门从事危险品仓储工作的人员必须持有危险品训练合格证书，危险品仓储管理人员还必须受过消防知识的专门训练，并了解各类危险品的性质及其事故的处理方法。

（2）危险品仓库管理工作应建立完善的仓库管理制度。

（3）危险品入库和出库时应核对货物的货运单号码、清点货物的件数、检查货物的包装，并经出库记录保存在独立的记录本上。

（4）危险品仓库或存放区应定期清库。对于不正常运输的危险品应定期与查询部门联系其处理情况，避免危险品的积压。

（5）存储区域应贴有不相容危险品隔离表及应急救援联系图，以便操作人员随时查阅。

第四节　危险品装载

一、危险品装载的一般要求

（1）当符合规定的危险品装机时，经营人必须保护该危险品包装件免受损坏，尤其必须注意在运输准备过程中对包装件的操作，装运的飞机类型及装载所要求的方法，以避免由于拖拽或不正确操作产生的意外破损。

（2）经营人必须保证包装件或 OVERPACK 在装上飞机或集装器前，经过检查并确认无任何渗漏和破损。任何出现损坏或渗漏的包装件必须从飞机内搬出，然后做安全处置。

（3）一旦出现渗漏，经营人必须确保其他的货物仍处于适合空运的状况，且其他包装件、行李或货物未受污染。

（4）当经营人发现标签丢失、脱落或无法辨识时，必须按照危险品申报单提供的信息更换标签（该要求不适用于在收运时发现标签丢失或无法辨识的情况）。

（5）经营人必须将危险品固定于飞机上，并保证体积小的包装件不会通过网孔从集装板上掉下；散装的包装件不会在机舱内移动；桶形包装件难于用尼龙带束缚固定时，要用其他货物卡紧；用其他货物卡住散装的包装件时，必须从 5 个方向（前、后、左、右、上）卡紧。

二、不相容危险品的隔离

彼此可能产生危险反应的危险品的包装件，或是码放的位置有可能因渗漏而相互发生反应，不得在航空器上靠在一起码放。表 8－1 列出了对各类危险品包装件的隔离要求。隔离要求的应用是以包装件上所有的危险性标签为基础的，不论是主要危险性还是次要危险性。

表 8－1　　危险品包装件隔离表

Hazard Lable	1 excl. 1.4S	2.1	2.2，2.3	3	4.1	4.2	4.3	5.1	5.2	8	9 see 9.3.2.1.3
1 excluding 1.4S	See 9.3.2.2.5	×	×	×	×	×	×	×	×	×	×
2.1	×	—	—	—	—	—	—	—	—	—	×
2.2，2.3	×	—	—	—	—	—	—	—	—	—	—
3	×	—	—	—	—	—	—	×	—	—	×
4.1	×	—	—	—	—	—	—	—	—	—	×
4.2	×	—	—	—	—	—	—	×	—	—	—
4.3	×	—	—	—	—	—	—	—	—	×	—
5.1	×	—	—	×	—	×	—	—	—	—	×
5.2	×	—	—	—	—	—	—	—	—	—	—
8	×	—	—	—	—	—	×	—	—	—	—
9 see 9.3.2.1.3	×	×	—	×	×	—	—	×	—	—	—

注：①在行和列的交叉点注有“×”，表明装有这些类/项的危险品的包装件必须相互隔开。若在行和列的交叉点注有“—”，则表明装有这些类/项的危险品包装件无须隔开。

②表中不包含 1.4S、6 类、7 类和除锂电池外的 9 类，它们不须与其他类别的危险品隔开。

三、其他装载限制

1. 货机上的装载。

带有“Cargo Aircraft Only（仅限货机）”标签的危险品包装件或 OVERPACK，必须装载在 C 级飞机货舱或达到 C 级飞机货舱标准的集装器中，并且放置在合适的位置，以便发生紧急情况时，机组成员可接近这些包装件，在包装件的尺寸和重量允许时，使它们与其他货物分离。

此项要求不适用于：

（1）UN3529 内燃发动机、易燃液体驱动、燃料电池发动机，易燃气体驱动、内燃机器，易燃气体驱动及燃料电池机器，易燃气体驱动；

（2）第 3 类易燃液体、包装等级Ⅲ级，含第 8 类次要危险性的除外，或 UN3528 内燃发动机、易燃液体驱动、燃料电池发动机，易燃液体驱动、内燃机器，易燃液体驱动及燃料电池机器，易燃液体驱动；

（3）毒性物质（6.1 项），无第 3 类以外的次要危险性；

（4）感染性物质（6.2 项）；

（5）放射性物质（第 7 类）；

（6）杂项危险品（第 9 类）。

2. 含危险品集装器的识别。

每个装有需要粘贴危险品标签的危险品的集装器，都必须在集装器表面清晰地标示该集装器内装有危险品。因此必须在集装器上使用识别标牌。识别标牌两侧边缘有显著红色影线且清晰可见，最小尺寸为 148mm × 210mm，必须清晰标示危险品的主要危险性及次要危险性的类及项的数字。

如果集装器内含有粘贴“Cargo Aircraft Only（仅限货机）”标签的包装件，识别标牌必须指明此集装器必须装入货机。

当集装器装上保护套时，识别标牌必须清晰可见。

当危险品卸载后，识别标牌必须立即从集装器上去掉。

3. 磁性物质的装载。

磁性物质的装载必须保证飞机的罗盘方位保持在此飞机适航要求允许的容限内，并在可行情况下应装载在对罗盘影响最小的位置上。

多个包装件会产生累积效应。根据包装说明 953 所描述的在批准条件下运输的磁性物质，其装载必须符合主管当局批准的特定条件。

4. 固体二氧化碳（干冰）的装载。

固体二氧化碳（干冰）可以单独作为货物或作为其他物品的制冷剂运输，但前提是经营人应根据机型、飞机通风率、干冰包装与码放方法、在同一航班上是否还装有动物以及其他因素等做好合理的安排。经营人必须确保将飞机上装有或已装有固体二氧化碳（干冰）的情况通知给地面工作人员。

如果干冰由单一托运人按包装说明 954 准备，装在集装器中，而经营人在收运后又额外添加了干冰，则经营人必须保证在提供给机长的信息中，干冰的数量已经进行了修改。

为了便于处理含有干冰的机组和旅客交运行李，经营人可以使用如图 8－3 所示的行李牌来识别携带干冰的交运行李。

图 8－3　含有干冰的行李使用的行李牌

5. 低温液体的装载。

装载其他温度敏感货物且无论是否有动物在同一航班上时，在经营人根据机型做好适当安排后可以运输在开放或封闭的低温容器中的含有冷冻液化气体的包装件。经营人应保证通知地面工作人员，含有低温液体的包装件将装载或已在飞机上，并提出相应的警示，以保证装载人员在进入飞机货舱前货舱门开启并释放所有积压气体。

6. 可膨胀聚合物颗粒及塑料模塑化合物的装载（UN2211 及 UN3314）。

可膨胀性聚合物颗粒是用来生产聚合物的半成品。当作为发泡剂与易燃气体或液体混合时，有可能释放出少量的易燃气体。当可膨胀聚合物颗粒及塑料模塑化合物的净重不超过 100 千克时，可以装载于任何飞机上的不可接近的货舱内。

7. 活体动物与危险品的装载。

活体动物不得靠近低温液体或固体二氧化碳（干冰）装载。由于固体二氧化碳释放的蒸气比空气重，这些蒸气会集中在货舱底层。因此活体动物的装载位置应高于含固体二氧化碳（干冰）的包装件。

贴有Ⅱ级－黄色和Ⅲ级－黄色标签的包装件、OVERPACK 和放射性专用货箱必须与活体动物隔离。运输时间≤24 小时，最小间隔距离为 0.5 米；运输时间＞24 小时，最小间隔距离为 1 米。

8. 作为交运行李的轮椅或其他电池驱动的移动辅助工具的装载。

轮椅或其他电池驱动的移动辅助工具作为交运行李运输时，必须按下列要求进行装载：

（1）装配密封型湿电池或符合特殊规定 A123 的电池的轮椅或其他电池驱动的助行器、装配非密封型电池的电池的轮椅或其他电池驱动的助行器、装配锂电池的轮椅或类似电池驱动的助行器，经经营人批准作为交运行李运输时，装载规定详见本书第二章第三节的相关内容。

（2）必须通知机长下述信息：

①装有电池的轮椅或助行器的装载位置；

②已包装好的电池的装载位置；

③备用电池的位置，或装在货舱内，或锂电池在客舱的位置。

（3）旅客与每一经营人事先做好安排，如有可能，非密封电池应安装防溢阀帽。

（4）为便于操作装有电池的轮椅或助行器，可以使用标签来帮助识别是否已经取出轮椅中的电池，如图 8－4 所示。此标签分为两部分，左半部分粘贴在轮椅上用于表明是否已经取出电池；在电池与轮椅分开运输的特殊情况下，使用右半部分来识别电池，同时可以保证电池和轮椅能够相对应。

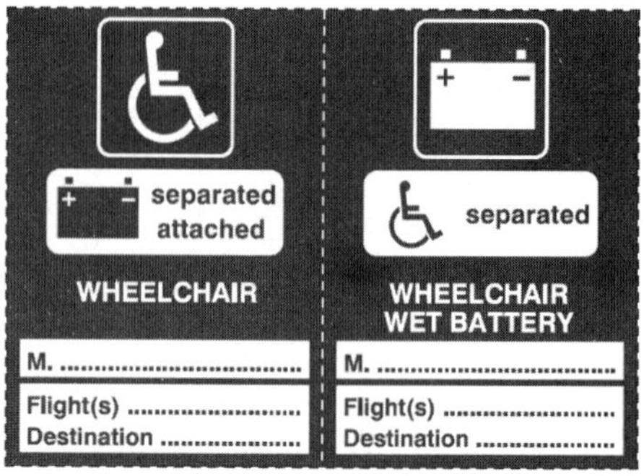

图 8-4　电池驱动的轮椅和移动辅助工具标签

9. 有机过氧化物和自身反应物质的装载。

在整个装载过程中，含有 4.1 项的自反应物质和 5.2 项有机过氧化物的包装件或集装器都必须避免阳光直射，远离一切热源，保持通风良好。

第五节　信息条款

经营人必须用以下方式提供危险品的信息：

（1）使用特种货物机长通知单（Special Load Notification to Captain，NOTOC）向机长提供危险品的详细信息；

（2）在航空公司手册中写明危险品的操作规定，以便使其工作人员能够履行其职责，包括在紧急情况下采取的措施；

（3）使用“告示”、公告牌或其他形式通知旅客，告诫其不准作为手提或交运行李登机的物品；

（4）在货物接收区公示关于危险品运输的有关信息。

一、向机长提供的信息

根据 DGR 的规定，承运危险品的经营人应在飞机起飞前尽早向机长提供准确清晰的书面资料（手写或打印），告之将要作为货物运输的危险品的情况。此外，负责飞机运行控制的人员也应获得与要求通知机长的相同信息。每个经营人必须将需获得这一信息的相关人员写入其运行手册或相关手册中。

1. 特种货物机长通知单。

特种货物机长通知单（NOTOC），如图 8-5 所示。机长通知单的书面信息除了航班日期以外，还必须包含以下内容：

（1）航空货运单号码（如货运单已填开）。

SPECIAL LOAD NOTIFICATION TO CAPITAIN (NOTOC)

特种货物机长通知单

AIR CHINA CARGO

STATION OF LOADING: 装机站:	FLIGHT NO: 航班号:	DATE: 离港日期:	AIRCRAFT REGISTRATION: 飞机注册号:	PREPARED BY 填写人签字:	CHECKED 检查人签字:

DANGEROUS GOODS: 危险物品:	There is no evidence that any damaged or leaking packages containing dangerous goods have been loaded on the aircraft 已装在本架飞机上的危险物品的包装件无任何破损和泄漏迹象

Station of Unloading 卸机站	Air Waybill No 货运单号	Proper Shipping Name 运输专用名称	Class or Division For Class1 comp Grp 类或项（一类爆炸品的配装组）	UnorID NO. UN 或 ID 编号	Sub.risk 次要危险性	No of pkgs 包装件数	Net Qty.OrTranp.index per pkg 单件净重和运输指数	Radioactive Material Categ. 放射性物质等级	Packing Group 包装等级	Code (see reverse) 代码见背面	CAO 仅限货机	Loaded 装载信息 ULD ID 集装器识别编号	Position 装机位置	Moved to Position 变更后位置

OTHER SPECIAL LOAD: 其他特种货物:

Station of Unloading 卸机站	Air Waybill No 货运单号码	Contents and Description 货物品及说明	No of Packsges 包装件数	Quantity 包装件数	Supplement information 附加说明	Code (see Reverse) 代码见背面	Loaded 装载信息 ULD ID 集装器识别编号	Position 装机位置	Moved to Position 变更后位置
					Temperature Requirements: 温度要求 □Heating Requred for ℃ 加温要求（Specify 指定温度） □Cooling Requirement for 15 ℃ 降温要求（Specify 指定要求）				

Load Master's Signature: 监装负责人签字:	Position Changed by: 装载位置变更人签字:	Capitain's Signature: 机长签字:	Captain's Signature: 接班机长签字:

Original: For Original Station Copy1: For Load Master Copy2: For Capitain Copy3: For Destination Copy4: Extra Copy

正本：始发站留存副本 1：监装人留存副本 2：机长留存副本 3：目的地留存副本 4：额外副本（随机）

图 8－5 特种货物机长通知单

（2）运输专用名称以及危险品的 UN/ID 编号。当根据特殊规定 A144 运输含有化学氧气发生器的呼吸保护装置时，运输专用名称“Oxygen generator，chemical（化学氧气发生器）”必须随附“Air Crew Protective Breathing Equipment（smoke hood）in Accordance with Special Provision A144［机组成员呼吸保护装置（防烟罩），符合特殊规定（A144）］”的声明。

（3）以数字表示的类别或项别，以及与所使用的危险性标签对应的次要危险性，若为第 1 类物质应注明配装组。

（4）托运人危险品申报单上所示的包装等级。

（5）对非放射性物品——包装件的数目，每个包装件的净数量或毛重（如适用）。但此条不适用于托运人危险申报单上不需填写净数量或毛重的危险品。对于内装多个带有相同运输专用名称和 UN/ID 编号的危险品包装件的货物，只需提供每一装载位置上的总重量以及最大和最小包装件的重量。对于日用消费品，所提供个的信息既可以是每一包装件的毛重，也可以是危险品运输文件所列包装件的平均毛重。OVERPACK 件数并指明每个 OVERPACK 含有哪些危险品。

（6）对放射性物品——包装件、OVERPACK 或放射性专用货箱的数目、放射性级别、运输指数及其确切装载位置。

（7）包装件是否必须仅限货机运输。

（8）包装件卸机机场。

（9）该危险品在某一国家豁免的条件下运输的说明。

部分货物可以不需要显示在机长通知单上，如表 8－2 所示。

表 8－2　　不需要机长通知单的危险品列表

UN 代码	物品	参照
n/a	Dangerous goods in excepted quantities	
UN 2807	Magnetized material 磁化材料 Note： Magnetized Material transported under an approval may be required to appear on the NOTOC.	Packing Instruction 953
UN 2908	Radioactive material，excepted package-empty packaging 放射性物质，例外包装件—空包装	
UN 2909	Radioactive material，excepted package-articles manufactured from depleted uranium or natural thoriumor natural uranium 放射性物质，例外包装件—用贫铀、天然钍或天然铀制成的物品	
UN 2910	Radioactive material，excepted package-limited quantity of material 放射性物质，例外包装件—限制数量的物质	
UN 2911	Radioactive material，excepted package-instruments or articles 放射性物质，例外包装件—物品或仪器	

续表

UN 代码	物品	参照
UN 3090	Lithium metal batteries (including lithium alloy batteries) when meeting the requirements of Section Ⅱ of Packing Instruction 968 锂金属电池（包括锂合金电池）	Packing Instruction 968 Section Ⅱ
UN 3091	Lithium metal batteries contained in equipment (including lithium alloy batteries) when meeting the requirements of Section Ⅱ of Packing Instruction 970 装在设备中的锂金属电池（包括锂合金电池）	Packing Instruction 970 Section Ⅱ
UN 3091	Lithium metal batteries packed with equipment (including lithium alloy batteries) when meeting the requirements of Section Ⅱ of Packing Instruction 969 与设备包装在一起的锂金属电池（包括锂合金电池）	Packing Instruction 969 Section Ⅱ
UN3164	Articles, pressurized, hydraulic containing non-flammable gas when meeting Packing Instruction the requirements of Packing Instruction 208 (a) 液压物品，含有非易燃气体	Packing Instruction 208 (a)
UN3164	Articles, pressurized, pneumatic containing non-flammable gas when meeting Packing Instruction the requirements of Packing Instruction 208 (a) 气压物品，含有非易燃气体	Packing Instruction 208 (a)
UN 3245	Genetically modified micro-organisms or Genetically modified organisms 转基因微生物或转基因生物	Packing Instruction 959
UN 3373	Biological substance, Category B 生物物质，B 类	Packing Instruction 650
UN 3480	Lithium ion batteries (including lithium polymer batteries) when meeting the requirements of Section Ⅱ of Packing Instruction 965 锂离子电池（包括锂离子聚合物电池）	Packing Instruction 965 Section Ⅱ
UN 3481	Lithium ion batteries contained in equipment (including lithium polymer batteries) when meeting the requirements of Section Ⅱ of Packing Instruction 967 装在设备中的锂离子电池（包括锂离子聚合物电池）	Packing Instruction 967 Section Ⅱ
UN 3481	Lithium ion batteries packed with equipment (including lithium polymer batteries) when meeting the requirements of Section Ⅱ of Packing Instruction 966 与设备包装在一起的锂离子电池（包括锂离子聚合物电池）	Packing Instruction 966 Section Ⅱ

2. 特种货物机长通知单的其他要求。

使用机长通知单需注意以下几点：

（1）经营人若打算用向机长提供电话号码的方式，代替提供机上的危险品详情，则必须在机长通知单上提供此电话号码，并保证此电话号码在飞行中能够获得。

（2）机长通知单必须用专用表格填写，不得使用货运单、托运人危险品申报单及发票等其他表格代替；在收到通知单时，机长必须在上签收或以其他方式表明已经收到了机长通知单。

（3）机长通知单必须包含已由装机负责人签字确认的装机货物无任何破损与渗漏迹象的其他说明。

（4）机长通知单必须方便机长在飞行中随时使用。

（5）地面部门必须保留一份清晰的机长通知单，上面必须注明或随附说明机长已经签收此通知单。通知单中所包含的信息将提供给下一预定到站和最后始发站，直到通知单所涉及的班机飞行结束。

（6）除了经营人国家所使用的语言外，机长通知单中还应使用英文。

（7）考虑到紧急情况下机长通知单的大量内容适合通过飞行中的无线电话进行传输，经营人还应另提供一份通知单的概要，其中至少要包括每个货舱中危险品的数量以及类别和项别。

（8）对于 UN1845（固体二氧化碳），只需要提供 UN 编号、运输专用名称、类别、飞机每个货舱装载的总数量等信息。这些信息也应向包装件的卸机站提供。

（9）对于 UN3480（锂离子电池）及 UN3090（锂金属电池），只需要提供 UN 编号、运输专用名称、类别、每个装载位置的总数量、包装件的卸机机场及包装件是否必须仅限货机装载等信息。UN3480（锂离子电池）及 UN3090（锂金属电池）是在政府豁免下运输的，需要满足 DGR 的要求。

（10）经营人必须保证对于需要“托运人危险品申报单”的货物，能够随时提供正确的信息，用于航空运输涉及危险品的事故和事件的应急。这些信息必须向机长提供并可通过下列资料提供：

①《与危险品有关的航空器事故征候应急响应指南》（ICAO Doc. 9481 - AN/928）；

②其他能够提供相似的涉及机上危险品信息的文件。

如果在飞行中出现紧急情况，则机长应在情况允许下，将货物装载在飞机上的所有危险品的信息尽快通过相关空中交通管制单位通知机场主管部门。如果情况允许，则通知内容应包括危险品的运输专用名称和/或 UN/ID 编号、类别/项别、适用于第 1 类的配装组、任何确定的次要危险性、数量、机上装载位置，以及从机长通知单上获得的电话号码。当不可能包括所有信息时，应该提供与紧急情况最相关的部分或每个货舱内所装危险品的数量以及类别或项别的概述。

二、向经营人雇员提供的信息

经营人必须在运行手册和/或其他手册中提供使机组成员和其他雇员能够履行其关于危险品作业职责的信息。如适用，这些信息还必须提供给地面服务人员。此信息必须包括以下内容：

（1）如发生涉及危险品紧急情况时应采取的措施；

（2）货舱装载位置和编号的详细资料；

（3）每个货舱允许装载干冰的最大量；

（4）如果载运放射性物质，该危险品的装载说明。

三、向旅客提供的信息

每一经营人及机场经营人必须保证通过宣传方式，告诫旅客哪些种类的危险品是禁止带上飞机的。

经营人或其服务代理人必须保证已提供信息，使旅客了解哪些类型的危险品是禁止带上飞机运输的。此类信息至少应由以下方式组成：

（1）在客票上或以其他的方式在旅客登机前或登机过程中获知这些信息；

（2）在机场的售票点、旅客办理乘机手续处、登机区及行李提取处应备有足够数量的醒目通告；

（3）旅客办理乘机手续的任何其他地方。

除经营人外，与航空客运相关的任何组织或企业（如旅行社）都应该向旅客宣传哪些类型的危险品是禁止带上飞机的。至少这些信息应在与旅客接触的场所构成最低限度的通知。

经营人必须对办理登机手续的人员进行充分的培训，来帮助他们能够识别并发现旅客携带的除本书第二章中所允许以外的危险品。

办理登机手续的人员怀疑旅客携带的任何物品中含有危险品时，应与旅客进行确认，以防止旅客在行李中将不允许携带的危险品带上飞机。

四、向托运人提供的信息

经营人必须保证在货物收运地点的明显位置提供有关危险品运输的信息，并提醒托运人及其代理人有可能在其货物中的任何危险品。

第六节　报告

一、一般规定

1. 危险品事故和事故征候。

根据《民用航空器事故征候》，民用航空器事故征候事故征候（Civil Aircraft Incident）指在航空器运行阶段或在机场活动区内发生的与航空器有关的，不构成事故但影响或可能影响安全的事件，分为运输航空严重事故征候、运输航空一般事故征候、通用航空事故征候和航空器地面事故征候。

当发生危险品事故和事故征候时，经营人必须按照主管当局的报告要求向经营人所在国家的主管当局和发生事故和事故征候所在国家的主管当局进行报告。

2. 未申报或误报的危险品。

当经营人在货物中发现任何危险品未被申报或申报有误，必须及时向经营人所在国的有关当局和事故发生国的主管当局报告。当经营人在旅客行李中发现了本书第二章第三节所列的不允许携带的危险品时，也必须及时向事发国的主管当局报告。

3. 发生飞机事故或事故征候时经营人的报告。

当飞机发生事故或严重事故征候时，如涉及作为货物运输的危险品，运输危险品货物的航空器所属的经营人必须立即将机长通知单上的危险品信息提供给处理事故事故或严重事故征候的应急服务机构。经营人还必须尽快把这些信息提供给经营人所在国家的主管当局以及事故或严重事故征候发生国的主管当局。

当飞机发生事故征候时，载运危险品货物的航空器经营人必须应事故所在国的要求，立即将机长通知单上的危险品信息提供给事故征候应急服务机构和发生机上危险品事故征候所在国的主管当局。

4. 危险品差错的报告。

当发现已承运的危险品没有根据存储或装载的要求进行装载、隔离、分开及固定，或发现已承运的危险品没有向机长提供信息，经营人必须向所在国及事故征候所在国家主管当局报告。

二、危险品事故、事故征候及差错的报告

发生危险品事故、事故征候和差错时，经营人应向经营人所在国的主管当局和事故、差错发生国的主管当局报告。表 8－3 为标准表格样本，供世界上多个国家和地区使用，且在主管当局没有对报告格式做出特别要求时也可使用。此外，建议使用此表格向其他经营人报告事故。

表 8－3　　危险品事故、事故征候及差错报告

See the Notes on the next page of this form. Those boxes where the heading is in italics need only be completed if applicable.

Mark type of occurrence: Accident☐ Incident☐ Other Occurrence☐

1. Operator:	2. Date of occurrence:	3. *Local time of occurrence*:
4. *Flight date*:	5. *Flight no.* :	
6. *Departure airport*:	7. *Destination airport*:	
8. *Aircraft type*:	9. *Aircraft registration*:	
10. Location of occurrence:	11. Origin of the goods:	
12. Description of the occurrence, including details of injury, damage, etc. (if necessary continue on the next page)		
13. Proper shipping name (including the technical name):	14. UN/ID no. (when known)	

续表

15. Class/division (when known):	16. *Subsidiary risk (s)*:	17. *Packing group*	18. *Category, (class 7 only)*
19. *Type of packaging*:	20. *Packaging specification marking*:	21. *No. of packages*:	22. *Quantity (or transport index, if applicable)*
23. *Regerence no. of Air Waybill*:			
24. *Reference no. of courier pouch, baggage tag, or passenger ticket*:			
25. Name and address of shipper, agent, passenger, etc.:			
26. Other relevant information (including suspected cause, any action taken):			
27. Name and title of person making report:		28. Telephone no.:	
29. Company/dept. Code, E-mail or InfoMail code:		30. *Reporter ref*,:	
31. Address:		32. Date/Signature:	
Description of the occurrence:			

注：

1. 所有类型的危险品事故、事故征候及差错都必须报告，不论危险品是否包含在货物、邮件或行李当中。

2. 危险品事故是发生与造成人的致命或严重伤害或重大财产损失的危险品运输有关。为此，严重伤害是指在事故中对人身持续的伤害，它：

（1）从接收伤员开始，需要住院 48 小时以上；

（2）造成人和骨头的断裂（手指骨、脚趾骨或鼻梁骨的小断裂除外）；

（3）包括引起严重出血，神经、肌或腱伤害的伤口；

（4）包括任何内部器官的伤害；

（5）包括二度或三度烧伤；或任何影响人体表面 5% 以上的烧伤；或

（6）包括证实有对感染性物质或会造成伤害的辐射的暴露。危险品事故也可以是一次飞机事故；此时必须遵循危险品事故的正常程序。

3. 危险品事故征候不同于危险品事故，它与危险品的运输有关，不一定发生在飞机上，造成人员伤害、财产损失，火灾，破损，流体的溢出、泄漏或辐射，或包装的完整性已不能保持的证据。任何发生会严重危及飞机或其乘员有关的事情也被认为构成危险品事故征候。

4. 此表格也用于报告当在货物中发现非申报或误申报的危险品时或当行李中包含不允许被旅客带上飞机的危险品时的任何偶发事故征候。

5. 初始报告应在事发 72 小时内发送，除非例外的情况阻止这样做。初始报告可以采用任何手段，但书面报告应尽早发送，即使没有得到全部信息也应尽早发送。

6. 整个报告通常应送到主管的当局。

7. 此报告应包含所有有关文件的复印件。

8. 假如这样做时安全的话，则与出事有关的所有危险品、包装、文件都必须保存到做出初始报告之后。

9. 要求和程序在国与国不同，建议与当地的主管当局联系，以便澄清在发生危险品事故或事故征候时要遵循的确切程序。

第七节　危险品事故的应急处置

当操作危险品时，必须有有效的事故应急程序。ICAO 附件 14 中要求机场应建立涉及危险物品紧急情况的处置程序。此外，DGR 中也要求经营人在其业务手册中向机组人员及其他雇员提供有关危险品事故处理信息。因此对于所有人员都应当进行危险品应急响应培训。

一、应急响应程序

1. 地面应急响应程序。

危险品事故的一般响应程序为：

（1）立即通知主管人员，并获得帮助。

（2）识别危险品（如果这样做是安全的）。

（3）若能保证安全，通过将其他包装件或财产移开来隔离该危险品。

（4）避免接触危险品。

（5）若身体或衣服接触到危险品：

- 用大量的水冲洗身体；
- 脱掉被污染的衣服；
- 不要吃东西或抽烟；
- 手不要与眼睛、嘴和鼻子相接触；
- 寻求医疗帮助。

（6）应对事故中所涉及的有关人员做好记录。

2. 机组人员应急响应程序。

机组人员应按照以下应急检查单进行相应的应急程序：

（1）遵循相应的机上灭火或清除烟雾的应急处理措施。

- 遵循机上应急灭火程序；
- 开启“禁烟”指示灯；
- 考虑尽快着陆；
- 考虑关闭所有非必要部件的电源；
- 确定烟雾、火焰和浓烟的根源；
- 对于客舱中危险品事故，见客舱事故检查单及机组人员行动指南；
- 确定危险品应急响应措施代码（从机长通知单或“红皮书”中得到）；
- 使用机上危险事故应急处理措施列表指南帮助处理事故；
- 如果可能，通知航管中心机上所载有的危险品。

（2）飞机着陆后。

- 开启货舱舱门之前，先将旅客和机组人员撤离飞机；
- 通知地面应急中心有关危险品的性质及装载的位置；

- 在维修记录上做相应的记录。

3. 乘务人员应急程序。

乘务人员应急程序须遵循相应的机上灭火或清除烟雾的应急处理措施。

（1）第一反应，通知机长：

- 识别货物（这样做是否安全）；
- 将该包装放置安全处（若未损坏），并监视其状况。

（2）如果起火，使用标准灭火程序/检查水的使用。

（3）如果溢出或泄漏，则需要：

- 取应急处理箱或收集其他有用的物品；
- 戴上橡胶手套或防护面罩；
- 将旅客从事故区撤离，并向旅客发放湿毛巾或湿布；
- 将危险品放入聚乙烯袋中；
- 隔离放置聚乙烯袋子；
- 把受到影响的设备当作危险品处理；
- 把地板/地毯上的溢出物盖住；
- 经常检查被隔离放置的物品及被污染的设备。

4. 飞机着陆后。

通知地面人员机上危险品的放置位置，并在维修记录上做相应的记录。

二、危险品事故的处理

在危险品的运输中，如果危险品的托运人申报单的填写、包装、标记和标签、装载和存储等各个环节都完全符合要求，在正常运输条件下是完全可以保证运输安全的。危险品发生事故往往是由于托运人违反规定或者经营人违章操作而造成的。

危险品事故是指在航空危险品运输过程中，由于危险品包装破损，内装物品散失、洒漏、火灾等造成人员伤亡或财产损失。任何与危险品运输有关、严重威胁飞机或机上人员安全的事件，都被认为构成了危险品事故。

事故出现后，承运方的有关人员应该采取有效措施尽量把危害、损失控制在最低限度内。

1. 一般处理程序。

收运时，经营人必须认真做好检查工作。对于已发现有破损的包装件，经营人必须坚决拒收，退回托运人，使其改换包装。如果包装件的破损发生在起运之后，经营人必须采取相应措施，在确保安全的前提下，使运输继续进行。如果危及安全，则必须将破漏的包装另行处理。对发生火灾并可能危及危险品包装件的情况，应立即报火警，同时说明危险品的种类、数量、性质及现场备有的消除器材，并且将危险品包装件抢运到安全距离之外。

（1）第1类爆炸物品。

①破损包装件的处理。若收运后发现爆炸物品包装件破损，则破损包装件不得装入飞机或集装器。已经装入的，必须马上卸下，认真检查同一批货物的其他包装件是否有相似

的破损或是否已受到了污染。将破损的包装件及时转移至安全地点，立即通知有关部门进行事故调查和处理，并通知托运人或收货人。在破损包装件附近严禁烟火。

②洒漏[①]的处理。对爆炸物品的洒漏物，应及时用水润湿，撒以锯末或棉絮等松软物品，轻轻收集后并保持相当湿度，报请消防人员或公安部门处理。

③注意事项。对于 1.4 项的爆炸物品包装件，除了含卤素灭火剂的灭火器之外，可以使用其他任何灭火器。对于在专载情况下运输的 1.1 项、1.2 项、1.3 项或 1.5 项爆炸物品，应由政府主管当局预先指定可使用的灭火器种类；属于 1.4S 配装组的爆炸物品，发生事故时，只要包装未被损坏就可以把任何危险都限制在包装件内，不会妨碍在附近采取消防或其他应急措施；对于 1.4S 配装组以外的 1.4 项爆炸物品，外部明火难以引起其包装件内装物品的瞬时爆炸。

（2）第 2 类气体。

①破损包装件的处理。收运后发现包装破损，或有气味，或有气体逸漏迹象，则破损包装件不得装入飞机或集装器。已经装入的必须卸下，认真检查同一批货物的其他包装件是否有相似的损坏情况或是否已受到污染。在包装件有气体逸漏迹象时，应避免人员吸入漏出气体。如果易燃或非易燃无毒气体逸漏发生在室内，则必须打开所有门窗，使空气充分流通。然后由专业人员将其移至室外，如果逸漏的气体是毒性气体，则应由戴防毒面具的专业人员处理。在易燃气体破损包装件附近，不准吸烟，严禁任何明火，不得开启任何电器开关，任何机动车辆不得靠近。同时应立即通知主管人员进行事故调查和处理，并通知托运人或收货人。

②注意事项。装有液化气体的非压力包装件，如在开口处有少量的气体逸出，放出可见蒸气并在包装附近形成较低温度，属正常现象，不应看作事故。

（3）第 3 类易燃液体。

①破损包装件的处理。收运后发现包装件漏损，则此包装件不得装入飞机和集装器。已经装入的必须卸下，认真检查同一批货物的其他包装件是否有相似的损坏情况和是否已受到污染。在漏损包装件附近，不准吸烟，严禁任何明火，不得开启任何电器开关。将漏损包装件移至室外，通知主管人员进行事故调查和处理，并通知托运人或收货人。

②洒漏处理。在库房内或机舱内易燃液体漏出，应通知消防部门，并应清除洒漏出的易燃液体。机舱在被清理干净之前，飞机不准起飞。

易燃液体发生洒漏时，应及时以沙土覆盖，或用松软材料吸附后，集中运至空旷安全地带处理。覆盖时特别要注意防止液体流入下水道、河道等地方，以防污染，更主要的是如果液体浮在下水道或河道的水面上，其火灾隐情更严重。在销毁收集物时，应充分注意燃烧时所产生的有毒气体对人体的危害，必要时应戴防毒面具。

③注意事项。易燃液体大多为有机物，发生火灾时通常不能用水灭火。应按照消防部门根据易燃液体性质而指示的方法灭火。

（4）第 4 类易燃固体、易于自燃物质及遇水释放易燃气体的物质。

①破损包装件的处理。易于自燃物质的包装件应远离任何热源。对于遇湿易燃物品的

---

① 这里所指的洒漏处理是就运输的某一个环节而言，危险品的运送作业已经完成，而对在运送作业环境，如货舱、车厢或仓库留有的危险品残余物的处理。

损包装件，避免与水接触，应用防水帆布盖好。其他的处理方法同易燃液体。

②洒漏处理。易燃物品洒漏量大的可以收集起来，另行包装，收集的残留物不得任意排放、抛弃，应做深埋处理。对与水反应的洒漏物处理时不能用水，但清扫后的现场可以用大量的水冲洗。

③注意事项。此类物品发生火灾，所使用的灭火剂不得与内装物品的性质相抵触。对于4.3项遇湿易燃物品的包装件，不得用水灭火，应按照消防部门根据危险品性质而指示的方法灭火。

（5）第5类氧化性物质和有机过氧化物。

①破损包装件的处理。其他危险品（即使是包装完好的）和所有易燃的材料（如纸、硬纸板、碎布等）均不准靠近氧化性物质和有机过氧化物的漏损包装件，应使任何热源远离有机过氧化物的包装件，其他的处理方法同易燃液体的处理方法。

②洒漏处理。较大量的氧化性物质洒漏，应轻轻扫起，另行灌装。这些从地上扫起重新包装的氧化性物质，因接触过空气，为防止发生变化，须留在发货处适当地方，观察24小时以后，才能重新入库堆存，再另行处理。对洒漏的少量氧化性物质或残留物应清扫干净，进行深埋处理。

③注意事项。有机过氧化物的包装件在靠近较强热源时，即使包装完好无损，里面的有机过氧化物也会变得不稳定，随时都有爆炸的危险。当发生火灾时，应将这种包装件移至安全地带，由消防部门对其进行处理。

（6）第6类毒性物质和感染性物质。

①破损包装件的处理。收运后发现毒性物质包装件漏损，或有气味，或有轻微的渗漏时，此包装不得装入飞机和集装器，已经装入的必须卸下，认真检查同一批货物的其他包装件是否有相似的损坏情况和是否受到了污染。现场人员应避免皮肤接触此漏损的包装件，避免吸到有毒蒸气。搬运漏损包装件的人员，必须戴上专用的橡胶手套，使用后扔掉，并且在搬运后5分钟内必须用流动的水把手洗净。将漏损包装单独存入小库房内，通知主管人员进行事故调查和处理，并通知托运人或收货人。

收运后发现感染性物质包装件漏损，或有轻微的渗漏，此包装件不得装入飞机或集装器，已经装入的必须卸下，认真检查同一批货物的其他包装件是否有相似的损坏情况和是否已受到了污染。对漏损包装件最好不移动或尽可能少移动。在不得不移动的情况下，如从飞机上卸完机，为减少传染的机会，应只由一人搬运。搬运时，应严禁皮肤直接接触，必须戴上专用的橡胶手套，手套使用后用火烧毁。禁止其他任何人员进入距漏损包装件5米的范围区域内。并且应及时将有关情况报告给环境保护部门和卫生检疫部门，包括危险品申报单上所述的有关包装件的情况，与漏损包装件接触过的全部人员名单，漏损包装件在运输过程中已经过的地点，即该包装件可能影响的范围。严格按照环保部门和检疫部门的要求，消除漏损包装对机舱、其他货物、行李以及运输设备的污染，及时通知主管人员进行事故调查和处理，并通知托运人或收货人。此类物品的漏损包装件未经检疫部门的同意不得运输。

②洒漏处理。如果毒性物质的液体或粉末在库房内或机舱内漏出，应通知卫生检疫部门，并由他们对污染的库房、机舱及其他货物或行李进行处理。在消防污染之前，飞机不准起飞。一般来说，对固体毒性物质，通常扫集后装入其他容器中，液体货物应以沙土、

锯末等松软材料浸润，吸附后扫集盛入容器中。对毒性物质的洒漏物不能任意乱丢或排放，以免扩大污染，甚至造成不可估量的危害。

对于感染性物质洒漏物，应严格按照环保部门和检疫部门的要求，消除对机舱、其他货物和行李以及运输设备的污染，对接触过感染性物质包装件的人员进行身体检查，对这些人员的衣服及该包装件进行处理。

③注意事项。6.1 项毒性物质发生漏损事件时，如有意外沾染上毒性物质的人员，无论是否出现中毒症状，均应立即送往医疗部门进行检查和治疗。

（7）第 7 类放射性物质。

①包装件运输指数发生变化的处理。放射性物质收运后，包装件无破损、无渗漏现象，且封闭完好，但经仪器测定，发现运输指数有变化，如果包装件的运输指数大于申报的 1.2 倍，则应将其退回。

②包装破损的处理。收运后发现包装件破损，或有渗漏现象，或封闭不严时，该包装件不得装入飞机或集装器。已经装入飞机或集装器的破损包装件必须卸下。在卸下飞机之前，必须划出它在机舱内的位置，以便检查和消除对机舱的污染。检查同一批货物的其他包装件是否有相似的损坏情况。

搬运人员必须穿戴防护用具作业，以避免辐射。除了检查和搬运人员外，任何人均不得靠近破损包装件。查阅危险品申报单，按照“Additional Handling Information（附加操作信息）”栏中的文字说明，采取相应的措施尽量防止事故蔓延扩大。破损包装件应放入机场专门设计的放射性物质库内。如果没有专用库房，就应放在室外，并应划出安全区，设置警戒线，悬挂警告牌。通过环境保护部门和（或）辐射防护部门，并由他们对货物、飞机及环境的污染程度进行测量和做出判断。必须按照环保部门和（或）辐射防护部门提出的要求，消除对机舱、其他货物和行李以及运输设备的污染。机舱在消除污染之前，飞机不准起飞。

当包装件破损，但内装物未泄漏时，操作人员应对包装件进行修复；当内装物泄漏造成污染或环境辐射水平增高时，就立即划定区域并做出标记，尽快进行处理；当人员受到污染后，应在辐射防护或医疗人员指导下进行去污。通知货运部门的主管人员对事故进行调查，并通知托运人或收货人。未经主管部门同意，该包装件不得运输。

③洒漏处理。在运输中，放射性物质包装件破损，内容物洒漏，会对周围环境造成不同程度的辐射污染。针对不同的洒漏情况应采取相应的处理方法。

当剂量率较小的放射性物质的外层辅助包装损坏时，应及时修复。不能修复的，应换相同的外包装。调换后的外包装的运输指数不得大于原来的运输指数，否则应按新包装修改相应的运输文件和运输标志。

当放射性矿石、矿砂洒漏时，应将洒漏物收集，并调换破损包装。如果 A 型、B 型包装件内容器受到破坏，放射性物质扩散到外面或外层包装受到严重破坏时，运输人员不能擅自处理，应立即向公安部门和卫生监督机构报告事故，并在事故地点划出适当的安全区，设置警戒区，悬挂警告牌。在划定安全区的同时，要用适当的材料进行屏蔽。对于粉末状物品，应该很快地将它覆盖，以防粉尘飞扬扩大污染区域。

④放射性污染的清除。在运输保管过程中，及时清除放射性污染，是内外照射防护的共同要求。实践证明，清除得越及时，除污效果就越好，污染面扩散的机会也越小。清除

放射性污染，并不能消除放射性，而是将污染的放射性物质转移到安全场所，以便于辐射防护。在除污过程中，首先要防止污染面扩大。除污中所产生的废液、废物也有放射性，要按照放射性废物处理办法妥善处理，不能随意排放、倾倒。遇有燃烧、爆炸或可能危及放射性物质货物包装件的事件时，应迅速将该包装件移至安全位置，并设专人看管。

由于放射性制剂的物理、化学性质不同，被污染物体的表面性质不同，所以放射性物质与被污染物体表面的结合方式不同，随之应采用的除污剂和除污染方法也不同。大致有以下一些方法：

- 金属的车辆、货舱和作业工具，一般用肥皂水或洗涤剂浸泡刷洗，再用清水冲洗，也可用9% ~18%的盐酸或3% ~6%的硫酸溶液浸泡刷洗后，再用清水冲净。
- 橡胶制品，用肥皂水或稀硝酸溶液浸泡后，再用清水冲洗干净。
- 布质用品，一般可用肥皂水洗涤后，再用清水洗净。如污染严重，可用0.02mol/L盐酸、1%草酸和1%偏磷酸钠的混合溶液浸泡，然后再清洗。如污染严重，且放射性核素半衰期又较长的，宜作废物处理。
- 正常皮肤及黏膜除污染时，首先应在辐射仪检查下确定污染范围及程度，先保护好未被污染的皮肤，然后再用温肥皂水轻拭污染区，继而用温清水洗涤，这样可以去除绝大部分的污染。如还未达到要求，可用10%的二乙胺四醋酸（EDTA）溶液或6.5%高锰酸钾（P. P.）溶液清洗，再用清水冲洗。最后用辐射仪监测，直到达到要求。
- 病态或破损皮肤及黏膜被污染后，要立即送往医院。

（8）第8类腐蚀性物质。

①破损包装件的处理。收运后若发现腐蚀性物质包装件漏损，则不准装入飞机或集装器，已经装入的，必须卸下，认真检查同一批货物的其他包装件是否有相似的损坏情况和是否已受到了污染。现场人员应避免皮肤与该漏损的包装件和漏出的接触，避免吸入其蒸气。搬运人员必须戴上专用的橡胶手套。

腐蚀性物质性质活泼，因此，其他危险品即使是包装完好的，也不准靠近该漏损包件，以免发生更大的危险。及时通知主管人员进行事故调查和处理，并通知托运人或收货人。

②洒漏处理。腐蚀性物质洒漏时，应用干沙、干土覆盖吸收后，再清扫干净，最后用水冲刷。当大量溢出时，或干沙、干土量不足以吸收时，可视货物的酸碱性，分别用稀碱、稀酸中和，中和时注意不要使反应太剧烈。用水冲刷时，不能直接喷射上去，而只能缓慢地浇洗，以防带腐蚀性水珠飞溅伤人。

若腐蚀性物质洒漏到飞机的结构部分上，必须尽快对这一部分进行彻底清洗。从事清洗的人员应戴上手套，避免皮肤接触腐蚀性物质。一旦发生这种事故应立即通知飞机维修部门，说明腐蚀性物质的运输专用名称，以便及时做好彻底的清洗工作。若清洗不彻底，仍有少量的腐蚀性物质残留在飞机的结构部分上，则有可能影响飞机结构的强度，故为了仔细检查飞机的结构部分，有必要拆除地板或某些部件。

（9）第9类其他危险品。

收运后发现其他危险品的包装件有破损，则不准将该包装件装入飞机或集装器，已经装入的必须卸下，认真检查同一批货物的其他包装件是否有相似的损坏情况和被污染，检查飞机是否有损坏情况。及时通知主管人员进行事故调查和处理，并通知托运人或收货人。

2. 灭火措施。

危险品一旦发生火灾，除了及时报火警外，在专业消防人员到来之前，现场工作人员应采取合适的灭火措施积极进行扑救。

现场人员在采取施救措施时，应站在上风头，并且应穿戴合适的防护用具。

选择灭火剂，是灭火工作中必须首先要考虑的问题，也是灭火组织工作的基本内容。不同性质的物质着火燃烧时，应选用不同的灭火剂。对于普通货物来说，选用任何一种灭火剂都可以达到一定的灭火目的，起码不会带来大的危害。对危险货物来说则不然，灭火剂的选用有严格的要求，选用不当不仅达不到灭火的目的，还会造成更大的火灾爆炸危害，给消防工作带来困难。

（1）爆炸物品。

爆炸物品着火时，现场人员应戴防毒面具，禁用沙土灭火，采用水或其他灭火措施可达到良好的效果。

（2）压缩气体与液化气体。

压缩气体与液化气体着火时，现场施救人员应避免站在气瓶的首尾部，并应佩戴防毒面具。在情况允许时，应将火势未及区域的气体钢瓶迅速移至安全地带。灭火时首先应采用大量冷水冷却气瓶，然后设法关闭泄漏的阀门，即先堵源后灭火。在水灭火效果不好时，还可采用二氧化碳、泡沫或干粉灭火剂等配合灭火。

（3）易燃液体。

多数易燃液体相对密度小于水，且不溶于水，故一般不宜采用水灭火，而应采用沙土、干粉、1211 灭火器、泡沫或二氧化碳灭火。只有在确认该易燃液体相对密度大于水或可与水互溶时，才可采用水灭火。现场人员应戴防毒面具。

（4）易燃固体、易于自燃物质和遇水释放易燃气体的物质。

易燃固体中的铝铁熔剂及活泼金属，燃烧时可产生上千度的高温，遇水反应，会产生可燃气体（如金属钠遇水产生氢气），有燃烧、爆炸的危险，故禁止用水灭火，也不宜用卤素灭火剂。除活泼金属外的易燃固体原则上可以采用水、沙土及二氧化碳等灭火。

易于自燃物质中除烷基铝、烷基硼等少数不可用水扑救火灾外，其他易于自燃物质用水和沙土扑救火灾都能取得良好的效果。

遇水释放易燃气体的物质。应严格禁止使用水、泡沫及潮湿的沙土灭火，采用干燥的沙土灭火则可达到很好的效果，也可使用石棉毯进行覆盖，或用干粉灭火剂扑救。现场人员应戴防毒面具。

（5）氧化性物质和有机过氧化物。

这类物质中的过氧化钠、过氧化钾等无机过氧化物及过苯甲酸、过氧酸等有机过氧化物遇水会分解加强燃烧，故不可用水及泡沫灭火剂灭火。有机过氧化物着火时，可用干沙、干粉灭火剂、1211 灭火器或二氧化碳灭火剂扑救。其他氧化性物质都可用水灭火，但应防止溶解有氧化性物质的水流到存放其他易燃、易爆物品处，以免因氧化反应而扩大火势。

（6）毒性物质和感染性物质。

现场人员应做好全身的防护。这类物品中的氰化钾、氰化钠等氰化物严禁用酸碱灭火器灭火，以免产生剧毒的氰化氢气体，造成扑救人员中毒。此外还有少数物品，如硒化物、氟化锆及有毒金属粉（锑粉、铍粉）不可用水及酸碱灭火，其他毒性物质及感染性物品皆可用水及沙土灭火。

（7）放射性物质。

放射性危险品着火时，可采用沙土及二氧化碳灭火。不宜用水灭火，以免放射性物质随水流散，加大放射污染。现场人员应使用防辐射用具。

（8）腐蚀性物质。

腐蚀性物质着火时，采用干沙土及二氧化碳灭火可达到良好效果。因一些强酸（如浓硫酸）、氯化物（如三氯化铝）及溴化物（如三溴化碘）等遇水反应剧烈，故只有在确认用水无危险时，才可用水扑救灭火。现场人员除防护面具外还应穿戴防护服和手套等。

（9）杂项危险品。

目前列于第9类的危险品，基本皆可用水灭火。

以上是各类危险品发生火灾时选用灭火剂的大体原则，用以在紧急情况下采取应急措施，避免扩大火情。但由于不同货物的性质相差较大，故在有专职消防人员在场或有资料可查时，仍应按专职人员的指挥或按灭火资料所规定的方法灭火。

3. 常见的灭火剂。

（1）水。

水是使用最广泛的良好灭火剂之一。但应当注意，水不可用于扑救具有下列性质物品的火灾：

①遇水反应产生易燃、助燃或剧毒气体的物质，如钾、钠等活泼金属（反应生成具有易燃性的氢气），过氧化钠等过氧化物（反应生成具有助燃性的氧气）及磷化铝（反应生成具有毒性的磷化氢气）等。

②比水轻而又不能与水混溶的易燃或可燃液体，如汽油、苯等。这些比水轻的液体将浮在水面上，随水蔓延流散，从而扩大燃烧范围。

③质轻易飞扬的可燃性金属粉及燃烧时能产生特高温度的金属物品，如铝粉、铝铁溶剂等。这些金属粉末会因为受到灭火水柱冲击飞扬到空中，有形成粉尘爆炸的危险。而且金属燃烧时可达到或超过1000℃的高温，水在如此高温下将分解为氢和氧，发生剧烈爆炸。

④与水剧烈反应能导致爆沸现象发生的物质，如浓硫酸与水反应剧烈，可能造成猛烈沸腾飞溅，从而对在场人员造成灼伤危害。

⑤未断电的电气设备。因为普通水能导电，在未切断电源时，用水灭火有致人触电的危险。

水虽然是最便宜、最有效的灭火剂之一，但使用不当也会加剧火灾危害。掌握燃烧物品的性质，正确使用灭火剂是灭火的关键。

（2）沙土。

沙土不仅是最便宜、最容易得到灭火剂，而且它的适用性较广，特别是对初始发生的火灾和控制火灾发展效果很好。但必须注意，沙土不能用于有爆炸危险的物品灭火，压缩气体与液化气体因为也有爆炸性，故用沙土灭火也不妥。因为一旦发生爆炸，由爆炸而产生的高速气浪会把沙土喷射出去，增大爆炸危害，带来更加严重的破坏作用；此外，由于压盖于燃烧物上的沙土散热速度缓慢，为爆炸物品的热分解创造了条件。

还必须注意，遇水释放易燃气体的物质或遇湿危险的物品，不可用湿的沙土灭火，只能采用干沙土灭火。

（3）二氧化碳。

二氧化碳是一种用途广泛的良好灭火剂，因为灭火后不留痕迹、无腐蚀性和不导电，故常用来扑救精密仪器、贵重物品及带电设备的火灾。二氧化碳不宜用于扑救下列物质的火灾：

①锂、钠、钾、钙、镁、铝等活泼金属及活泼金属粉。因为这些活泼金属在高温环境下能在二氧化碳中继续燃烧，二氧化碳对这些金属起不到灭火作用。

②活泼金属氢化物，如氢化铝和氢化钡等。此类物质在高温时分解生成的活泼金属能在二氧化碳中继续燃烧，也达不到灭火目的。

（4）干粉灭火剂。

干粉灭火剂又叫化学干粉灭火剂，其组成各有不同，为约占90%以上的灭火基料和约占10%左右的防潮剂、流动促进剂、防止结块剂等各种固态粉末组成的混合物。使用时，干粉借助其中的高压二氧化碳气或氮气的推动而喷射到燃烧区。

干粉是一种普遍使用的良好灭火剂，不同类型的干粉适用于扑救不同类型的火灾，故使用前也应当很好了解其适用情况。

（5）空气泡沫灭火剂。

空气泡沫灭火剂是由一定比例的泡沫液（发泡剂、稳定剂及助溶剂组成的混合液）、水和空气经过机械作用相互充分混合而形成的泡沫，所以又有空气机械泡沫之称。空气泡沫灭火剂有一定的冷却降温作用，但主要是隔绝空气以灭火。其灭火效果与化学泡沫灭火剂相近。

（6）化学泡沫灭火剂。

通过化学作用（硫酸铝溶液和碳酸氢钠溶液）产生泡沫的灭火剂，称为化学泡沫灭火剂。它是普遍采用的灭火器之一，常用于扑救一般物品的火灾。在泡沫灭火剂中虽含有水分，但由于形成了泡沫，因而相对密度很轻，能很好地覆盖在易燃液体的表面，起到隔绝空气的作用，可用于扑救汽油、煤油、苯的易燃液体的火灾。

对遇水释放易燃气体的物质或遇湿危险的物品，如三乙基铝、金属钾等，则不得使用泡沫灭火剂灭火，否则会因与水发生反应引起燃烧或爆炸。又因泡沫灭火液中含有易导电的电解质，所以也不能用泡沫灭火剂扑救带电设备的火灾，以免触电危险。

本章小结

本章主要介绍了危险品操作过程中的有关知识。

航空危险品运输所涉及的环节多、过程长、经手人员复杂多变，瞒报谎报、非法夹带等违法运输行为屡禁不止。因此，在危险品的收运、存储、装载、信息提供、报告等各个环节都应该严格按照要求进行操作，才能保证危险品的安全运输。

习 题

1. 运输危险品时，托运人需要向经营人提供的最基本的文件是什么？

2. 当运输仅限货机的危险品时，应当在货运单的操作注意事项栏内填写什么内容？

3. 不需要填制托运人危险品申报单的危险品有哪些？

4. 当机场出现危险品的严重事故时，除积极采取应急措施外，还必须立即向本单位的上级报告，报告的内容包括哪些？

5. 对于遇水释放易燃气体的物质着火时，不可以使用什么进行扑救？

6. 使用收运检查单的检查货物能否收运：

运输专用名称：丙基三氯硅烷（Propyltrichlorosilane）

UN 编号：UN1816

净数量：3L

包装类型：2 个 UN 纤维板箱（4G）

始发站：Tokyo，TYO，Japan

到达站：Paris，France

航线及经营人：Sydney 至 Paris 由 Air France（AF）承运

机型：货机载运

要求：（1）给出货物的正确包装件标记和标签。

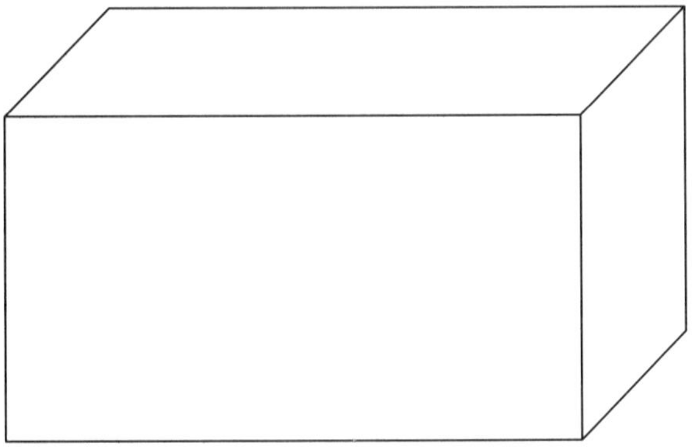

（2）填写货运单的相关部分。

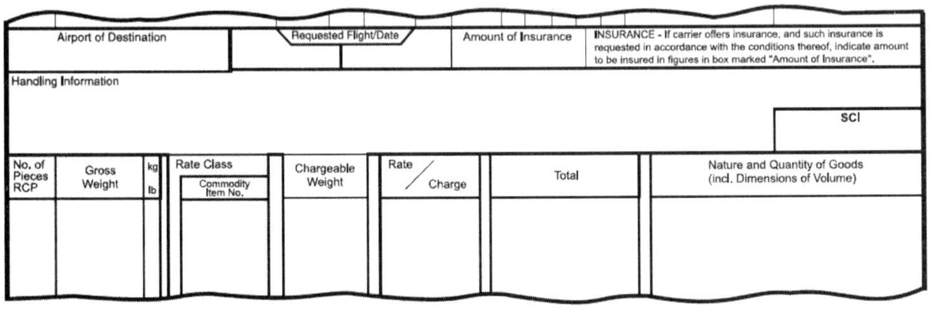

Airport of Destination	Requested Flight/Date		Amount of Insurance	INSURANCE - If carrier offers insurance, and such insurance is requested in accordance with the conditions thereof, indicate amount to be insured in figures in box marked "Amount of Insurance".
Handling Information				SCI

No. of Pieces RCP	Gross Weight	kg / lb	Rate Class / Commodity Item No.	Chargeable Weight	Rate / Charge	Total	Nature and Quantity of Goods (incl. Dimensions of Volume)

（3）完成危险品申报单的填写（样本见附录一）。

（4）完成非放射性物质收运检查单（样本见附录二）。

第九章
锂电池的航空运输

【学习目标】

1. 了解锂电池的基本知识；
2. 掌握航空运输锂电池的限制和要求；
3. 掌握锂电池运输的包装、标记与标签；
4. 熟悉锂电池事故应急及事故处理。

DGR 参考：第二章、第三章、第五章、第七章、第八章

2010 年 9 月 3 日，UPS 航空 6 号班机因货舱起火导致坠毁，事后调查显示是由锂电池起火造成的，该事故让全球航空业界都聚焦到了锂电池的安全运输。尽管全球航空业已经通过各种规则、指南、设备改进等加大了锂电池航空运输的安全措施，但是近年来，在航空运输过程中由于锂电池货物和旅客行李中的锂电池起火、自燃引发的事故仍然时有发生。例如，2015 年 5 月 12 日，某航空公司航班中一名旅客的充电宝出现冒烟现象，客舱机组人员将充电宝转移至后舱洗手间进行处置，在处置时充电宝自爆。

由于锂电池自身性质较特殊，在外界环境影响下事易自发反应，温度升高，继而出现热失控，引起燃烧甚至爆炸。与锂电池相关的不安全事故或事故征候，对航空运输的安全性影响十分严重，不断曝出的锂电池安全事故也使人们越来越关注锂电池的安全性。

第一节　锂电池基础知识

一、锂电池的定义

“锂电池”是一类由锂金属或锂合金为负极材料、使用非水电解质溶液的电池。根据 DGR，锂电池分为锂金属电池和锂离子电池两类。

1. 锂金属电池。

锂金属电池（Lithium metal batteries）一般由锂金属或锂混合物充当阳极的一次性电池（不可充电的），如图 9 - 1 所示。正极一般为二氧化锰、亚硫酰氯等，负极为锂金属或合金；电解液为锂盐的有机溶液。锂金属电池一般用作手表、计算器、相机、温度数据记录仪的能源。

图 9－1　锂金属电池

2. 锂离子电池。

锂离子电池（Lithiumion batteries）是一种可二次使用的电池（可充电的），如图 9－2 所示。正极一般为锂—过渡金属氧化物（如钴酸锂、锰酸锂、三元聚合物、磷酸铁锂等），负极多为石墨，电解液主要是六氟磷酸锂的有机溶液。锂离子电池还包括锂聚合物电池，一般用于消费者电子行业，锂离子电池通常用于移动电话、手提电脑等。

图 9－2　锂离子电池

3. 锂聚合物电池。

锂聚合物电池是锂离子电池的一种，如图 9－3 所示。用聚合物来凝胶化液态有机溶剂，或者直接用全固态电解质。在形状上，锂聚合物电池具有超薄化特征，可以配合各种产品的需要，制作成任何形状与容量的电池。

图 9－3　锂聚合物电池

4. 锂电池芯。

“电池芯”是由一个正极和一个负极组成且两个电极之间有电位差的单一的、封闭的电化学装置，如图 9－4 所示。锂电池和锂电池芯的区别在于：锂电池有保护电路，为成品电池；锂电池芯无保护电路。

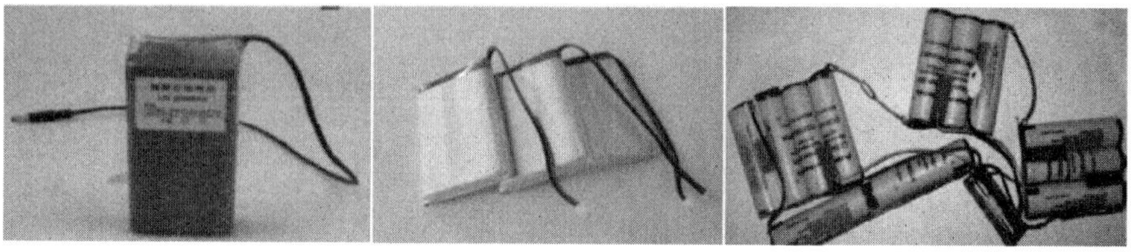

图 9-4　锂电池芯

5. 锂离子电池和电池组。

锂离子电池和电池组是指可再充电的电化学电池或电池组，其正、负电极都夹杂混合物（离子和准原子形态的锂与电极材料网格夹杂在一起），两个电极都没有金属锂。

具有锂离子化学性质的锂聚合物电池和电池组在本章中当作锂离子电池和电池组处理。锂离子电池组如图 9-5 所示。

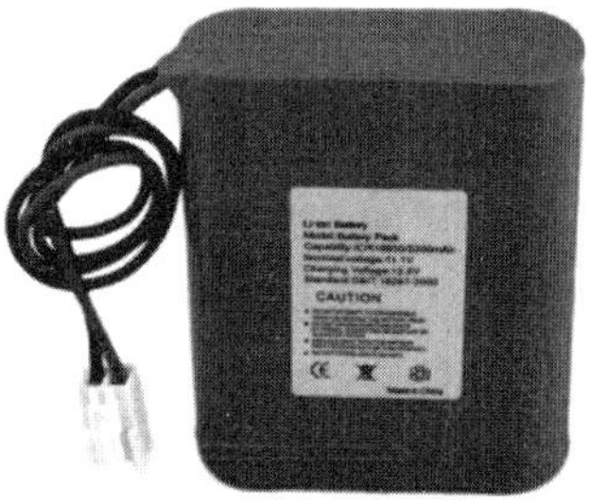

图 9-5　锂离子电池组

二、锂电池的能量

锂含量指锂金属或锂合金电池芯或电池阳极中锂的质量，用来表征锂金属电池中锂的量值，单位为克（g）。额定能量是由生产商公布的在规定条件下确定的电池芯或电池的能量值，用来表示锂离子电池能量的量值，单位为瓦特小时（Wh）。

1. 锂离子电池额定能量的判定方法。

若锂电池上没有直接标注额定能量瓦特小时（Wh），则锂电池额定能量可按照以下方式进行换算：

（1）如果已知电池的标称电压［伏特（V）］和额定容量［单位：安培小时（Ah）］，可以通过计算得到额定瓦特小时的数值：

$$Wh = V \times Ah \quad (9-1)$$

标称电压和额定容量通常标记在电池上。

（2）如果电池上额定容量只标记毫安时（mAh），可将该数值除以 1000 得到安培小时（Ah）。

如图 9-6 所示的锂离子电池组，锂电池标称电压为 3.6V，额定容量为 1000mAh，其额定能量计算：

$$3.6V \times \frac{1000mAh}{1000} = 3.6Wh \quad (9-2)$$

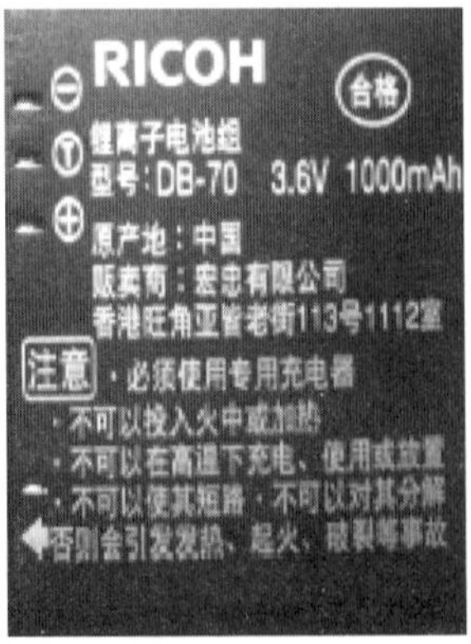

图9-6　锂离子电池组额定能量

2. 锂金属额定能量的判定方法。

锂金属电池额定能量的判定方法使用锂金属含量作为计量标准。对于原电池，锂含量是在电池为放电的状态下测量的；对于可再充电电池，锂含量是在电池完全充电的状态下测量的。电池组的锂含量等于电池组各组成电池的锂含量克数之和。

电池的锂当量含量按以安培小时为单位的电池额定容量乘以0.3计算，乘积用克（g）表示。电池组的锂含量等于电池组各组成电池的锂含量克数之和。如果只标记毫安(mAh)，除以1000再乘以0.3，就能够得到该电池锂含量。

锂金属电池的锂含量(g)＝标称电压(V)×0.3　(9-3)

例如，电池额定容量为5000mAh，则锂的含量就是5000mAh/1000×0.3＝1.5g，锂含量小于2g的，完全符合安全标准。

三、锂电池的特点

锂电池作为一种新型能源电池，有如下特点：

(1) 高重量能量比、体积能量比。锂电池的重量是相同容量的镍镉或镍氢电池的一半，体积是镍镉的40%～50%、镍氢的20%～30%。

(2) 高电压。一个锂电池单体的工作电压约为3.6V，相当于三个串联的镍镉或镍氢充电电池的电压。

(3) 无污染。锂电池不含有诸如镉、铅、汞之类的有害金属物质，对环境无污染。

(4) 自放电小。放置很长时间后其容量损失也很小。

(5) 循环寿命长。在正常工作条件下，锂电池的充放电循环次数可超过500次。聚合物锂电池的循环寿命可达1000次以上。

(6) 无记忆效应。记忆效应是指镍镉电池在充放电循环过程中，电池的容量减少的现象。锂电池不存在这种效应，所以锂电池充电前无需放电。

(7) 快速充电。锂电池通常可以采用0.5～1倍容量的电流充电，使充电时间缩短1～2小时。

四、锂电池的危险性

金属锂是一种特别活泼的金属，属于第4.3项遇水释放易燃气体的危险品。锂电池属于第9类危险品。锂电池的危险性如图9－7所示。

图9－7　锂电池的危险性

航空运输过程中应关注锂电池的以下危险性：

（1）锂电池本身是一个氧化还原体系，可以自发剧烈反应。

（2）内部或外部短路、过度充电、高温、挤压、产品质量缺陷，在使用、搬运、包装、储存等环节操作不当等原因均可能导致锂电池自发反应，温度升高，继而出现热失控引起燃烧、爆炸。

（3）无论因内部原因还是外部加热或物理撞击，锂电池都能够产生足够的热量使相邻的锂电池也发生热失控，或者引燃临近物品。

（4）海伦灭火器可以扑灭锂电池明火，但无法阻止电池之间的热传导引起的热失控。

（5）锂电池燃烧时会发生复杂的化学反应，产生氢气、氧气、甲烷、氟化氢等危险性气体。

（6）锂电池燃烧时还会产生大量有害粉尘，影响飞行机组人员视线，危及机组人员和旅客身体健康。

第二节　锂电池航空运输限制要求

一、一般要求

（1）锂电池必须通过联合国《试验与标准手册》第Ⅲ部分38.3节要求的系列测试（以下简称UN 38.3测试）要求，适当情况下还需要做1.2m的跌落试验。

（2）外包装须粘贴相应的标记和标签。

（3）应保证在正常运输条件下防止爆裂，并配置有防止外部短路的有效措施。

（4）外包装坚固，电池应被保护以防止短路，在同一包装内须预防与可引发短路的导电物质接触。

（5）锂电池安装在设备中运输的额外要求：

①设备应进行固定以防止电池在包装内移动，包装的方式应防止电池在运输途中意外

启动；

②外包装应能够防水，或通过使用内衬（如塑料袋）达到防水，或设备本身的构造特点已经具备防水特性。

（6）锂电池应避免搬运过程受到强烈振动，可使用托盘装载，托盘的各垂直和水平边使用护角保护。

（7）单个包装件重量一般小于35kg。

（8）经营人的操作注意事项有：

①锂电池空运信息出现在机长通知单上；

②增强机组意识和在紧急情况下的决策可能因此改变；

③告知第一到场人员货舱内电池的种类和数量；

④美国 FAA 要求锂电池应装载在飞机货舱等级为 C 级货舱内，货舱内须有烟雾探测系统、报警系统、灭火系统。

二、锂电池航空运输的测试

1. UN38. 3 测试。

所有类型的锂电池芯或锂电池在交付航空运输前，均应通过 UN38. 3 测试的，无论锂电池所含的电池芯是否通过了 UN38. 3 要求的系列测试。

根据 UN38. 3 测试的要求，包括八个试验，如图 9 – 8 所示。它们分别是：

（1）试验 T. 1 高度模拟，该试验模拟空运时低气压环境；

（2）试验 T. 2 温度，该试验用来评估温度快速变化的条件下电池的密封完善性和内部电连接；

（3）试验 T. 3 振动，该试验模拟在运输情况下的振动；

（4）试验 T. 4 冲击，该试验模拟运输过程中可能发生的碰撞和冲击；

（5）试验 T. 5 外短路，该试验模拟处理电池运输时可能发生的外短路情况；

（6）试验 T. 6 撞击/挤压，该试验模拟在运输过程中可能发生的撞击或挤压等可能造成内部短路的情形；

（7）试验 T. 7 过度充电，该试验评估可充电电池承受过度充电状况的能力；

（8）试验 T. 8 强制放电，该试验评估原电池或可再充电池承受强制放电状况的能力。

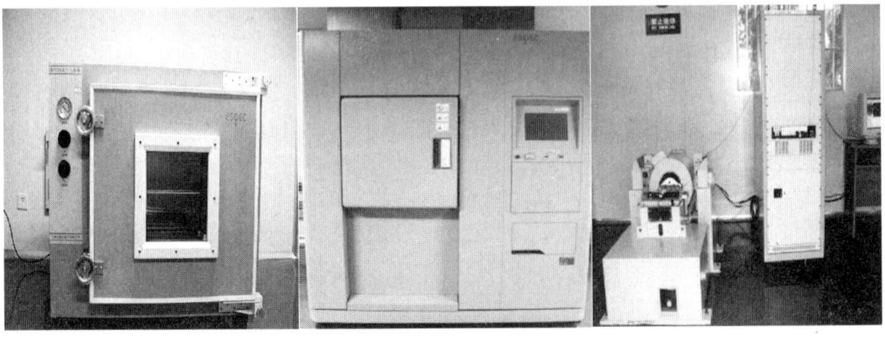

高度模拟温度振动

冲击外短路撞击/挤压

过度放电强制放电

图 9-8　UN38.3 测试

2. 1.2m 跌落试验。

锂电池、锂电池芯单独出货的情况下，要做 1.2m 跌落试验。该试验模拟运输条件下，测试包装件的强度和包装内的固定措施。

1.2m 跌落测试包装好的锂电池在 20℃ ±5℃条件下，从 1.2m（电池最低点）跌落至 18~20mm 厚的硬木板上（木板铺在水泥地面上），从 X、Y、Z 正负六个方向，每个方向跌落 1 次。共跌 6 个面、3 条边、1 个角，判定标准：

①包装无破损；

②电池和电池芯无损坏，无渗漏；

③电池和电池之间没有触碰。

3. 锂电池的分类标准。

锂离子和锂金属电池的分类标准可参考图 9-9 和图 9-10。

三、特殊规定

锂电池运输的特殊规定，允许在指定的情况或限制外运输锂电池，或是要求托运人在准备托运锂电池时要注意附加的事先警告。与锂电池运输有关的特殊规定见表 9-1。

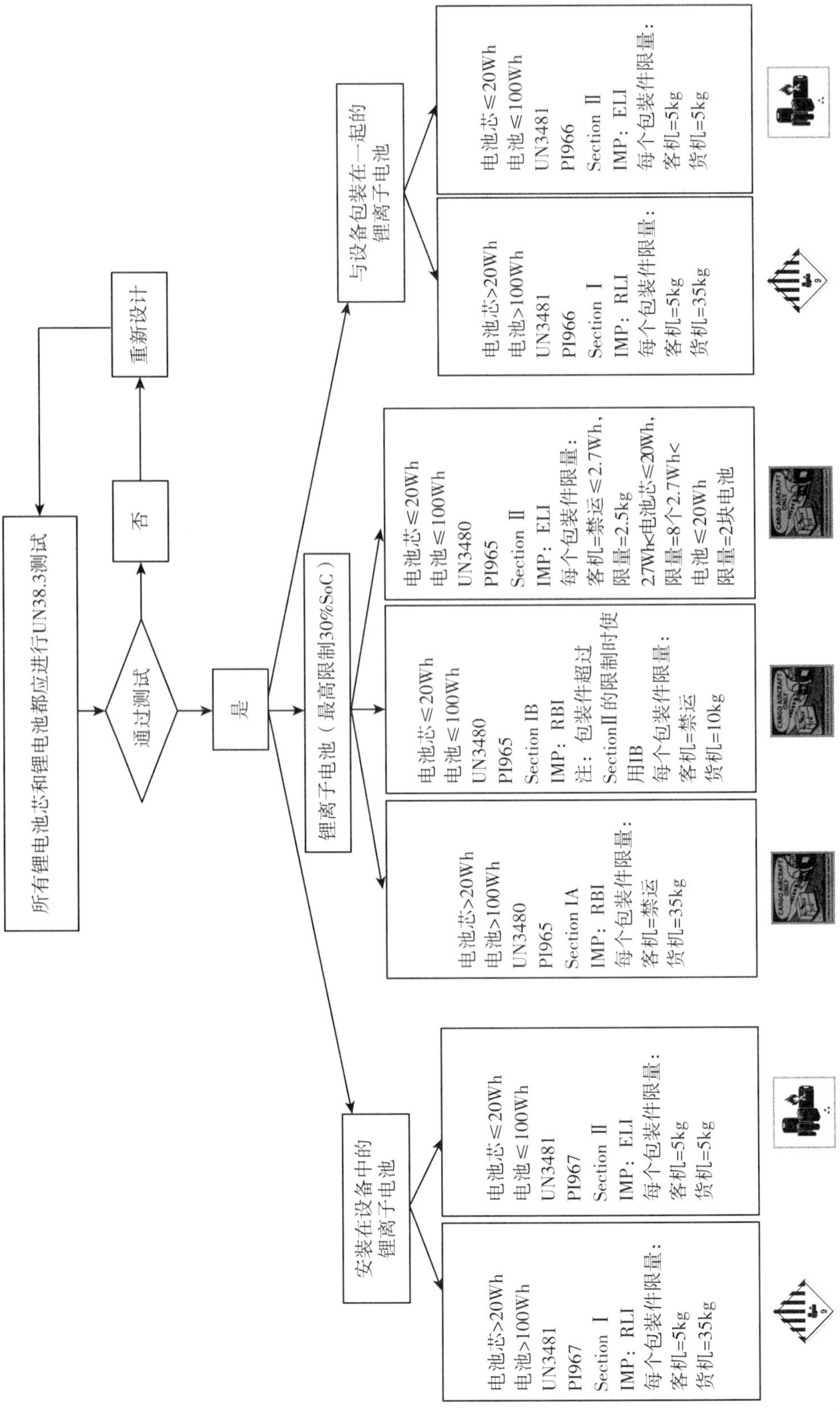

图9－9 锂离子电池划分流程

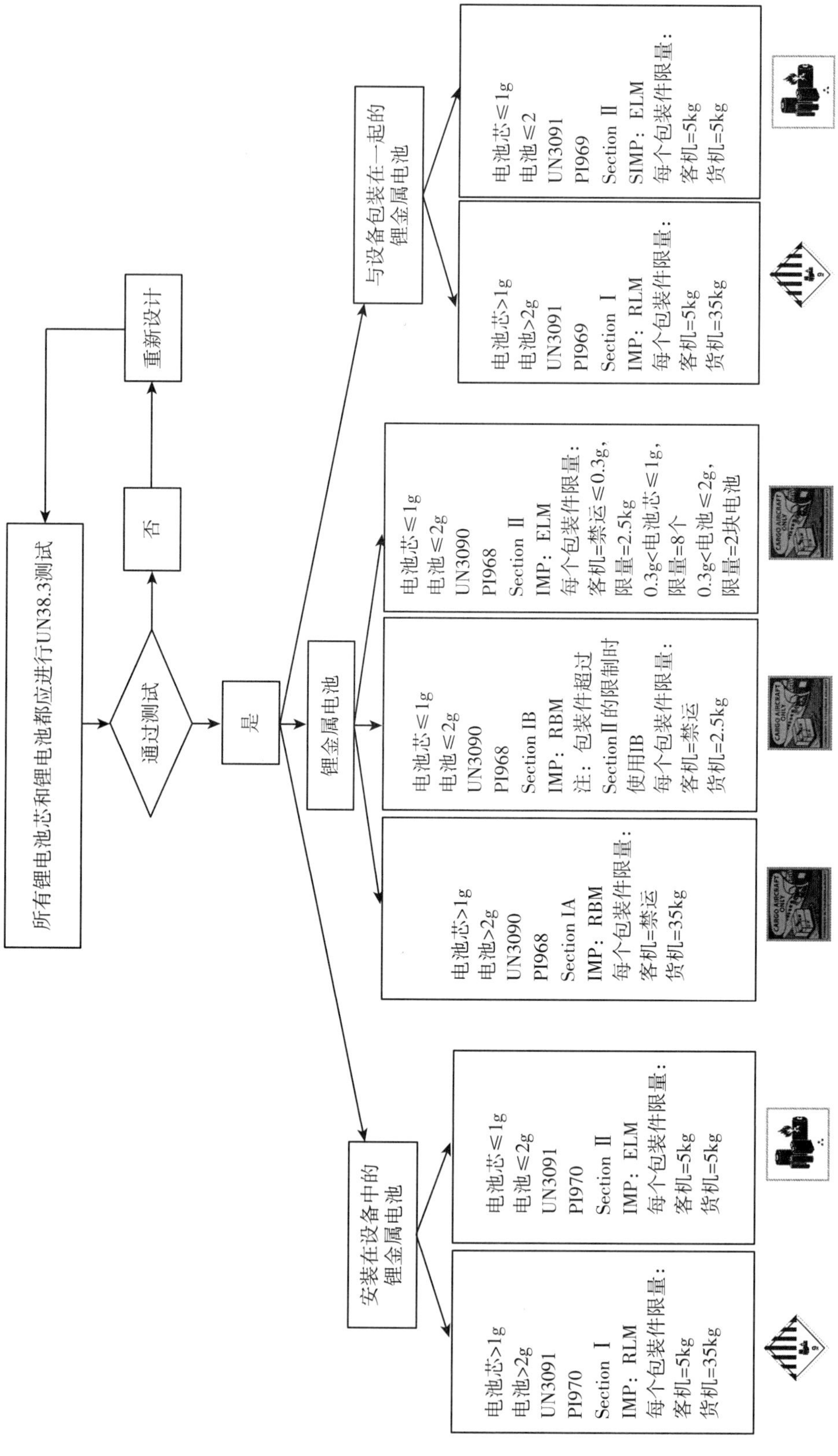

图 9－10　锂金属电池划分流程

表 9-1　　与锂电池运输有关的特殊规定

特殊规定	具体内容
A88	批量生产之前的原型锂电池或电池芯，当出于试验目的予以运输时或低产量（年产量不超过 100 个），没有经过 UN38.3 测试的，如果经始发国有关当局批准并满足《技术细则 - 补编》的包装说明 910 的要求，可仅限货机运输。 一套批准文件必须伴随货物运输并注明在托运人危险品申报单上。 尽管危险品表 L 栏有限制，准备运输的电池或电池组件的重量可以超过 35kg
A99	尽管危险品表 L 栏有限制，且包装说明 965 ~ 970 第 Ⅰ 部分也有限量，锂电池或电池组件（UN3090、UN3480），安装在设备中或与设备包装在一起的锂电池或电池组件（UN3091、UN3481），只要满足相应包装说明第 Ⅰ 部分，经过始发国有关当局的批准，重量可超过 35kg。一套批准文件必须随货物运输
A154	禁止运输制造商认为安全性有缺陷的锂电池，或出现破损、会造成潜在受热、火灾或短路的电池（例如，由于安全原因或在运输前不能被诊断为损坏或有缺陷而被制造商召回的电池芯或电池）
A164	任何电池或以电池驱动的设备、装置或车辆，如果会产生危险放热，其运输必须采取以下保护措施： （1）防短路（例如：将电池裸露的电极进行有效的绝缘；或者将设备中的电池断开并保护裸露的电极）； （2）防止意外启动
A181	如果包装件既含有装在设备中的锂电池，也含有与设备包装在一起的锂电池，则适用以下要求： （1）托运人必须确保符合两项包装说明的所有适用部分。所有包装件中含有的锂电池的总质量不得超过适用情况下的客机或货机的限制； （2）包装件必须根据情况，标明 "UN3091 Lithium metal batteries packed with equipment"（与设备包装在一起的锂金属电池）或 "UN3481 Lithium ion batteries packed with equipment"（与设备包装在一起的锂离子电池）。如果包装件同时含有与设备包装在一起的和装在设备中的锂离子电池和锂金属电池，则包装件必须根据要求标明这两种电池类型。但不需考虑装在设备中（包括线路板在内）的纽扣电池。 （3）托运人危险品申报单必须根据情况，标明 "UN3091 Lithium metal batteries packed with equipment"（与设备包装在一起的锂金属电池）或 "UN3481 Lithium ion batteries packed with equipment"（与设备包装在一起的锂离子电池）。如果包装件同时含有与设备包装在一起的和装在设备中的锂离子电池和锂金属电池，则申报单必须既标明 "UN3091 Lithium metal batteries packed with equipment"（与设备包装在一起的锂金属电池），也要标明 "UN3481 Lithium ion batteries packed with equipment"（与设备包装在一起的锂离子电池）
A182	仅含有锂电池的设备必须划为 UN3091 或 UN3481
A183	除非经过始发国和经营人所属国的国家有关当局批准，否则禁止航空运输废电池和以回收或处理为目的运输的电池
A185	以锂金属或锂离子电池作为唯一动力的车辆归为 UN3171，Battery-poweredvehicle（电池驱动的车辆）

续表

特殊规定	具体内容
A201	在某些情况下，其他运输方式（包括货机）的运输不可行时，在始发国、经营人所在国和目地国有关当局事先书面批准条件下，锂电池芯或电池每个包装件中的数量不超过下列要求，可以作为第九类（UN3480 或 UN3090）在客机上运输： （1）锂金属电池芯或电池： ①最多 2 块电池，每块电池的锂含量超过 0.3g 但不超过 2g；或 ②最多 8 个电池芯，每个电池芯锂含量超过 0.3g 但每不超过 1g；或 ③最多 2.5kg 电池芯和/或电池，每个电池芯或电池的锂含量不超过 0.3g； （2）锂离子电池芯或电池 ①最多 2 块电池，每块电池额定能量超过 2.7Wh 但不超过 100Wh；或 ②最多 8 个电池芯，每个电池芯额定能量超过 2.7Wh 但不超过 20Wh；或 ③最多 2.5kg 电池芯和/或电池，每个电池芯或电池的额定能量不超过 2.7Wh。 当除始发国、经营人所在国或目的国以外的国家提出差异要求，需要得到特殊规定下货物运输的事先批准时，也必须酌情获得这些国家的批准。适用于关于第 9 类（UN3090 或 UN3480）锂金属及锂离子电池的标记和标签要求。货物必须附有包括数量限制在内的批准文件副本。 按照本特殊规定运输时，必须在托运人申报单注明。 如果不能按照本特殊规定进行运输，有关国家可按照规定对禁止在客机上运输锂金属或锂离子电池进行豁免。 当局按本特殊规定签发的批准或豁免必须在发布的三个月内提供一份复印件给 ICAO 货物安全部领导，通过邮件发送到：CSS@ icao. int，通过传真 1514 - 954 - 6077 或者通过邮寄到以下地址： Chief，Cargo Safety Section International Civil Aviation Organization 999 University Street Montreal，Quebec CANADA H3C 5H7
A331	锂离子电池芯或电池的荷电状态超过其额定容量 30% 时，只有在获得了始发国和经营人所在国主管当局的批准，根据这些主管当局制定的书面条件方可仅限货机运输。在考虑给予批准时至少应考虑下列标准，以降低装有锂电池芯或电池的包装件发生过热、冒烟或失火事件所带来的风险，并可在电池芯、电池或包装件层次满足这些标准： （1）不允许在包装件外有可造成危害的火焰量； （2）包装件外表面温度不能超过可点燃邻近包装材料或导致邻近包装件内电池或电池芯发生热失控的温度值； （3）不能从包装件内掉出可造成危害的碎片，包装必须保持结构完好； （4）易燃蒸气的数量不得超过气体限制，当与空气混合且点燃，可导致形成一个能使航空器货舱内的过压板移位或造成航空器货舱衬板损坏的压力脉冲

四、禁止航空运输的锂电池

(1) 未经 UN 38.3 测试的锂电池芯或锂电池，不应航空运输，除非满足 TI 和 DGR 特殊规定 A88 的要求，并获得始发国主管当局的书面批准。

(2) 单独运输的锂金属电池（UN3090）和锂离子电池（UN3480）不应使用客机运输，除非根据 TI 和 DGR 特殊规定 A201 的要求，获得相关国家主管当局的书面豁免。

(3) 货物运输时，单独运输的锂离子电池（UN3480），如果其所处的荷电状态超过其额定容量的 30%，不应航空运输，除非根据 TI 和 DGR 特殊规定 A331 的要求，获得始发国和经营人所属国主管当局的批准并且符合这些主管当局制定的书面条件。

(4) 根据 TI 和 IDGR 特殊规定 A154，因为安全原因被制造商确认为有缺陷或已被损坏的锂电池（例如，因安全原因被生产商召回的电池），有可能会演变发生发热、燃烧和短路的潜在危险，不应航空运输。

(5) 根据 TI 和 DGR 特殊规定 A183，不应航空运输废弃锂电池，以及为回收或处理目的运输的锂电池，除非得到始发国和经营人所属国主管当局的书面批准。

第三节　锂电池航空运输方式

航空运输是锂电池进出口贸易的主要运输途径。锂电池的航空运输可以是单独运输的锂电池或锂电池芯，或是与设备包装在一起运输，或是安装在设备中进行运输，如图 9－11 所示。从运输方式的表现来看，主要有两种：一种是作为货物运输，另一种是作为旅客的行李运输。

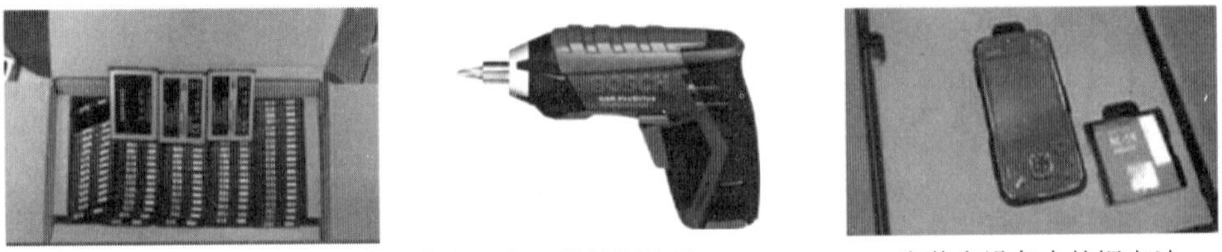

单独运输的锂电池与设备包装在一起运输的锂电池　　安装在设备中的锂电池

图 9－11　锂电池的航空运输

一、锂电池作为货物运输

锂电池作为货物运输时，被分在第 9 类杂项类危险品里，作为货物航空运输时，锂电池分为 6 种情况，UN 编号如下：

UN3090，锂金属电池（Lithium metal batteries）。

UN3480，锂离子电池（Lithium ion batteries）。

或将其安装在设备内，或与设备分开包装在一个包装件内，见：

UN3091，锂金属电池安装在设备中（Lithium metal batteries contained in equipment）。

UN3091，锂金属电池与设备包装在一起（Lithium metal batteries packed with equipment）。

UN3481，锂离子电池安装在设备中（Lithium ion batteries contained in equipment）。

UN3481，锂离子电池与设备包装在一起（Lithium ion batteries packed with equipment）。

锂电池在航空运输中要遵循的包装说明有：965、966、967、968、969 和 970，它们的适用范围如表 9－2 所示。

表 9－2　　包装说明适用情况

包装说明	适用 UN 编号	类型说明	飞机类型
965	UN3480	锂离子或锂聚合物电池芯和电池	仅限货机
966	UN3481	与设备包装在一起的锂离子或锂聚合物电池芯和电池	客机/货机
967	UN3481	安装在设备中的锂离子或锂聚合物电池芯和电池	客机/货机
968	UN3090	锂金属或锂合金电池芯和电池	仅限货机
969	UN3091	与设备包装在一起的锂金属或锂合金电池芯和电池	客机/货机
970	UN3091	安装在设备中的锂金属或锂合金电池芯和电池	客机/货机

1. 按包装说明 965～970 第Ⅰ部分运输。

锂电池货物进行航空运输时，应符合 TI 和 DGR 规定的所有相关要求。按包装说明代码 965～970 第Ⅰ部分运输的锂电池货物，包装应符合 DGR 包装说明 965～970 第Ⅰ部分（包括 IA 及 IB）的规定，如表 9－3 所示。按照包装说明 965 的第Ⅰ部分和包装说明 968 的第Ⅰ部分运输的锂电池包装件或 OVERPACK，在储存和装载时应与第 1 类（1.4S 除外）、第 2.1 项、第 3 类、第 4.1 项和第 5.1 项危险品货物实施隔离，以防在破损或起火时发生危险反应。

2. 按包装说明 965～970 第Ⅱ部分运输。

按包装说明 965～970 第Ⅱ部分运输的锂电池货物，包装应符合 DGR 包装说明代码 965～970 第Ⅱ部分的规定，如表 9－4 所示。

满足包装说明 965～970 第Ⅱ部分运输的锂电池货物，除应符合 TI 关于邮件运输危险品要求和危险品事故、事故征候报告的要求外，交运的锂电池芯和电池如果不是禁止运输的，则不受 TI 其他要求的限制。

满足包装说明 965 第Ⅱ部分和 968 第Ⅱ部分运输的锂电池货物，还应符合 TI 关于驾驶舱和客机的装载限制以及货机的装载限制。

此类货物运输时托运人不必填写托运人危险品申报单。

3. 锂电池作为货物运应注意的问题。

根据表 9－3 和表 9－4，锂电池作为货物运输时应注意以下几个问题：

（1）能量限制。

①按照包装说明 965 第 IA 部分和包装说明 965 第 IB 部分运输的锂离子电池芯和电池必须在荷电状态不超过其额定容量 30% 的情况下交运。电池芯和电池在荷电状态大于 30% 的情况下，仅可在始发国和经营人所属国的批准下根据这些当局规定的书面条件来运输（见特殊规定 331）。

表 9－3　　包装说明 965～970 第 I 部分运输要求一览表

联合国编号和运输专用名称	锂离子电池				锂金属电池			
	UN3480 锂离子电池		UN3481 装在设备中的锂离子电池	UN 3481 与设备包装在一起的锂离子电池	UN3090 锂金属电池		UN3091 装在设备中的锂金属电池	UN3091 与设备包装在一起的锂金属电池
包装说明	965		966	967	968		969	970
	IA	IB			IA	IB		
IMP 代码	RBI	RBI	RLI	RLI	RBM	RBM	RLM	RLM
测试要求	—	包装件 1.2m 跌落试验[a]	—	—	—	包装件 1.2m 跌落试验	—	—
	锂电池芯或电池 UN38.3 试验							
制造要求	电池芯或电池的制造应按 TI 或 DGR 规定的质量管理体系进行							
锂含量和额定能量限制[b]	锂离子电池芯的额定能量超过 20Wh，锂离子电池的额定能量超过 100Wh	锂离子电池芯的额定能量不超过 20Wh，锂离子电池的额定能量不超过 100Wh，但每个包装件内电池芯或电池的个数及净数量超过了表 9－4 允许的数量限制	锂离子电池芯的额定能量超过 20Wh，锂离子电池的额定能量超过 100Wh		锂金属电池芯的锂含量超过 1g，锂金属电池的锂含量超过 2g	锂金属电池芯的锂含量不超过 1g，锂金属电池的锂含量不超过 2g，但每个包装件内电池芯或电池的个数和净数量超过了表 9－4 允许的数量限制	锂金属电池芯的锂含量超过 1g，锂金属电池的锂含量超过 2g	
荷电状态	不应超过 30%		—	—	—	—	—	
包装规格	UN 规格	—	UN 规格	—	UN 规格	—	UN 规格	—

续表

<table>
<tr><td rowspan="2">联合国编号和运输专用名称</td><td colspan="4">锂离子电池</td><td colspan="4">锂金属电池</td></tr>
<tr><td colspan="2">UN3480
锂离子电池</td><td>UN3481
装在设备中的锂离子电池</td><td>UN 3481
与设备包装在一起的锂离子电池</td><td colspan="2">UN3090
锂金属电池</td><td>UN3091
装在设备中的锂金属电池</td><td>UN3091
与设备包装在一起的锂金属电池</td></tr>
<tr><td>包装限量[c]</td><td>客机禁运。
每个包装件中锂电池芯或电池的净数量在货机上不超过 35kg</td><td>客机禁运。
每个包装件中锂电池芯或电池的净数量在货机上不超过 10kg</td><td>每个包装件中锂电池芯或电池的净数量在客机上不超过 5kg，在货机上不超过 35kg</td><td>每个包装件中锂电池芯或电池的净数量在客机上不超过 5kg，在货机上不超过 35kg</td><td>客机禁运。
每个包装件中锂电池芯或电池的净数量在货机上不超过 35kg</td><td>客机禁运。
每个包装件中锂电池芯或电池的净数量在货机上不超过 2.5kg</td><td>每个包装件中锂电池芯或电池的净数量在客机上不超过 5kg，在货机上不超过 35kg</td><td>每个包装件中锂电池芯或电池的净数量在客机上不超过 5kg，在货机上不超过 35kg</td></tr>
<tr><td>包装要求</td><td colspan="8">1. 锂电池芯和电池应装入能将电池芯或电池完全封装的内包装中，然后再放入坚固、结实的外包装；应采取措施保护电池芯和电池防止发生短路（包括防止在同一包装内与导电材料接触，导致发生短路）。
2. UN 规格包装应符合包装等级Ⅱ级的性能标准。
3. PI965 的 IA 和 PI968 的 IA：质量为 12kg 或更大的且具有耐冲撞坚固外壳的锂电池或此类电池组件，经始发国有关当局批准，可放在非 UN 规格的坚固外包装和保护封罩中（如完全密闭的箱子或木质板条箱）进行运输。批准文件应随附托运货物。
4. PI969 的第Ⅰ部分要求，交付客机运输的锂金属电池芯和电池，应装入中层或外层硬金属包装，并用不可燃、不导电的衬垫材料将锂金属电池芯和电池裹好，然后将其放入外包装内。
5. 设备应在外包装内得到固定以免移动，并配备防止发生意外启动的有效装置。
6. 按包装说明 965 第 IA 或 IB 部分准备的托运货物，每个 OVERPACK 只能放入 1 件符合包装说明 965 第Ⅱ部分的包装件；按照包装说明 968 第 IA 或 IB 部分准备的托运货物，每个 OVERPACK 包装也只能放入 1 件符合包装说明 968 第Ⅱ部分的包装件。
7. 锂电池货物按照包装说明 965 和 968 准备时，不应与第 1 类（1.4S 除外）第 2.1 项、第 3 类、第 4.1 项和第 5.1 项危险品货物放入同一外包装中。
8. 按包装说明 965 和 968 准备时，锂电池货物包装件不应与第 1 类（1.4S 除外）第 2.1 项、第 3 类、第 4.1 项和第 5.1 项危险品包装件做成 OVERPACK 包装件。
9. 其他包装要求详见 TI 和 DGR 包装说明 965～970 的第Ⅰ部分</td></tr>
</table>

续表

联合国编号和运输专用名称	锂离子电池			锂金属电池		
	UN3480 锂离子电池	UN3481 装在设备中的锂离子电池	UN 3481 与设备包装在一起的锂离子电池	UN3090 锂金属电池	UN3091 装在设备中的锂金属电池	UN3091 与设备包装在一起的锂金属电池
标记和标签	1. 托运人和收货人全称和地址、UN 编号和运输专用名称、“OVERPACK” 字样（如适用）等。 2. 每个包装件应粘贴第 9 类锂电池危险性标签、仅限货机标签（如适用），按照 IB 运输的包装件还应有填写完整的锂电池标记。 3. OVERPACK 包装上应粘贴第 9 类锂电池危险性标签、仅限货机标签（如适用）和锂电池标记（如适用），除非 OVERPACK 内的所有标签都清晰可见。 4. 根据特殊规定 A181，如果包装件既含有装在设备中的锂电池，也含有与设备包装在一起的锂电池，则包装件应根据情况，标明 UN 3091 Lithium metal batteries packed with equipment（与设备包装在一起的锂金属电池）或 UN 3481 Lithium ion batteries packed with equipment（与设备包装在一起的锂离子电池）。如果包装件既含有锂金属电池，也含有锂离子电池，则包装件应根据要求同时标明这两种电池类型。但是不必考虑装在设备中（包括线路板在内）的纽扣电池。危险品申报单也应据此填写。托运人还应确保符合两个包装说明的所有适用部分，所有包装件中含有的锂电池的总质量不应超过适用情况下的客机或货机的限值					
文件	1. 应填写托运人危险品申报单（详见本书附录一）、机长通知单（详见本书第八章）、收运检查单（详见本书附录二）等。 2. 运输 UN3480 时，危险品申报单的附加操作信息栏内应注明交运的锂电池芯或锂电池的荷电状态不超过其额定容量的 30%					
差异	遵守适用的国家和经营人差异					

a. 每个包装件均应能承受任何取向的 1.2m 跌落试验，而且不损坏包装件内的锂电池芯或电池，未改变包装件内装物的位置以至锂电池芯之间或锂电池之间互相接触，没有内装物自包装件中漏出。

b. 额定能量应在电池外壳上标明。对于标注不清晰或未标注，也没有其他证明，无法确定电池中锂含量或电池额定能量的电池，经营人可以拒绝运输。

c. 根据特殊规定 A99，锂电池已经通过 UN38.3 测试且其包装符合 TI 和 DGR 包装说明 965 - 970 的要求，如果经始发国主管当局批准，并将一份该文件随机，则货机运输的每个包装件的数量可超过 35kg 的最大限制

表 9－4　包装说明代码 965～970 第Ⅱ部分运输要求一览表

联合国编号和运输专用名称	锂离子电池			锂金属电池		
	UN3480 锂离子电池	UN3481 装在设备中的锂离子电池	UN 3481 与设备包装在一起的锂离子电池	UN3090 锂金属电池	UN3091 装在设备中的锂金属电池	UN3091 与设备包装在一起的锂金属电池
包装说明	965	966	967	968	969	970
IMP 代码	ELI	ELI	ELI	ELM	ELM	ELM
测试要求	包装件 1.2m 跌落试验		—	包装件 1.2m 跌落试验		—
	锂电池芯或电池 UN38.3 试验					
制造要求	电池芯或电池的制造应按 TI 或 DGR 规定的质量管理体系进行					
锂含量和额定能量限制[a]	锂离子电池芯的额定能量不超过 20Wh 锂离子电池的额定能量不超过 100Wh			锂金属电池芯的锂含量不超过 1g 锂金属电池的锂含量不超过 2g		
荷电状态	不应超过 30%	—	—	—		
包装规格	可使用非 UN 规格包装。外包装应坚固、结实，适用的类型为圆形桶、方形桶、箱					
包装限量	客机禁运。 若锂电池芯或锂电池的能量不超过 2.7Wh：个数不限，每个包装件中锂电池芯或电池净数量不超过 2.5kg； 若锂电池芯的能量超过 2.7Wh 但不超过 20Wh：每个包装件最多 8 块电池芯，净数量不限； 若锂电池的能量超过 2.7Wh 但不超过 100Wh：每个包装件最多 2 块电池，净数量不限。 以上数量不应合并用于同一个包装件	每个包装件中锂电池芯或电池的净数量在客机和货机上均不超过 5kg，同时每个包装件内锂电池芯或电池的个数不超过设备运行所需的电池数量加上 2 块备用电池	每个包装件中锂电池芯或电池的净数量在客机和货机上均不超过 5kg	客机禁运。 若锂电池芯或锂电池的能量不超过 0.3g：个数不限，每个包装件中锂电池芯或电池净数量不超过 2.5kg； 若锂电池芯的能量超过 0.3g 但不超过 1g：每个包装件最多 8 块电池芯，净数量不限； 若锂电池的能量超过 0.3g 但不超过 2g：每个包装件最多 2 块电池，净数量不限。 以上数量不应合并用于同一个包装件	每个包装件中锂电池芯或电池的净数量在客机和货机上均不超过 5kg，同时每个包装件内锂电池芯或电池的个数不超过设备运行所需的电池数量加上 2 块备用电池	每个包装件中锂电池芯或电池的净数量在客机和货机上均不超过 5kg

续表

联合国编号和运输专用名称	锂离子电池			锂金属电池		
	UN3480 锂离子电池	UN3481 装在设备中的锂离子电池	UN 3481 与设备包装在一起的锂离子电池	UN3090 锂金属电池	UN3091 装在设备中的锂金属电池	UN3091 与设备包装在一起的锂金属电池
包装要求	1. 锂电池芯和电池应装入能将电池芯或电池完全封装的内包装内，然后再放入坚固、结实的外包装；应保护电池芯和电池防止发生短路（包括防止在同一包装内与导电材料相互接触，导致发生短路）。 2. 除安装在设备中的情况外，每个包装件均应能够承受任何取向的 1.2 m 跌落试验，而且不损坏包装件内的锂电池芯或电池，未改变包装件内装物的位置以致锂电池芯之间或锂电池之间互相接触，没有内装物自包装件中漏出。 3. 除安装在设备中的情况外，电池芯和电池应置于可完全封闭的内包装中，且实际采用的包装应与进行 1.2 m 跌落试验所使用的包装一致。 4. 设备应在外包装内得到固定以免移动，并配备防止发生意外启动的有效装置。 5. 除非安装电池的设备已经对电池提供了等效保护，否则，设备应装在由合适材料制成坚固的外包装内，材料的强度和设计应与包装容量和用途相符。 6. 无线射频识别（RFID）标签、手表和温度记录仪等无法产生危险热量的装置，在故意激活状态下可以运输。这些装置在激活状态下，应满足规定的电磁辐射标准，确保装置的运行不会对航空器系统产生干扰。应确保运输途中该装置不会发出干扰信号（如蜂鸣警报、灯光闪烁等）。 7. 在任何一票货物中，符合包装说明 965 第Ⅱ部分要求的锂离子电池（UN3480）货物包装件和/或 OVERPACK 不应超过 1 件。 8. 每个 OVERPACK 中符合包装说明 965 第Ⅱ部分要求的锂离子电池（UN3480）货物包装件不应超过 1 件。每个按包装说明 965 第 IA 或 IB 部分准备的 OVERPACK 只能放入 1 件符合包装说明 965 第Ⅱ部分的包装件。 9. 按包装说明 965 第Ⅱ部分准备的锂离子电池包装件和 OVERPACK，应与非危险品货物分开交付提交给经营人，并且在提交给经营人之前不应装入集装器。 10. 第 7～9 条要求也适用于按包装说明 968 第Ⅱ部分准备的锂金属电池（UN3090）托运货物。 11. 锂电池货物按照包装说明 965 和 968 准备时，不应与第 1 类（1.4S 除外）第 2.1 项、第 3 类、第 4.1 项和第 5.1 项危险品货物放入同一外包装中。 12. 按包装说明 965 和 968 准备时，锂电池货物包装件不应与第 1 类（1.4S 除外）第 2.1 项、第 3 类、第 4.1 项和第 5.1 项危险品包装件做成 OVERPACK。 13. 其他包装要求见 TI 和 DGR 包装说明 965～970 的第Ⅱ部分					

续表

联合国编号和运输专用名称	锂离子电池			锂金属电池		
	UN3480 锂离子电池	UN3481 装在设备中的锂离子电池	UN 3481 与设备包装在一起的锂离子电池	UN3090 锂金属电池	UN3091 装在设备中的锂金属电池	UN3091 与设备包装在一起的锂金属电池
标记和标签	1. 每个包装件外部应有填写完整的大小合适的锂电池标记。包装件的大小应使得有足够空间在某一侧贴标记，且标记不会出现折叠。 2. 单独运输的锂金属电池（UN3090）和锂离子电池（UN3480）托运货物，每个包装件上还应粘贴仅限货机标签。如果包装件有足够的尺寸，应将锂电池标记和仅限货机标签贴在同一面上。 3. 锂电池安装在设备中的托运货物，以下两种情况可不贴锂电池标记： ——包装件中仅含有装在设备（包括线路板）中的纽扣式电池； ——每一票货运单托运货物的包装件数不超过两件，并且每个包装件中不超过四个电池芯或不超过两个电池。 4. OVERPACK 上应有锂电池标记和仅限货机标签（如适用），并标记“OVERPACK”字样，除非 OVERPACK 包装内的所有标记和标签都清晰可见。 5. 根据特殊规定 A181，如果包装件既含有装在设备中的锂电池，也含有与设备包装在一起的锂电池，则包装件应根据情况，标明 UN 3091 Lithium metal batteries packed with equipment（与设备包装在一起的锂金属电池）或 UN 3481 Lithium ion batteries packed with equipment（与设备包装在一起的锂离子电池）。如果包装件既含有锂金属电池，也含有锂离子电池，则包装件应根据要求标明这两种电池类型，但不必考虑装在设备中（包括线路板在内）的纽扣电池。托运人还应确保符合两个包装说明的所有适用部分，所有包装件中含有的锂电池的总质量不应超过适用情况下的客机或货机的限值					
文件[b]	1. 如使用航空货运单，货运单上应注明锂电池符合相应包装说明第Ⅱ部分的规定，例如“lithium ion batteries，in compliance with Section II of PI965，CAO（锂离子电池，符合包装说明 965 第Ⅱ部分，仅限货机）”。对于锂电池安装在设备中运输的，如果包装件上未粘贴有锂电池标记，航空货运单上可不注明。 2. 运输 UN3480 时，航空货运单上应注明交运的锂电池芯或锂电池的荷电状态不超过其额定容量的 30%					
差异	遵守适用的国家和经营人差异					

注：a. 额定能量应按照要求在电池外壳上标明。对于标注不清晰或未标注，也没有其他证明，无法确定电池中锂含量或电池额定能量的电池，经营人可以拒绝运输。

b. 如果包装件既含有装在设备中、也含有与设备包装在一起、符合第Ⅱ部分锂电池芯或电池限制的锂电池，则适用以下要求：

——托运人应确保符合两项包装说明的所有适用部分。包装件中含有的锂电池的总质量不应超过 5kg；

——如果使用航空货运单，货运单上应写明“锂离子电池，符合 PI 966 第Ⅱ部分”或“锂金属电池，符合 PI969 第Ⅱ部分”的字样

②按照包装说明965第Ⅱ部分运输的锂离子电池芯和电池必须在荷电装载不超过其额定容量30%的情况下交运。

（2）随附文件。

①凡按包装说明965～970第Ⅰ部分收运的锂电池均要填写托运人危险品申报单、收运检查单、机长通知单等。按包装说明965～970第Ⅱ部分运输的锂电池不需要填写托运人危险品申报单。

②按照包装说明965～970第Ⅱ部分运输的货物，应在航空货运单的“货物性质和数量（nature and quantity of goods）”栏注明“Lithium ×× batteries in compliance with Section Ⅱ of PI9××（锂××电池符合包装说明9××第Ⅱ部分）”的字样。

（3）包装要求。

电池和电池动力设备运输时，最主要的风险之一就是电池两极接触其他电池、金属物体或其他导电体而引起的电池短路。因此，必须将包装好的电池芯和电池使用适当的方式隔开，以防止发生短路和电极破损。

包装要求如下：

①电池和电池芯还必须包装在坚固的外包装内，或者安装在设备中。

②锂电池芯和锂电池应装入能将其完全密封的内包装中，再装入外包装。

③电池芯和电池应由防短路保护措施，包括采取措施防止电池与同一包装内导电物质的相互接触。

④如锂电池安装在设备上或与设备包装在一起，则设备应在内包装得到固定以免移动，并配备防止发生意外启动的有效装置。

⑤符合包装说明965第Ⅱ部分的不同能量的电池不可包装在同一包装中，符合包装说明968第Ⅱ部分的也一样。

⑥锂离子电池（芯）或锂金属电池（芯）安装在设备中时，除非该设备已经对电池提供了等效保护，否则设备应装在坚固的外包装中，材料强度与设计应与包装容量和用途相符。

⑦射频识别标签、手表和温度记录仪等不会产生危险热量的装置，在开启状态下可以运输。这些装置在开启状态下，必须符合规定的电磁辐射标准，确保此装置的运行不会对航空系统产生干扰。必须确保运输途中该装置不会发出干扰信号（如蜂鸣警报、灯光闪烁等）。

符合规定的包装样如图9－12所示。

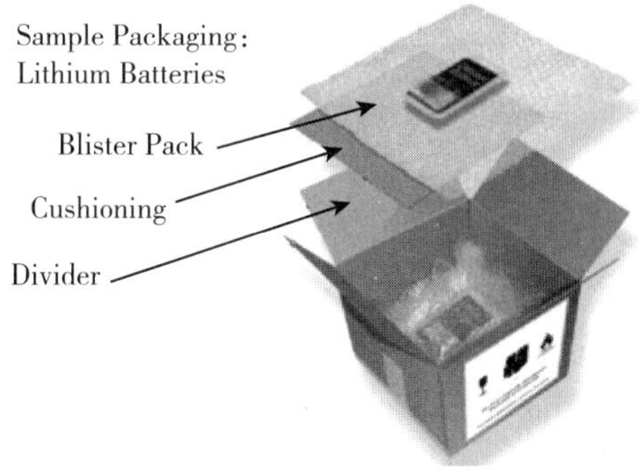

图9－12　锂电池包装样

二、锂电池作为旅客行李进行运输的要求

旅客在乘坐飞机时，行李中会经常夹带一些锂电池及含有锂电池的设备，如手机、笔记本电脑等便携式电子设备及一些锂电池备用电池。作为旅客行李的锂电池运输的方式是航空运输中常见的一种方式。

当乘客把锂金属或锂离子电池作为行李携带时，有严格的限制，例如，备用电池不可以放在乘客的托运行李中被运输，必须放在手提行李里。

再次声明，只有已经成功通过了 UN38.3 测试的锂电池，才可能被携带。

1. 适用范围。

满足以下条件的锂电池可作为行李运输：

（1）仅限旅客和机组人员为个人自用目的所携带；

（2）由锂电池驱动的小型含锂电池设备，主要包括：

①便携式电子设备（PED），如手表、计算器、照相机、手机、手提电脑、便携式摄像机、平衡车、扫地机器人等；

②便携式电子吸烟装置，如电子香烟、电子烟、电子雪茄、电子烟斗、个人喷雾器、个人电子尼古丁输送系统等；

③便携式电子医疗设备（PMED），如自动体外除颤器、喷雾器、持续气道正压呼吸器等；

④电动轮椅或类似的代步工具，供由于残障、健康或年龄原因而行动受限或暂时行动不便的旅客使用；

⑤保密型设备，如外交公文包、现金箱、现金袋等。

2. 锂电池的行李类型。

行李类型可分为：①无须经营人批准可接收的锂电池；②经经营人批准，可作为行李接收的物品；③经经营人批准，仅作为手提行李接收的锂电池；④经经营人批准，仅作为交运行李接收的锂电池；⑤含有锂电池芯或锂电池的保安型设备。

本书第二章第三节已做详细说明，此处不再赘述。

3. 锂含量和额定能量限制。

（1）便携式电子设备（PED）（含医疗设备 PMED）无须经营人批准可接收的锂含量和额定能量限制：

①对于锂金属电池或是锂合金电池，锂含量不能超过 2g；

②锂离子电池，额定能量应不超过 100Wh。如果大于 100Wh 但不超过 160Wh，经航空承运人批准后，方可运输。超过 160Wh 的，不应作为行李运输。

（2）便携式电子医疗设备（PMED）经经营人批准可接收为行李的锂含量和额定能量限制：

①对于锂金属电池或是锂合金电池，锂含量超过 2g，但不超过 8g；

②锂离子电池额定能量超过 100Wh，但不超过 160Wh。

（3）电动轮椅或类似代步工具，额定能量限制：

①可拆卸的锂电池，额定能量应不超过 300Wh；

②不可拆卸的锂电池，无额定能量限制。

（4）便携式电子吸烟装置及备用锂电池的锂含量和额定能量限制：

①锂金属电池，锂含量不超过2g；

②锂离子电池的额定能量应不超过100Wh。

（5）无法确定锂含量或额定能量的锂电池（例如，标注不清晰或未标注，且无其他证明），经营人可以拒绝运输。

4. 备用锂电池。

备用锂电池包括其主要功能是给其他设备提供动力的包含锂金属或锂离子电池芯或电池的制品，仅可作为手提行李。

（1）如果锂离子电池的额定能量超过100Wh但不超过160Wh，锂金属电池锂含量超过2g但不超过8g，经航空经营人批准后，每位旅客可携带的备用电池的数量应不超过2块。

（2）锂金属电池的锂含量不超过2g，锂离子电池的额定能量不超过100Wh，主要作用是作为电源的制品，如移动电源视为备用电池，每人最多可携带20块备用电池。

（3）对于可以卸下的电动轮椅用锂电池，经经营人批准后，可以携带1块不超过300Wh的备用电池，或者2块不超过160Wh的备用电池。

5. 保护措施。

（1）备用电池应单个做好保护以防短路，包括将备用电池放置于原厂零售包装中或对电极进行绝缘处理，例如，可将暴露的电极用胶布粘住，或者将每一块电池单独装在塑料袋或者绝缘保护袋中。

防止电池短路包括但不限于以下方法：

①在可行的情况下，用非导电材料（如塑料袋）制成的完全封闭的内包装来装每个电池或每个电池动力设备；

②使用适当的方式对电池进行隔离或包装，使其无法与包装件内的其他电池、设备或导电材料（如金属）相互接触；

③对裸露的电极或插头使用不导电的保护帽、绝缘带或其他适当的方式进行保护。

如果外包装不能抵挡碰撞，那么就不能仅使用外包装作为防止电池电极破损或短路的唯一措施。电池还应使用衬垫防止移动，否则由于移动导致的电极帽松动，或者电极改变方向易引起短路。

电极保护方法包括但不限于以下措施：

①将电极牢固地附上有足够强度的盖；

②将电池包装在刚性塑料包装内；

③电池电极使用凹陷设计或有其他保护方式，这样即使包装件跌落，电极也不会破损。

（2）安装有锂电池的设备应有防止设备意外启动的措施。如托运，应完全关闭（不在睡眠或休眠模式），并采取措施防止意外启动设备，防止设备损坏。

防止“意外启动”的措施是电池安装在设备中时，设备的包装方式应该能够防止意外启动，或者有防止意外启动的单独措施（如包装能防止接触开关、有开关保护帽或锁、开关使用凹陷设计、触动锁、温度感应断流器等）。此要求不适用于运输中启动的设备（如

RFID 转换器、手表、感应器等)，也不适用于不能产生足以危害包装或人身安全的热量的设备。

第四节　锂电池航空运输的标记和标签

一、锂电池常用标记和标签

锂电池在运输过程中，在外包装上需要粘贴相应的标记和标签。

1. 锂电池危险性标签。

第 9 类锂电池危险性标签，如图 9－13 所示。

图 9－13　锂电池危险性标签

2. 锂电池标记。

锂电池标记于 2017 年 1 月 1 日起开始使用，如图 9－14 所示。在标记中，* 处应填写 UN 编号，** 处填写电话号码。例如，包装件中装有不同 UN 编号的锂电池芯或电池，必须用一个或多个标记表明所有适用的 UN 编号。

* ——UN 编号

** ——电话号码

图 9－14　锂电池标记

锂电池标记使用要求：

(1) 标签的一般最小尺寸为 120mm × 110mm；如果包装箱尺寸不足，则可以将标签尺寸缩小到最小 105mm × 74mm，不能再小（这种情况增加包装箱尺寸满足标签要求）。

（2）红色边框一定需要，且其宽度不能少于5mm。

（3）标签如果使用到文字，则英文是必需的，同时可以加上翻译的其他文字。

符合包装说明965第IB部分和968第IB部分的含有锂电池的包装件，必须同时使用图9－14锂电池标记和图9－13第9类锂电池危险性标签。

二、包装标记标签使用

锂电池包装标记标签的基本使用原则是所有的锂电池的包装件均须通过标签或标记进行告知。以下针对不同情况说明锂电池包装标记标签的使用。

1. 按照包装说明965、968的第IA部分运输的锂电池货物。

符合包装说明965第IA部分和968第IA部分规定的包装件不需要粘贴锂电池标记。按照包装说明965第IA部分和968的第IA部分运输的锂电池货物包装件粘贴第9类锂电池危险性标签、仅限货机标签。

注明标记信息，包括UN编号、运输专用名称、净数量、收发货人姓名及地址等。例如：

UN 3480 Lithium Battery，Net Qty 3kg

Shipper：

Consignee：

UN规格标记，必须满Ⅱ级包装要求，包装样例如图9－15所示。

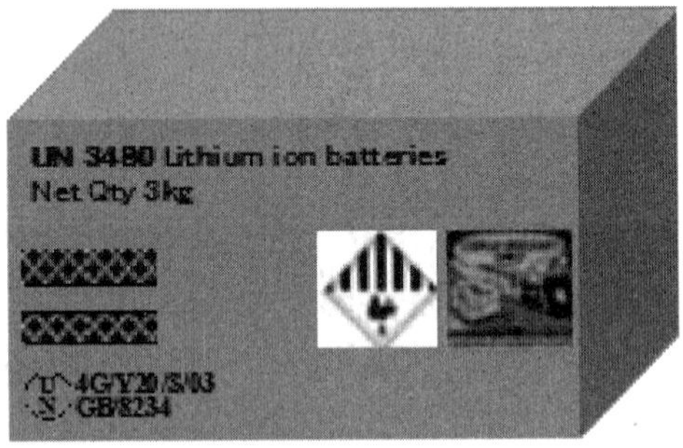

图9－15 按照第IA部分运输的包装样例

2. 按照包装说明965、968第IB部分运输的锂电池货物。

按照包装说明965第IB部分和968第IB部分运输的锂电池货物包装件粘贴第9类锂电池危险性标签、锂电池标记和仅限货机标签。

注明标记信息，包括UN编号、运输专用名称、净数量、收发货人姓名及地址等。例如：

UN 3480 Lithium Battery，Net Qty 3kg

Shipper：

Consignee：

包装样例如图9－16所示。

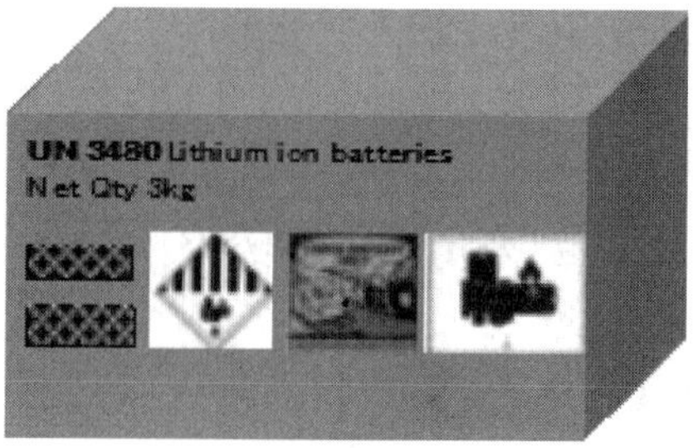

图 9－16　按照第 IB 部分运输的包装样例

3. 按照包装说明 965～970 第Ⅱ部分运输的锂电池货物。

按照包装说明 965～970 第Ⅱ部分运输的锂电池货物包装件粘贴锂电池标记和仅限货机标签（适用于包装说明 965 和 968），标记注明 OVERPACK（如适用），包装样例如图 9－17 所示。

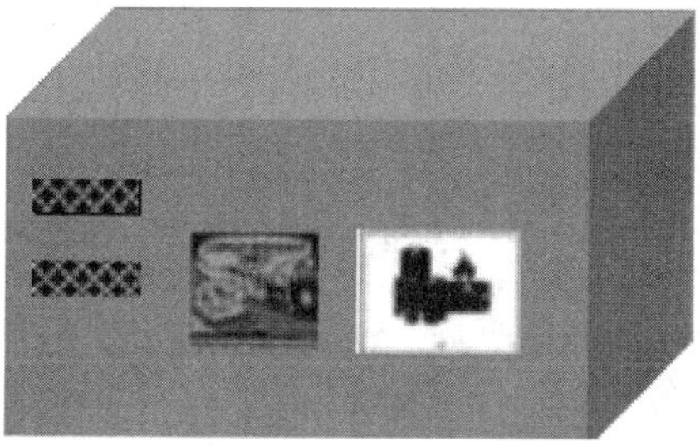

图 9－17　按照包装说明 965～970 第Ⅱ部分运输包装样例

4. 其他情况。

（1）按照包装说明 966、967、969、970 第Ⅰ部分运输的包装件不需要粘贴锂电池标记，而只粘贴第 9 类锂电池危险性标签。

（2）包装说明 967 第Ⅱ部分和 970 第Ⅱ部分针对锂电池标记的使用说明了例外。以下两种情况不粘贴锂电池标记：

①包装件仅含有安装在设备（包括线路板）中的纽扣电池；

②单个包装件中不超过 4 个电池芯或 2 个电池安装在设备中，且每票货物包含两个或以下此类包装件。

第五节　锂电池航空运输事故应急处置

锂电池一旦发生事故，要严格按照危险品应急响应程序进行上报。

一、火灾

一旦发生锂电池燃烧起火，需要注意三点：

（1）采用标准程序灭火。

（2）在装置上洒水（或其他不可燃液体），以使电池芯冷却并防止相邻电池芯起火。

使用水基灭火器，使起火的电池内的电池芯冷却、防止热扩散到相邻电池芯。如果没有水，可使用任一不可燃液体来冷却电池芯和装置（如餐车或其他地方的不含酒精的饮料）。

（3）不要使用冰或其他物品覆盖在计算机上。这样做会造成热绝缘，防止设备向外散热，容易造成电池中更多的电池芯热失控。

二、泄漏

（1）消除所有点火源（泄漏区附近，严禁吸烟，火花或任何形式的明火）。

（2）不要接触或穿越泄漏区。

（3）用土、沙或其他不易燃物质吸收泄漏物。

（4）泄漏的电池盒收集泄漏物的材料需要存放在金属容器中。

三、急救

（1）将患者移到空气新鲜处。

（2）呼叫120或者其他急救医疗服务中心。

（3）如果患者停止呼吸，应实施人工呼吸。

（4）如果出现呼吸困难要进行吸氧。

（5）脱去并隔离受污染的衣服和鞋子。

（6）若皮肤或眼睛不慎接触到该类物质，要立即用自来水冲洗至少20min。

（7）确保医护人员知道事故中涉及的有关物质，并采取自我防护措施。

本章小结

本章主要介绍了锂电池在航空运输中的有关知识。

由于近些年锂电池在航空运输过程中事故频发，使人们越来越关注锂电池运输的安全性。本章对锂电池的基本知识、锂电池航空运输的法律法规、锂电池的航空运输方式、锂电池的能量计算、锂电池的标记及标签、锂电池的应急处置等方面进行了介绍，以便于相关人员能够掌握与锂电池安全运输有关的知识。

习　题

1. 下列哪些属于航空禁运的锂电池？（　　）

A. 存在安全缺陷或已经损坏的

B. 因安全原因被制造商召回的

C. 未通过 UN 38.3 测试的

D. 加以保护防止短路的

2. 发现锂电池设备起火后，为防止火势蔓延，以下行为正确的是（　　）。

A. 尽可能从设备中将起火的锂电池取出再处理

B. 用海伦灭火瓶扑灭锂电池火情，阻止周围物品燃烧

C. 用毛毯进行包裹灭火

3. 在有效实施锂电池灭火处置后，应立即用（　　）对锂电池、锂电池设备或相关行李进行淋洒冷却降温。

A. 水或其他不可燃液体　　B. 冰块　　C. 干冰

4. 哪些锂电池禁止航空运输？

5. UN 38.3 包含哪些测试？

6. 计算下列图中移动电源的瓦特额定值，并判断旅客是否能够携带。

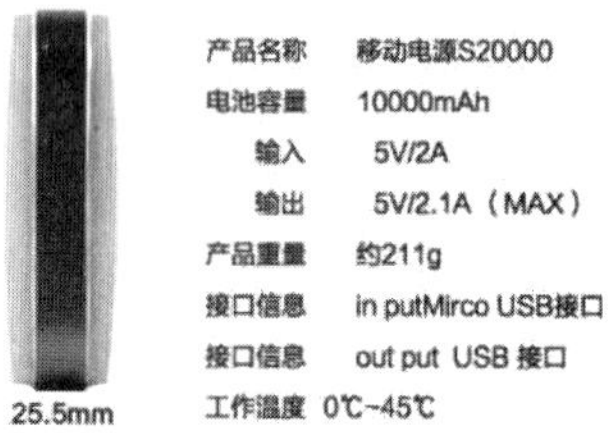

第十章
放射性物质

【学习目标】

1. 了解放射性物质的基础知识；
2. 熟悉放射性物质的分类与识别；
3. 熟悉放射性物质的包装要求、标记、标签和文件等。

DGR参考：第十章

放射性物质是危险品中较为特殊的一类，它是指比活度大于70kBq/kg（0.002μCi/g）的任何物质。它的危险性在于能自发地和连续地放射出某种类型的辐射，这种辐射不仅对人体有害，还能使照相底片或未显影的X光胶片感光。

对放射性物质的安全运输，各种运输方式都有特殊的规定。国际原子能机构（IAEA）在同联合国有关专门机构及其成员协商的基础上制定了《放射性物质安全运输规则》。国际、国内各种运输方式的放射性物质安全运输法规都是以此为基础制定的。我国于1990年7月1日实施《放射性物质安全运输规程》（GB11806－2004），该标准对各种运输方式的放射性物质运输都有规范作用。

只有豁免条件下才能运输的放射性物品、放射性物品的邮政运输以及放射性物品运输的其他限制已在本书第二章中介绍，此处不再赘述。

第一节　放射性物质的基础知识

一、放射性物质的基本概念

1. 放射性衰变。

放射性物质的原子核由于放出某种粒子而转变为新核的变化过程叫衰变。衰变是自发地、连续不断地进行的，并且不受外界条件的影响，直至原子处于稳定状态才停止。随着放射性原子的衰变，其活性也随之下降。并不是所有的放射性元素的原子都在同一时间内发生衰变，因此不同元素完成这一衰变过程所需的时间就不同。“半衰期”被用来表示这种快慢程度。放射性物质的原子数目因衰变而减少到原来一半所需要的时间，称为半衰期。每种放射性物质的半衰期是恒定的，但不同种放射性物质的半衰期却差别很大，短的仅有千万分之一，而长的达几百亿年以上。

对于运输存储来说，了解半衰期是十分重要的。半衰期的长短是一个相对概念，对运输而言，它取决于速度和距离两个因素，因此对不同的运输方式的划定值就不同。对于半衰期短的，称为短寿命的放射性物质，要优先运输，不能久储。对于半衰期非常短的，可能会因衰变得太快，而不能运输。

半衰期对于内照射防护也是十分重要的。半衰期短的放射性物质如果停滞在人体内，过一段时间，其放射性会自行减弱直至消失；而半衰期长的放射性物质如果停滞在人体内，其内照射危害就是长期的。

2. 放射性活度。

放射性活度是度量放射性物质放射性强弱程度的一个物理量。它所描述的是单位时间里某指定样品中不稳定性核素的原子核衰变的个数，也可以认为放射性活度是指单位时间内某放射性物质发生核衰变的次数。单位时间内发生衰变的核子数目越多，即其射出的相应粒子的数目越多，那么这种物质的放射性活度就越大，其放射性就越强。

放射性活度的单位，国际单位制用贝克勒尔（Bq）或旧单位制用居里（Ci）表示。1Bq 等于每秒钟衰变 1 次。贝克勒尔单位很小，故常用千贝克勒尔（$1kBq = 10^3 Bq$）、兆贝克勒尔（$1MBq = 10^6 Bq$）、太贝克勒尔（$1TBq = 10^{12} Bq$）。

居里为每秒衰变 3.7×10^{10} 次，因居里单位较大，故常用毫居里（$1mCi = 10^{-3} Ci$）、微居里（$1\mu Ci = 10^6 Ci$）。居里和贝克勒尔有如下的换算关系：

$$1Ci = 3.7 \times 10^{10} Bq = 37GBq = 0.037TPq \tag{10-1}$$

放射性活度随着放射性物质的不断衰变而下降，因此半衰期的概念又可以理解为放射性物质的活度减少到原来一半所需要的时间。

3. 放射性比活度。

放射性比活度即单位质量（或体积）的放射性物质的放射性活度，又称比放射性。单位为贝克勒尔/千克（Bq/kg）、贝克勒尔/克（Bq/g）或居里/千克（Ci/kg）、微居里/克（μCi/g）等。

4. 吸收剂量。

吸收剂量是对所有类型的电离辐射在任何一种介质中的能量积累的量度，或者说吸收剂量就是被照射物质吸收辐射能量的量度。在旧单位制中，吸收剂量的单位是拉德（rad），1rad 就表示 1g 被照射物质吸收 100 尔格（erg）的辐射能量，即：

$$1rad = 100erg/g \ (\text{或 } 1rad = 0.01J/kg) \tag{10-2}$$

在国际单位制中，吸收剂量的单位是戈瑞（Gy），1Gy 就是 1kg 被照射物质吸收 1J 辐射能量。新旧单位制的换算为：

$$1Gy = 100rad \tag{10-3}$$

5. 剂量当量和剂量当量率。

衡量人体被射线辐射的程度长期以来使用的是剂量当量。国际单位制用希沃特（Sv）作为计量单位，旧单位制用雷姆（rem）作为计量单位。1Sv = 100rem。希沃特又分为毫希沃特（mSv）、微希沃特（μSv），雷姆又分为毫雷姆（mrem）、微雷姆（μrem）。它们存在如下的换算关系：

$$1Sv = 10^3 mSv = 10^6 \mu Sv \tag{10-4}$$

$$1rem = 10^3 mrem = 10^6 \mu rem \tag{10-5}$$

单位时间的剂量当量又称为剂量当量率。计量单位为 Sv/h，或 rem/h。

6. 辐射水平。

以 mSv/h 或 mrem/h 为单位的相应的剂量当量率又称辐射水平。很显然，时间越短，剂量当量越大，货物的辐射水平就越高，说明该放射性物质的放射危险性就越大。所以辐射水平是一个很重要的参数。

7. 表面辐射水平。

表面辐射水平是距放射性物质包装件表面 5mm 处的最大辐射水平。运输时，把辐射水平转化为运输指数，确定放射性货物的危险程度。运输指数是距放射性货包或货物外表面 1m 处最大辐射水平的数值（单位是 mrem/h）。它是运输中对放射性物质进行管理的一个重要参数。

8. 最大允许剂量。

随着放射性同位素及其制品的广泛应用，其运输量也随之不断增长，接触放射性物质的人也越来越多。为了确保人身安全，国际上统一制定了人体所能允许的最大剂量当量限制。所谓最大允许剂量，是人们通过大量的实践，并从现有知识水平来看，这样大的剂量，在人生中任何时间都不会引起对人体的显著伤害，也即人体所受到的对身体健康没有危害的最大的射线照射量。在实际工作中，即使在最大允许计量下，仍应争取将辐射的强度降至尽可能低的程度。实际上，我们就生活在放射性的世界中。一般来说，每人每年从天然辐射受到剂量当量为 0.1 ~ 0.5rem。在地壳放射性含量较高的地区，居民每年从天然辐射中受到的剂量当量可达 0.5 ~ 1rem，也未发现对人体或后代有任何异常效应。此外，一次医疗 X 射线胸部透视，就可使人体受到 40mrem 的剂量当量辐射。所以我国把除天然辐射和医疗辐射以外的受照射剂量限制在每人每年 500mrem 以下，这个标准是国际公认的安全标准。而放射性物质的专业运输人员所受的年有效剂量当量的限制值为不超过 5rem。

9. 运输指数。

运输指数是分配给每一个包装件、OVERPACK 或货物集装箱用以控制其辐射暴露的一个数值，可用来确定与人、动物、未曝光的胶片和其他放射性物质相隔的最短安全距离，以保证在整个运输过程中公众及相关操作人员受到最小辐射。

运输指数也可用来确定标签的类别，确定是否需要专载运输，确定中转储存的空间间隔要求，以及确定专用货箱内或航空器内允许的包装件的数量。

10. 临界安全指数。

临界安全指数是指给含有裂变物质的包装件、OVERPACK 或放射性物质专用箱的数字，用于控制含裂变物质的包装件、OVERPACK 或放射性物质专用箱的累计数量。

二、放射性物质的定义

放射性物质是指含有放射性核素的任何物质，货物中的活度浓度和总活度值均高于 DGR 中规定的活度值。

下列放射性物质未列入 DGR 所述的第 7 类危险物质中：

（1）为诊断或治疗目的而植入人体或动物体内成为一体的放射性物质；

（2）已获法规批准可以销售给终端用户的含有放射性物质的消费品；

（3）含有天然放射性核素的天然材料和矿石，呈天然形态或经过不以提取和使用放射性核素为目的加工，但其活度值浓度不超过表 DGR 中所规定值的 10 倍；

（4）任何表面有放射性物质的非放射性固体物质，且数量未超过污染定义的数量；

（5）涉及放射性物质事故或摄入污染并准备运输去医疗救护的人在其身体内或外有放射性物质，应考虑对其他旅客及机组采取必要的放射防护措施，并符合经营人的批准要求。

放射性物质的危险性主要有两个方面：污染（通过直接的外接触与内接触）和辐射（通过暴露于放射性物质放出的 α、β 射线或 γ 射线）。

三、放射性物质的分类

放射性物质可以根据其形态和/或特性进行分类。其种类包括：

（1）特殊形式（Special Form）；

（2）低比活度（Low Special Activity，LSA）；

（3）表面污染物质（Surface Contaminated Object，SCO）；

（4）易裂变的（Fissile）；

（5）低弥散放射性物质（Low Dispersible Radioactive Material）；

（6）其他形式（Other Form）。

一种放射性物质可能符合上述一个或多个定义。

1. 特殊形式。

特殊形式放射性物质是指符合 DGR 要求的非弥散性固体放射性物质或装有放射性物质的密封容器，即放射性物质被设计成不可弥散的固体形式，或将其装入密封容器内（该容器只有被破坏才能打开），该放射性物质就被定义为特殊形式。特殊形式放射性物质的设计尺寸必须至少有一项不小于 5mm，特殊形式的设计需要经过单方批准，并必须具有符合 DGR 的有关试验规定要求的性能或设计。

2. 低比活度（LSA）物质。

低比活度（或称为 LSA 物质）是指本身的比活度有限的放射性物质，或可适用估算的平均比活度限值的放射性物质。确定估计的平均比活度时不考虑低比活度放射性物质周围的外屏蔽材料。LSA 物质可划分为 LSA-Ⅰ、LSA-Ⅱ和 LSA-Ⅲ三种类型。

3. 表面污染物体（SCO）。

表面污染物质（SCO）指本身没有放射性，但其表面散布有放射性物质的固态物体。表面污染物体划分为 SCO-Ⅰ和 SCO-Ⅱ两个等级。

4. 易裂变的（Fissile）物质。

裂变物质是指包含下述任意核素的物质：铀 -233、铀 -235、钚 -239、钚 -241 或它们之间的任意组合。

本定义不包括下述裂变物质：

（1）未辐照过的天然铀及贫铀；

（2）仅在热反应堆中辐照过的天然铀或贫铀；

（3）裂变核素小于总数 0.25 克的物质；

（4）（1）、（2）及或（3）的任意组合。

这些不包括的内容仅在包装件中无其他裂变核素的情况下有效。

裂变物质在受到中子辐射时可分裂，从而产生裂变物质，并以热、γ辐射和进一步的中子辐射形式放出能量。足够量的裂变物质组合在一起时可发展成为核连锁反应，该组合称为临界。裂变例外是指包装件可按非裂变放射性物质包装件管理，但仍须满足关于放射性种类和性质的有关要求的裂变物质。

5. 低弥散放射性物质。

低弥散放射性物是指弥散度有限的非粉末状固体放射性物质或封入密封容器中的固体放射性物质。

6. 其他形式。

其他形式的放射性物质是指不符合特殊形式定义的放射性物质。

第二节　放射性物质的识别及活度

一、运输专用名称

放射性物质必须根据其包装件的放射性活度值，裂变与非裂变，包装件的种类、性质及形式，是否属于特殊安排下运输等具体情况，指定一个列明的运输专用名称及 UN 编号，如表 10－1 所示。

表 10－1　　放射性物质运输专用名称/UN 编号

UN 编号	运输专用名称
Excepted Package 例外包装件	
UN2908	Radioactive material，excepted package-empty packaging 放射性物质，例外包装件，空包装
UN2909	Radioactive material，excepted package-articles manufactured from deleted uranium 放射性物质，例外包装件，贫铀制品
UN2909	Radioactive material，excepted package-articles manufactured from natural thorium 放射性物质，例外包装件，天然钍制品
UN2909	Radioactive material，excepted package-articles manufactured from natural uranium 放射性物质，例外包装件，天然铀制品
UN2910	Radioactive material，excepted package-limited quantity of material 放射性物质，例外包装件，有限数量物质
UN2911	Radioactive material，excepted package-articles 放射性物质，例外包装件，制品

续表

UN 编号	运输专用名称
Excepted Package 例外包装件	
UN2911	放射性物质，例外包装件，仪器 Radioactive material, excepted package-instruments
UN3507	Uranium hexafluoride, radioactive material, excepted package, less than 0.1kg per package, non fissile or fissile-excepted [ab] 六氟化铀，放射性物品，例外包装件，每包装小于 0.1kg，非裂变或例外裂变[ab]
Low Specific Activity (LSA) Material 低比活度（LSA）物质	
UN2912	Radioactive material, low specific activity (LSA-Ⅰ), non fissile or fissile-excepted [a] 放射性物质，低比活度（LSA-Ⅰ），非裂变或例外裂变物质[a]
UN3321	Radioactive materiala, low specific activity (LSA-Ⅱ), non fissile or fissile-excepted[a] 放射性物质，低比活度（LSA-Ⅱ），非裂变或例外裂变物质[a][a]
UN3322	Radioactive material, low specific activity (LSA-Ⅲ), non fissile or fissile-excepted [a] 放射性物质，低比活度（LSA-Ⅲ），非裂变或例外裂变物质[a]
UN3324	Radioactive material, low specific activity (LSA-Ⅱ), fissile 放射性物质，低比活度（LSA-Ⅱ），裂变
UN3325	Radioactive material, low specific activity (LSA-Ⅲ), fissile 放射性物质，低比活度（LSA-Ⅲ），裂变
Surface Contaminated Objects (SCO) 表面污染物体（SCO）	
UN2913	Radioactive material, surface contaminated Objects (SCO-I), non fissile or fissile-excepted [a] 放射性物质，表面污染物体（SCO-Ⅰ），非裂变或例外裂变[a]
UN2913	Radioactive material, surface contaminated Objects (SCO-Ⅱ), non fissile or fissile-excepted [a] 放射性物质，表面污染物体（SCO-Ⅱ），非裂变或例外裂变[a]
UN3326	Radioactive material, surface contaminated Objects (SCO-Ⅰ), fissile 放射性物质，表面污染物体（SCO-Ⅰ），裂变
UN3326	Radioactive material, surface contaminated Objects (SCO-Ⅱ), fissile 放射性物质，表面污染物体（SCO-Ⅱ），裂变
Type A Package A 型包装件	
UN2915	Radioactive material, Type A package, non-special form, non fissile or fissile-excepted [a] 放射性物质，A 型包装件，非特殊形式，非裂变或例外裂变[a]
UN3327	Radioactive material, Type A package, fissile, non-special form 放射性物质，A 型包装件裂变，非特殊形式

续表

UN 编号	运输专用名称
Type A Package A 型包装件	
UN3332	Radioactive material, Type A package, Special Form, non fissile or fissile-excepted [a] 放射性物质，A 型包装件，特殊形式，非裂变或例外裂变[a]
UN3333	Radioactive material, Type A package, Special Form, fissile 放射性物质，A 型包装件，特殊形式，裂变
Type B（U）Package B（U）型包装件	
UN 2916	Radioactive material, Type B（U）package, non fissile or fissile-excepted [a] 放射性物品，B（U）型包装件，非裂变或例外裂变[a]
UN3328	Radioactive material, Type B（U）package, fissile 放射性物品，B（U）型包装件，裂变
Type B（M）Package B（M）型包装件	
UN 2917	Radioactive material, Type B（M）package, non fissile or fissile-excepted [a] 放射性物品，B（M）型包装件，非裂变或例外裂变[a]
UN3329	Radioactive material, Type B（M）package, fissile 放射性物品，B（M）型包装件，裂变
Type C Package C 型包装件	
UN3323	Radioactive material, Type C package, non fissile or fissile-excepted [a] 放射性物品，C 型包装件，非裂变或例外裂变[a]
UN3330	Radioactive material, Type C package, fissile 放射性物品，C 型包装件，裂变
Special Arrangement 特殊安排	
UN2919	Radioactive material, transported under special arrangement, non fissile or fissile-excepted [a] 放射性物品，特殊安排下运输，非裂变或例外裂变[a]
UN3331	Radioactive material, transported under special arrangement, fissile 放射性物品，特殊安排下运输，裂变

续表

UN 编号	运输专用名称
Uranium hexafluoride 六氟化铀	
UN2978	Radioactive material, uranium hexafluoride, non fissile or fissile-excepted 放射性物品，六氟化铀，非裂变或例外裂变
UN2977	Radioactive material, uranium hexafluoride, fissile 放射性物品，六氟化铀，裂变
UN3507	Uranium hexafluoride, radioactive material, excepted package, less than 0.1kg per package, non fissile or fissile-excepted [ab] 六氟化铀，放射性物品，例外包装件，每包装小于0.1kg，非裂变或例外裂变[ab]

注：a 术语“例外裂变”仅参照 DGR 规定下的例外物质。
b 对于 UN3507，另见特殊规定 A194 及包装说明 603。

二、活度的测定

对于装有放射性物质的包装件，其活度限值根据“特殊形式”放射性物质的活度值和“其他形式”放射性物质的活度值测定。特殊形式放射性物质的活度值定为 A_1，其他形式放射性物质的活度值为 A_2。DGR 列出了常见单个放射性核素的 A_1、A_2 值，如表 10－2 所示。

表 10－2　　常见放射性核素 A_1、A_2值（节选）

Radionuclide 放射性核素	Element (Atomic No) 元素（原子序数）	Special Form (TBq) A_1（特殊形式）	Other Form (TBq) A_2（其他形式）	Activity concentration for exempt material (Bq/g) 豁免物质的活度浓度限值	Activity limit for an exempt consignment (Bq) 豁免货物的活度限值
Ac－225[a]	Actinium (89)	0.8	0.006	1×10^{1}	1×10^{4}
Ac－227[a]		0.9	0.00009	1×10^{-1}	1×10^{3}
Ac－228		0.6	0.5	1×10^{1}	1×10^{6}
Ag－105	Silver (47)	2	2	1×1^{2}	1×10^{6}
Ag－108		0.7	0.7	$1 \times 10^{1(b)}$	$1 \times 10^{6(b)}$
Ag－110m[a]		0.4	0.4	1×10^{1}	1×10^{6}
Ag－111		2	0.6	1×10^{3}	1×10^{6}
Al－26	Aluminium (13)	0.1	0.1	1×10^{1}	1×10^{5}
Am－241	Americium (95)	10	0.001	1×10^{0}	1×10^{4}

续表

Radionuclide 放射性核素	Element (Atomic No) 元素（原子序数）	Special Form (TBq) A_1（特殊形式）	Other Form (TBq) A_2（其他形式）	Activity concentration for exempt material (Bq/g) 豁免物质的活度浓度限值	Activity limit for an exempt consignment (Bq) 豁免货物的活度限值
Am - 242m[a]		10	0.001	1×10^{0}[b]	1×10^{4}[b]
Am - 243[a]		5	0.001	1×10^{0}[b]	1×10^{3}[b]
Ar - 37	Argon (18)	40	40	1×10^{6}	1×10^{8}
Ar - 39		40	20	1×10^{7}	1×10^{4}
Ar - 41		0.3	0.3	1×10^{2}	1×10^{9}

1. 列明的单个放射性核素。

大多数放射性核素的 A_1、A_2值列于 DGR 中，表 10 - 2 中列出了单个放射性核素的相关数值：A_1和 A_2（单位：TBq）；豁免物质的活度浓度限值（单位：Bq/g）；豁免货物的活度限值（单位：Bq）。

【例 10 - 1】 放射性物质的符号 Ac - 228，特殊形式活度值为 0.6TBq，是否可以采用 A 型包装件？

解：由表 10 - 2 可知，Ac - 228，特殊形式活度值为 0.6TBq，题目中满足要求，允许使用 A 型包装件。若包装件的活度值（A_1、A_2）超过表限值，则应考虑将放射性物质分为几个较小量的包装。否则，应考虑使用 B 型包装或 C 型包装。

2. 未列明的单个放射性核素。

对于种类已知，但未在 DGR 中列明的单个放射性核素，A_1和 A_2值的确定必须经过多方批准。

3. 混合物。

对于放射性核素的混合物，其基本放射性核素数值确定如下：

$$X_m = \frac{1}{\sum_i \frac{f(i)}{x(i)}} \qquad (10-6)$$

其中，f（i）是放射性核素 i 在混合物中的放射性活度或放射性活度浓度份额；x（i）是放射性核素 i 的 A_1 或 A_2 或豁免物质的放射性活度浓度限值或豁免货物的放射性活度限值的对应值；X_m是混合物的 A_1或 A_2或豁免物质的活度浓度限值，或豁免货物的放射性活度限值的导出值。

三、例外包装件的活度限值

例外包装件的活度限值如表 10 - 3 所示。确定例外包装件的活度限值必须考虑以下几点：

（1）是放射性物质本身，还是含有放射性物质的仪器或制品；

（2）放射性物质的物理形态，如固体、液体或气体；

（3）形式，如特殊形式、其他形式。

表 10－3　　　　例外包装件活度限值

Nature of Contents 内装物性质	Materials 物质	Instruments and Articles 仪器和制成品	
	Package Limits 包装件限值	Item Limits 物品限值	Package Limits 包装件限值
Solids 固体			
特殊形式 Special Form	$10^{-3}A_1$	$10^{-2}A_1$	A_1
其他形式 Other Forms	$10^{-3}A_2$	$10^{-2}A_2$	A_2
Liquids 液体	$10^{-4}A_2$	$10^{-3}A_2$	$10^{-1}A_2$
Gases 气体			
Tritium 氚	$2\times10^{-2}A_2$	$2\times10^{-2}A_2$	$2\times10^{-1}A_2$
Special Form 特殊形式	$10^{-3}A_1$	$10^{-3}A_1$	$10^{-2}A_1$
Other Forms 其他形式	$10^{-3}A_2$	$10^{-3}A_2$	$10^{-2}A_2$

【例 10－2】下列放射性物（非仪器或制品中）包装件是否满足例外包装件的活度限值？

放射性核素：C－14；

物理状态：固体（Solid）；

形式：其他形式；

活度值：50GBq。

根据表 10－2，可知：

C－14 的 A_2值为 40TBq

根据表 10－3，该放射性物质例外包装件的活度限值为：

$10^{-3}A_2 = 10^{-3}\times40\text{TBq} = 10^{-3}\times40\times10^3\text{GBq} = 40\text{GBq}$。

由于该放射性物质包装件的活度值 50GBq 超过了例外包装件的活度限值 40GBq，因此不符合例外包装件的要求。应使用 A 型包装件。

【例 10－3】 含有放射性物质的仪器：

仪器中所含的放射性核素：C－14；

物理状态：液体（Liquids）；

仪器的活度值：0.03TBq；

包装件的活度值：0.01TBq。

该包装件是否可按例外包装件接收？

查表 10－3 可知：

仪器的活度限值为 $10^{-3}A_2$

包装件的活度限值为 $10^{-1}A_2$

查表 10－2 可知，C－14 的 A_2 值为 40TBq

由此，可以算出：

仪器的活度限值 $=10^{-3}A_2=10^{-3}\times 40TBq=0.04TBq$

包装件的活度限值 $=10^{-1}A_2=10^{-1}\times 40TBq=4TBq$

由题目已知，仪器的活度值为 0.03TBq，未超限值；

包装件的活度值为 0.01TBq，未超限值。

结论：该包装件可按例外包装件接收。

第三节　放射性物质的包装

一、包装标准

放射性物质的包装要求随着所装的放射性核素的不同而变化。在各种情况下，都应考虑到辐射问题；如果物质不是处于“特殊形式”的，则应考虑到泄露的可能性；如果物质是裂变物质，则应考虑到临界危险性的可能。进一步考虑的因素就是，如果放射性物质数量非常大，即活度很大，则应考虑到由辐射所产生的热量可能是相当多的，在这种情况下则应考虑到散热问题。

辐射水平由几种因素决定，而放射性物质的活度（数量）仅仅是这些因素之一。等量的两种不同的放射性核素，以每一种都包装在统一类型的包装中，包装件的外表面和任何特定的距离处的辐射水平都可能明显不同。因此，为了确保辐射水平符合规定的允许限值，所允许的放射性物品具体数量应随着包装内具体放射性核素的不同而变化。

包装要求中使用的术语 A_1 和 A_2 分别指每种核素允许装在 A 型包装件中的“特殊形式”和“其他形式”的最大活度（或数量）限值。

当一种放射性物质已按这些包装要求包装时，在大多数情况下，已完成的包装件必须给出“运输指数”。“运输指数”表示非裂变放射性物质包装件的辐射危害的相对程度，也表示装有裂变放射性物质包装件的辐射危害相对程度或临界危害（危害更大）的相对程度。在大多数情况下，一个完整的包装件必须规定“Ⅰ级－白色”“Ⅱ级－黄色”或“Ⅲ级－黄色”三种等级中的一种，然后贴上该等级的危险标签。

二、包装要求

例外数量放射性物质不需要任何特殊包装。但是，所使用的包装也必须满足对放射性物质包装的一般要求。

1. 一般包装要求。

（1）设计包装件时，必须考虑它的重量、体积和形状，使其能容易和安全地操作和运输。另外，它的设计应能在运输中恰当地固定在飞机上。

（2）包装件上的任何提吊附加装置在按预定的方式使用时不会失灵。如果发生附加装置失灵，也不会削弱包装件满足本细则其他要求的能力。设计必须考虑到为适应抓扣起吊的相应安全因素。

（3）包装件外表面上可能用于提吊包装件的附加装置和任何其他装置必须依据相关要求设计得能够承受包装件的质量，或必须是可拆卸的或以其他方式使其在运输期间不能使用。

（4）包装件的外表面应没有凸出的部分，易于去污。包装件外层的设计必须做到避免积水。

（5）在运输期间凡加到包装件上不属于包装件的任何设施，绝不能降低包装件的安全性。

（6）包装件必须能够经受住在常规运输条件下可能碰到的任何加速、振动和共振的影响，并对不同容器上的密封件的有效性或整个包装件的完好性没有任何破坏。特别是螺母、螺栓和其他紧固器件必须设计成也能防止松动和意外脱落，即使是在重复使用之后也是如此。

（7）包装件的材料和任何其他部件或构件在物理上和化学上必须相互兼容，而且与放射性含有物也是相容的。必须考虑它们在辐射下的性能。

（8）所有能使放射性内容物外泄的阀门，都必须有防止随意被开启的措施。包装件的设计必须考虑在正常运输条件下可能遇到的环境温度和压力。

（9）包装件必须被设计成使其提供足够的屏蔽，以保证在正常运输条件下，含有包装件设计的最大放射性含量时，包装件外表面上任意一点的辐射水平，对于例外包装件不超过 5μSv/h，对于其他包装件不超过 2mSv/h，对于转载运输不超过 10mSv/h，如适用，同时考虑飞机外表面的辐射水平。

（10）包装件的设计必须考虑放射性物质含有其他危险属性问题。

2. 其他包装要求。

（1）一个包装件内的不同放射性核素。当不同的多种放射性核素一起包装在同一包装件内时，总的活度必须按混合物的要求进行确定。

（2）含有其他物品的包装。低比活度（LSA）物质和表面污染物质（SCO）可以同其他物品包装在一起，只要这些物品与包装或其内装物之间不会产生降低包装安全性的相互作用。除此以外的放射性物质的包装件，除了使用放射性物质所必需的物品和文件外，包装件中不得有任何其他物品。

（3）含有放射性物质包装件的 OVERPACK。放射性物质包装件可以组合在一个

OVERPACK 内运输，只要其中所包含的每一个放射性物质包装件都符合 DGR 的相关要求。只允许 OVERPACK 内包装件的原始托运人采用直接测量辐射水平的方法来测定整个 OVERPACK 的运输指数。

三、包装件类型

用于放射性物质包装件的类型有以下几种：

（1）例外包装件（Excepted Packages）；

（2）工业包装件（IndustrialPackages）；

（3）A 型包装件（Type APackages）；

（4）B（U）型和 B（M）型包装件（TypeB（U）and B（M）Packages）；

（5）C 型包装件（Type C Packages）。

1. 例外包装件。

有限数量的放射性物质、含有放射性物质的仪器和制品、天然铀贫化铀或天然钍的制品、六氟化铀、空包装等可作为例外包装件运输。例外包装件只可包装微量的放射性物质，其量小到在运输中不可能发生危险。因此，应考虑到包装件的破损及内装放射性物质的弥散。

例外数量包装件应满足下列要求：

（1）包装件表面任意一点的辐射水平不可超过 5μSv/h（0.5mrem/h），以确保其剂量不会对公众及未曝光的胶片造成任何影响。

（2）含有裂变物质的例外包装件，则必须符合裂变例外的相关要求，且包装件最小尺寸不小于 10cm。

（3）例外包装件任意表面的非固着放射性污染不超过规定的限值。

（4）如果通过邮件运输，应符合危险品邮政运输的要求。

2. 工业包装件。

LSA 物质和 SCO 未经包装不得运输。工业包装件可用于低比活度（LSA）物质和表面污染物体（SCO）的包装。

工业包装件可以分为三种类型：

（1）1 型工业包装件（IP-1 型）。指含有 LSA 物质或 SCO 且设计符合一般包装要求的包装或放射性专用货箱。此类包装件的最小尺寸不得小于 10cm。

（2）2 型工业包装件（IP-2 型）。指含有 LSA 物质或 SCO 且必须符合 1 型工业包装件要求的包装或放射性专用货箱。此外，包装件还应进行相应测试。

（3）3 型工业包装件（IP-3 型）。指含有 LSA 物质或 SCO 且必须符合 A 型包装件一般要求和容器系统要求的包装或放射性专用货箱。

3. A 型包装件。

A 型包装件是含放射性活度不超过 A_1 或 A_2 的包装。其中 A_1 是特殊形式放射性物质的活度限值，A_2 是其他形式放射性物质的活度限值。A 型包装件的设计必须满足一系列的要求，具体可参见 DGR 中相关内容，本书不赘述。

4. B 型包装件。

B 型包装件用于运输活度值较高的放射性物质，超过 A 型包装件活度值限制的放射性物质使用 B 型包装件。B 型包装件分为 B（U）型和 B（M）型。

B（U）型和 B（M）型包装件的放射性活度不得超过以下限值：

（1）对于低弥散放射性物质，包装件设计批准证书上许可的限制；

（2）对于特殊形式，3000A_1和 100000A_2中的较小值；

（3）对于其他放射性物质，3000A_2。

每个 B（U）型包装件的设计都需要单方批准，即仅需要始发国有关当局的批准。但有例外，为裂变物质和低弥散放射性物质设计的 B（U）型包装需要多方批准。每个 B（M）型包装件的设计都需要多方批准，即包装件运输的始发国、途径国、到达国的主管当局批准。

5. C 型包装件。

C 型包装件所含活度可以超过 A_1或 A_2。C 型包装件的测试要求比 B 型包装更加严格。

第四节　放射性物质包装件的标记与标签

一、放射性物质包装件的标记

托运人对其在包装件上所做标记的正确性负完全责任，应确保在正确的位置使用适用的新标记，移走或涂去包装件或 OVERPACK 上原有的无关标记。在国际运输中，标记所用的文字除始发地文字外还应同时使用英文。通常联合国编号和“UN”字母的高度至少为 12mm，包装件和 OVERPACK 使用的符合要求的标记高度不得低于 12mm，但容量不超过 30L 或 30kg 的包装件标记的高度至少为 6mm，对于容量不超过 5L 或 5Kg 的包装件，标记高度也必须有适当的尺寸。对于所有标记，必须经久耐用，并且印刷或另外标记或粘贴在包装件或 OVERPACK 的外表面上。标记要清晰可见，能够在露天环境中经受暴晒而不降低其有效性，而且显示在色彩反差较大的包装背景上。

1. 一般标记要求。

对于所有的 1 型、2 型和 3 型工业包装件（Type IP－1、Type IP－2、Type IP－3），A 型、B（U）型、B（M）型和 C 型包装件都要求有下列标记：

（1）运输专用名称；

（2）UN 编号；

（3）托运人和收货人名称和地址；

（4）如果包装件毛重超过 50kg，应标明允许的最大毛重；

（5）当使用固体二氧化碳（干冰）作为制冷剂时，需要 UN1845 固体二氧化碳（干冰）标记（详见本书第六章附加标记）。

2. A 型包装件标记。

对于 A 型包装件，需要有下列标记：

（1）“TYPE A”；

（2）包装设计国的国际车辆注册代码（VRI 代码）；

（3）原设计国主管当局规定的生产厂商名称或其他包装识别标记。

3. B 型包装件标记。

对于 B 型包装件，有下列标记：

（1）“TYPE B（U）”或“TYPE B（M）”；

（2）由主管当局为设计而指定的识别标记；

（3）能唯一确认每个包装件符合其设计的序号；

（4）在能防火放水的最外层容器上，用压纹、冲压或其他方式清楚地标记处防火、防水的三叶形符号，如图 10－1 所示。

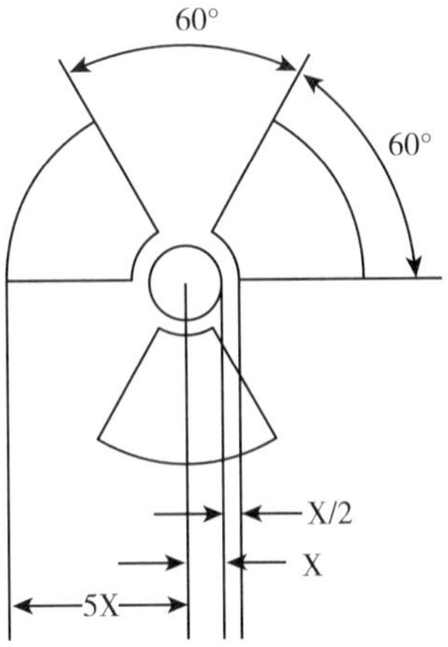

图 10－1　三叶形符号

4. C 型包装件标记。

对于 C 型包装件，需要有下列标记：

（1）“TYPE C”；

（2）由主管当局为设计而指定的识别标记；

（3）能唯一确认每个包装件符合其设计的序号；

（4）在能防火放水的最外层容器上，用压纹、冲压或其他方式清楚地标记处防火、防水的三叶形符号，如图 10－1 所示。

5. 例外包装件标记。

对于例外包装件，需要有下列标记：

（1）UN 编号；

（2）托运人和收货人名称及地址；

（3）如果毛重超过 50kg，应标明允许的最大毛重；

（4）主管当局设计或装运批准；

（5）当使用固体二氧化碳（干冰）作为制冷剂时，需要 UN1845 固体二氧化碳（干冰）标记（详见本书第六章附加标记）。

6. 工业包装件标记。

对于 IP－1 型包装件，需要有“TYPE IP－1”标记。

对于 IP－2 型和 IP－3 型包装件，需要有下列标记：

（1）“TYPE IP－2”或“TYPE IP－3”；

（2）包装设计国的国际车辆注册代码（VRI 代码）；

（3）原设计国主管当局规定的生产厂商名称或其他包装识别标记。

7. 裂变物质的标记。

每个含裂变物质的包装件都必须按照其类型的要求进行标记。只有装裂变物质的包装件，其识别标记应包含类型代码“AF”“B（U）F”“B（M）F”或“IF”。

8. OVERPACK 标记。

除非 OVERPACK 内所含放射性物质的标记与标签都清晰可见，否则必须在其外表面上标注如下标记：

（1）“OVERPACK”字样；

（2）UN 编号、运输专用名称、托运人和收货人的全称和地址；

（3）详细的操作说明显示在 OVERPACK 的外表面上。

包装规格标记不需要标在 OVERPACK 的外表面上。交运一个以上 OVERPACK 时，为便于识别、装载及通知，应在每个 OVERPACK 上标注识别标记。

二、放射性物质包装件的标签

1. 放射性物质标签。

放射性物质的标签有两种类型：危险性标签和操作标签。本书第六章第二节介绍了放射性物质包装件和 OVERPACK 上使用的危险性标签。每个放射性物质包装件必须按照表 10－4 划分的类别粘贴标签。

表 10－4　　包装件、OVERPACK 及放射性专用货箱级别的确定

包装件、OVERPACK 及放射性专用货箱的级别（例外包装件除外）		
运输指数	外表面任一点的最大辐射水平	级别
0* 大于 0 而不大于 1* 大于 1 而不大于 10 大于 10	不大于 0.005mSv/h（0.5mrem/h） 大于 0.005mSv/h（0.5mrem/h）而不大于	Ⅰ级－白色 Ⅱ级－黄色 Ⅲ级－黄色 Ⅲ级－黄色**

注：* 若测量出的运输指数（TI）不大于 0.05，可视为零。

** 必须专载运输并特殊安排放射性专用货箱除外。

放射性物质的危险性标签如图 10－2 所示。每个裂变物质包装件必须粘贴临界安全指数（CSI）标签，位置毗邻放射性危险标签。

对于操作标签：

（1）含放射性物质的 B（M）型包装件或内装 B（M）型包装件的放射性专用货箱必

图 10－2　放射性物质的标签

须使用“Cargo Aircraft Only（仅限货机）”标签。

（2）含液态形式的放射性物质的包装件不需要使用“Package Orientation（包装件方向）”标签。

（3）放射性物质例外包装件必须粘贴“RadioactiveMaterial，ExceptedPackage（放射性物质，例外包装件）”的操作标签。

2. 标签上的标记。

对于Ⅱ级－黄色和Ⅲ级－黄色标签，在标签上必须清晰而耐久地注明有关内装物、活度和运输指数。裂变临界安全指数（CSI）标签上应标注临界安全指数。

（1）内装物。

内装物必须按以下要求标记：

①除Ⅰ级低比活度（LSA－Ⅰ）物质外，表 10－1 中的放射性核素符号；

②对于放射性核素混合物，或不同的单一放射性核素包装在同一个包装件内的情况，必须将限制最严的那些核素在线上允许的空白处列出；

③对于 LSA（LSA－Ⅰ除外）或（SCO），在放射性核素符号之后标记相应的“LSA－Ⅱ”“LSA－Ⅲ”“SCO－Ⅰ”或“SCO－Ⅱ”；

④对于 LSA－Ⅰ物质，仅需要标注“LSA－Ⅰ”。

（2）活度。

放射性内装物的最大放射性活度必须以 Bq 或其倍数为单位表示。以 Ci 或其倍数为单位的等量放射性活度可以写在 Bq 后面的括号内。

对于裂变物质，可用 g 或 kg 为单位把裂变放射性核素的总质量表示出来代替放射性活度。

（3）运输指数（TI）。

仅适用于Ⅱ级－黄色或Ⅲ级－黄色标签的包装件，其运输指数必须填在指定的方框内，且必须进位至第一位小数，如 2.03 进位为 2.1。

（4）临界安全指数（CSI）。

临界安全指数标签上必须标记临界安全指数（CSI）。临界安全指数（CSI）应取自主管当局签发的适用于通过或进入该国的货物运输批准证书，并填写在指定的方框内。

（5）OVERPACK 和放射性专用货箱。

对于 OVERPACK 和放射性专用货箱，标签上的“内装物”和“活度”的信息必须是 OVERPACK 和放射性专用货箱内所有内装物的总和。对于混装了含有不同放射性核素的包装件的 OVERPACK 和放射性专用货箱，此项可以注明“See Shipper's Declaration（见托运人危险品申报单)”。

对于 OVERPACK 和放射性专用货箱，标签上的临界安全指数（CSI）必须是 OVERPACK 或放射性专用货箱内装物临界安全指数的总和。

3. 标签的粘贴。

（1）一般要求。

所有标签应牢固地粘贴或印制在包装上，以便清晰可见，并不被该包装的任何部分或其他标签所掩盖；每一标签必须粘贴或印制在反衬色背景上，或者标签的边缘必须有虚线或实线；标签不得折叠或者把同一标签贴在包装件的不同面上；如果包装件表面为不规则形状，并且不可能将标签打印到包装上，或者包装件表面难于贴上标签，则可以使用硬质的挂签作为包装件标签；包装件的尺寸必须能为所有要求的标签提供足够的位置。

（2）粘贴位置。

包装件足够大时标签应贴在于运输专用名称及 UN 编号同一个面上；标签应紧邻包装件上托运人或收货人地址粘贴；当有次要危险性标签时，应把它们粘贴在主要危险性标签附近。当要求贴“Cargo Aircraft Only（仅限货机）”标签时，必须将其粘贴在包装件同一面的危险性标签旁边。

（3）粘贴标签的数量。

放射性物质标签连同次要危险性标签、临界安全指数标签以及“CargoAircraft Only（仅限货机）”标签，必须粘贴在包装件对称的两个侧面上；

对于放射性专用集装箱，标签则粘贴在所有四个侧面上；

对于圆筒形包装件，应在包装件侧面两个对称的中心位置粘贴两套标签；

对于尺寸很小的包装件，包括圆筒形包装件，如果两套标签可能叠盖，则可只贴一个标签，但标签不得自身叠盖。

如果使用刚性的 OVERPACK 则必须在 OVERPACK 相对的两个侧面上各粘贴一套标签。

如果使用非刚性的 OVERPACK，必须在固定于 OVERPACK 上的耐用挂签上粘贴至少一套标签。

第五节　放射性物质的运输文件

除非 DGR 另有规定，托运每件放射性物质都必须填写“托运人危险品申报单”及“航空货运单”。

由于放射性物质的托运人危险品申报单在语言、格式和填制要求等方面，与非放射性物质的托运人危险品申报单的要求大致相同。只是在申报单一些栏目的填写内容上有所差异，为此结合申报单的样本，本章仅对放射性物质的特殊之处加以说明。其他内容详见本书第七章。

一、放射性物质托运人危险品申报单填制

放射性物质托运人危险品申报单共分为 14 个部分，10.1 ~ 10.14。机器格式和手工格

式的托运人危险品申报单在“危险品的种类与数量（Nature and Quantity of Dangerous Goods）”部分有所不同，如图 10－3 和图 10－4 所示。

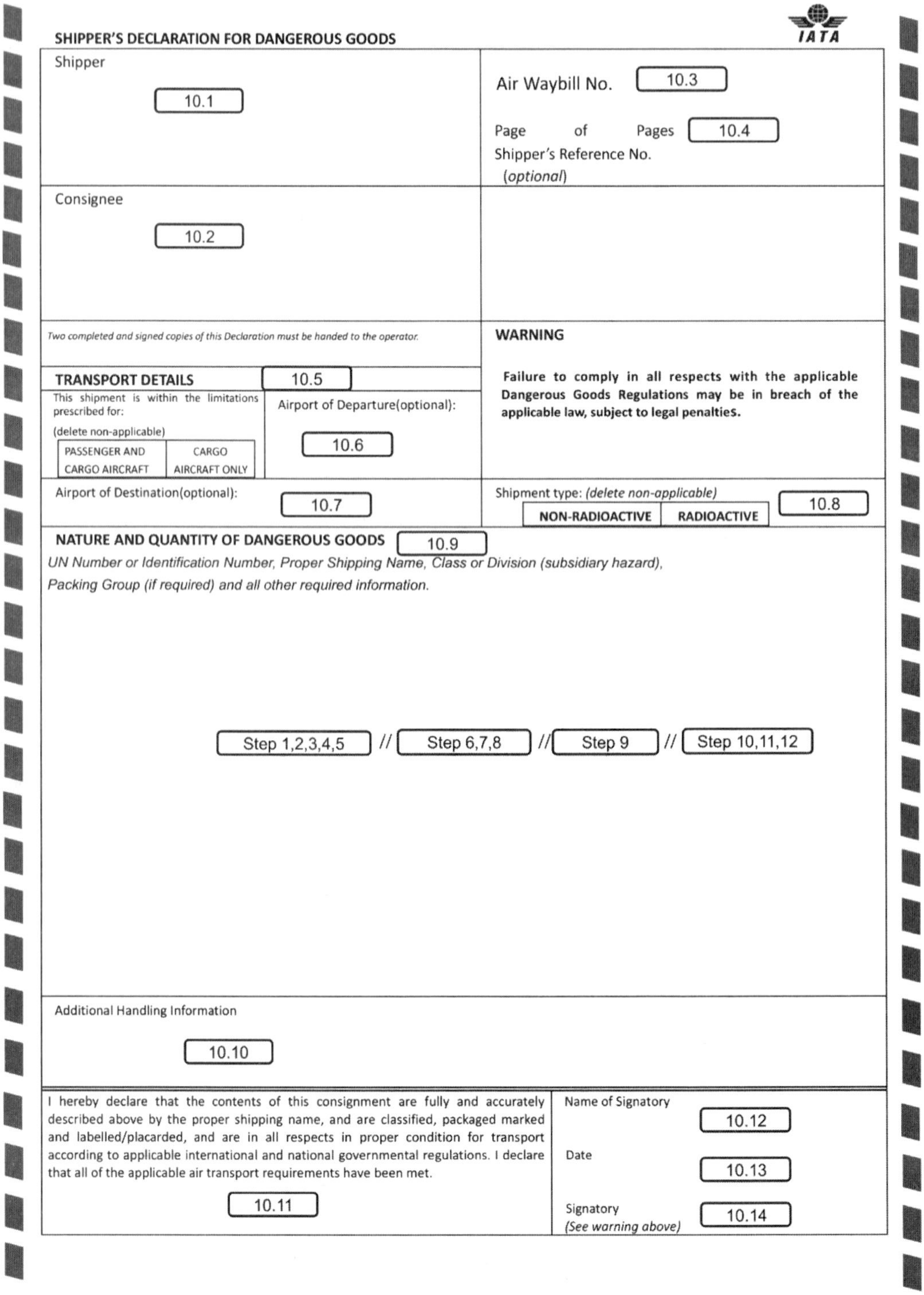

IATA

SHIPPER'S DECLARATION FOR DANGEROUS GOODS

Shipper 10.1

Air Waybill No. 10.3

Page of Pages 10.4

Shipper's Reference No. *(optional)*

Consignee 10.2

Two completed and signed copies of this Declaration must be handed to the operator.

TRANSPORT DETAILS 10.5

This shipment is within the limitations prescribed for: (delete non-applicable)

PASSENGER AND CARGO AIRCRAFT | CARGO AIRCRAFT ONLY

Airport of Departure(optional): 10.6

WARNING

Failure to comply in all respects with the applicable Dangerous Goods Regulations may be in breach of the applicable law, subject to legal penalties.

Airport of Destination(optional): 10.7

Shipment type: *(delete non-applicable)* NON-RADIOACTIVE | RADIOACTIVE 10.8

NATURE AND QUANTITY OF DANGEROUS GOODS 10.9

UN Number or Identification Number, Proper Shipping Name, Class or Division (subsidiary hazard), Packing Group (if required) and all other required information.

Step 1,2,3,4,5 // Step 6,7,8 // Step 9 // Step 10,11,12

Additional Handling Information 10.10

I hereby declare that the contents of this consignment are fully and accurately described above by the proper shipping name, and are classified, packaged marked and labelled/placarded, and are in all respects in proper condition for transport according to applicable international and national governmental regulations. I declare that all of the applicable air transport requirements have been met. 10.11

Name of Signatory 10.12

Date 10.13

Signatory *(See warning above)* 10.14

图 10－3 托运人危险品申报单（机器格式）

SHIPPER'S DECLARATION FOR DANGEROUS GOODS IATA

Shipper 10.1	Air Waybill No. 10.3 Page of Pages Shipper's Reference No. 10.4 *(optional)*
Consignee 10.2	
Two completed and signed copies of this Declaration must be handed to the operator. **TRANSPORT DETAILS** 10.5 This shipment is within the limitations prescribed for: (delete non-applicable) PASSENGER AND CARGO AIRCRAFT / CARGO AIRCRAFT ONLY Airport of Departure(optional): 10.6	**WARNING** **Failure to comply in all respects with the applicable Dangerous Goods Regulations may be in breach of the applicable law, subject to legal penalties.**
Airport of Destination(optional): 10.7	Shipment type: *(delete non-applicable)* **NON-RADIOACTIVE** / **RADIOACTIVE** 10.8

NATURE AND QUANTITY OF DANGEROUS GOODS 10.9

Dangerous Goods Identification						
UN or ID No.	Proper Shipping Name	Class or Division (subsidiary hazard)	Packing Group	Quantity and Type of Packing	Packing Inst.	Authorization
Step 1	Step 2	Step 3 and 4	Step 5	Step 6,7,8	Step 9	Step 10,11,12

Additional Handling Information

10.10

I hereby declare that the contents of this consignment are fully and accurately described above by the proper shipping name, and are classified, packaged marked and labelled/placarded, and are in all respects in proper condition for transport according to applicable international and national governmental regulations. I declare that all of the applicable air transport requirements have been met. 10.11	Name of Signatory 10.12 Date 10.13 Signatory *(See warning above)* 10.14

图 10－4　托运人危险品申报单（手工格式）

以下栏目、顺序和步骤参照图 10 -4 托运人危险品申报单（手工格式）。

（1）10.8 货物种类栏（Shipment Type）。

在预先印制的托运人申报单上，划掉“非放射性（Non - Radioactive）”字样，表明该货物含有放射性物质。

需要注意，除作为制冷剂的固体二氧化碳（干冰）或其他危险品包含在同一物品内外，放射性物质不得与其他危险品填在同一申报单上。当固体二氧化碳（干冰）用作放射性物品的制冷剂或与其他危险品包含在同一物品内时，托运这些物品必须在同一放射性物质申报单上详细描述。不需要托运人申报单的放射性物质例外包装件不受此规定的限制。

（2）10.9 危险品的性质和数量栏（Nature and Quantity of Dangerous Goods）。

这一栏目的填写内容是放射性物质申报单中最关键的内容，必须严格按照下列要求填写。每一内容的顺序必须清楚地分开或便于识别。

顺序一：危险货物识别栏（Dangerous Goods Identification）。

步骤 1：UN/ID 编号（UN or ID No.），冠以前缀 UN。

步骤 2：运输专用名称（Proper Shipping Name）。

步骤 3：类/项别（Class or Division），第 7 类。

步骤 4：次要危险性（Subsidiary risk）任何次要危险性类别/项别号必须填写在第 7 类类别号后面的括号内。

主要和/或次要危险性类别或项别号前可冠以“类（Class）”或“项（Division）”字样；如 UN2978、放射性物品、六氟化铀、7 类（6.1 项，第 8 类），按要求描述为：

①UN2978，Radioactivematerial，uraniumhexafluoride，7（6.1，8）。

②UN2978，Radioactivematerial，uraniumhexafluoride，Class7（Division6.1，Class 8）。

步骤 5：包装等级（Packing Group）。对于有次要危险性的放射性物质，包装等级前面应冠以“PG”字样（例如，PGII）。

顺序二：包装数量和类型栏（Quantity and Type of Packing）。

步骤 6：每种放射性核素的名称或符号，对于放射性核素的混合物，应使用适当的名称或最严格限制的核素。

物质的物理和化学形式的描述，表示物质是特殊形式放射性物质（但对于 UN3332 和 UN3333 不要求），或低弥散放射性物质。对化学形式来说，普通化学描述是可以接受的。

步骤 7：同种类型内装物的包装件数量、包装件类型、以 Bq 或其倍数表示的每个包装件内放射性内装物的活度，包括 OVERPACK 中每个包装件的活度（以 Ci 换其倍数表示的活度可以加到 Bq 后的括号里）。

①对于裂变物质，以 g 或 kg 表示的裂变物质总重量用来代替放射性活度（所有情况都必须注明使用的单位）。

②对于不同的单独放射性核素包在同一个外包装中，应列明每一种核素的活度值。装在同一（包装件类型描述）内“All Packed in one”的字样必须紧随有关条目。

步骤 8：当使用 OVERPACK 时，“Overpack Used（使用 OVERPACK）”字样必须填入申报单，并紧随 OVERPACK 内所有相关条目之后。在此情况下，必须先列出 OVERPACK 内的所有包装件。

对于 OVERPACK 或放射性专用货箱中的货物包装件，应详细说明在 OVERPACK 或放射性专用货箱内各包装件的内装物。必要时，货物中各 OVERPACK 或放射性专用货箱也应详细说明，如果包装件在中途站卸下并从 OVERPACK 或放射性专用货箱内取出，必须提供额外的托运人危险品申报单。

顺序三：包装说明（Packing Inst.）。

步骤 9：填写包装件、OVERPACK 或放射性专用货箱的类别。

①包装件的级别，即“Ⅰ级－白色”或“Ⅱ级－黄色”或“Ⅲ级－黄色”。有 OVERPACK 的包装件还必须标明 OVERPACK 的级别。

②运输指数，仅用于“Ⅱ级－黄色”和“Ⅲ级－黄色”每个包装件的运输指数。有 OVERPACK 的包装件还必须标明 OVERPACK 的运输指数。运输指数必须进位到小数点后第一位。

③包装件尺寸，仅用于“Ⅱ级－黄色”或“Ⅲ级－黄色”，包括每个包装件的三维尺寸。如果使用 OVERPACK 或者放射性专用货箱，则应标明 OVERPACK 或放射性专用货箱的尺寸。

④对于裂变物质，如适用，填写临界安全指数。

顺序四：主管部门的批准栏（Authorization）。

步骤 10：托运放射性物质时，需要有各有关主管当局签发的批准文件，这些文件的识别编号要求在申报单上注明，且这些文件要随附于申报单：

①特殊形式批准证书；

②低弥散物质批准证书；

③B 型包装件设计批准证书；

④B（M）型包装件装运批准证书；

⑤C 型包装件设计批准证书和装运批准证书；

⑥裂变物质包装件设计批准证书；

⑦裂变物质包装件装运批准证书；

⑧特殊安排批准证书；

⑨例外易裂变物质；

⑩其他的相关文件。

步骤 11：如果货物需要进行专载运输时，应声明“Exclusive use shipment（专载运输货物）”。

步骤 12：对于 LSA－Ⅱ、LSA－Ⅲ、SCO－Ⅰ和 SCO－Ⅱ，货物的总活度是 A_2 的倍数。对于 A_2 值不受限制的放射性物质，倍数为 0。

（3）10.10 附加操作信息栏（Additional handling information）。

此栏填写与货物有关的特殊操作说明。对于涉及主管当局证书的放射性物质，此栏必须包括：

①对包装件安全散热所要求的特殊存储规定，必要时注明交运包装件的平均表面热流量超过 $15W/m^2$；

②对 B（M）型包装件在不要求辅助操作时的声明；

③对机型的限制和必要的航线说明；

④适于货物突发事件时的应急措施。

托运人危险品申报单其他栏目内容填写要求详见本书第七章，在此不再赘述。

二、放射性物质申报单实例

这里给出两种放射性物质危险品申报单的填写实例。图 10－5 的样本是机器格式，图 10－6 的样本是手工格式。

IATA

SHIPPER'S DECLARATION FOR DANGEROUS GOODS

Shipper **Advanced Chemical Co.** **345 Main Street** **Reigate, Surrey** **England**	Air Waybill No. **800 1234 5686** Page **1** of **1** Pages Shipper's Reference No. **1213 / A12** (optional)
Consignee **ABC Co. Ltd** **1000 High Street** **Athens** **Greece**	
Two completed and signed copies of this Declaration must be handed to the operator.	**WARNING** **Failure to comply in all respects with the applicable Dangerous Goods Regulations may be in breach of the applicable law, subject to legal penalties.**
TRANSPORT DETAILS This shipment is within the limitations prescribed for: (delete non-applicable) PASSENGER AND CARGO AIRCRAFT | ~~CARGO AIRCRAFT ONLY~~ Airport of Departure(optional): **London Heathrow**	
Airport of Destination(optional): **Athens**	Shipment type: *(delete non-applicable)* ~~NON-RADIOACTIVE~~ | RADIOACTIVE

NATURE AND QUANTITY OF DANGEROUS GOODS

UN Number or Identification Number, Proper Shipping Name, Class or Division (subsidiary hazard), Packing Group (if required) and all other required information.

UN3228, Radioactive material, Type B(U) package, fissile, 7
U-235, (UO_2), solid, 1 Type B(U) packagex3.4 GBq I-White, CSI=1

Type B package design approval certificate B/30/B(U)F
Fissile material package shipment approval certificate B/30/B(U)F/T attached

Additional Handling Information

I hereby declare that the contents of this consignment are fully and accurately described above by the proper shipping name, and are classified, packaged marked and labelled/placarded, and are in all respects in proper condition for transport according to applicable international and national governmental regulations. I declare that all of the applicable air transport requirements have been met.	Name of Signatory **A. Brown** Date **1 Jan 2019** Signatory　*A. Brown* *(See warning above)*

图 10－5　放射性物质申报单填制实例（机器格式）

SHIPPER'S DECLARATION FOR DANGEROUS GOODS IATA

Shipper
Advanced Chemical Co.
345 Main Street
Reigate, Surrey England

Air Waybill No. 800 1234 5686

Page 1 of 1 Pages

Shipper's Reference No. 1213 / A12
(*optional*)

Consignee
ABC Co. Ltd
1000 High Street
Athens Greece

Two completed and signed copies of this Declaration must be handed to the operator.

WARNING

Failure to comply in all respects with the applicable Dangerous Goods Regulations may be in breach of the applicable law, subject to legal penalties.

TRANSPORT DETAILS

This shipment is within the limitations prescribed for:
(delete non-applicable)
PASSENGER AND CARGO AIRCRAFT | ~~CARGO AIRCRAFT ONLY~~

Airport of Departure(optional): London

Airport of Destination(optional): Athens

Shipment type: *(delete non-applicable)* ~~NON-RADIOACTIVE~~ | RADIOACTIVE

NATURE AND QUANTITY OF DANGEROUS GOODS

Dangerous Goods Identification						
UN or ID No.	Proper Shipping Name	Class or Division (subsidiary hazard)	Packing Group	Quantity and Type of Packing	Packing Inst.	Authorization
UN2916	RADIOACTIVE MATERIAL, TYPE B(U) PACKAGE	7		IRIDIUM-192 SPECIAL FORM 1 TYPE B(U) PACKAGE x1.925TBq	III-YELLOW TI 3.0 DIM 30x30 x40CM	SPECIAL FORM CERTIFICATE N' 9999 TYPE B(U) PACKAGE CERTIFICATE UK 1735/ B(U)S ATTACHED

Additional Handling Information

I hereby declare that the contents of this consignment are fully and accurately described above by the proper shipping name, and are classified, packaged marked and labelled/placarded, and are in all respects in proper condition for transport according to applicable international and national governmental regulations. I declare that all of the applicable air transport requirements have been met.

Name of Signatory
A. BROWN

Date
1 JAN 2019

Signatory A. BROWN
(See warning above)

图 10－6 放射性物质申报单填制实例（手工格式）

三、航空货运单的填制

如适用，在放射性物品货物的航空货运单的“Handing information（操作说明）”栏内，必须填写以下内容：

（1）“Dangerous Goods as per Attached Shipper's Declaration 或 Dangerous Goods as per Attached DGD（危险品与所附的托运人危险品申报单相符）”，如图 10－7 所示。

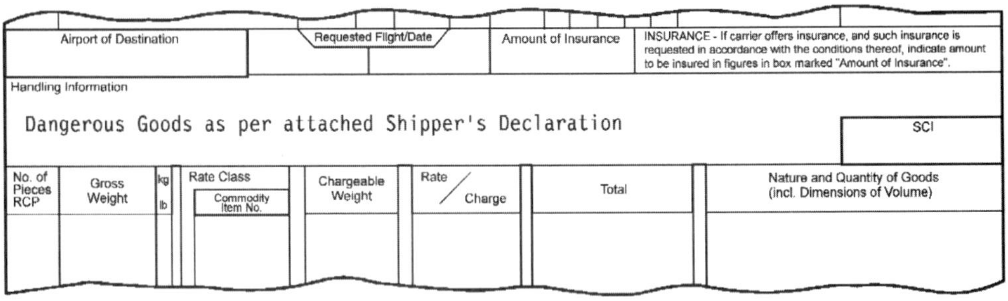

图 10－7　需要托运人申报单客机运输的放射性物质的货运单

（2）“Cargo Aircraft Only 或 CAO（仅限货机）”，如图 10－8 所示。

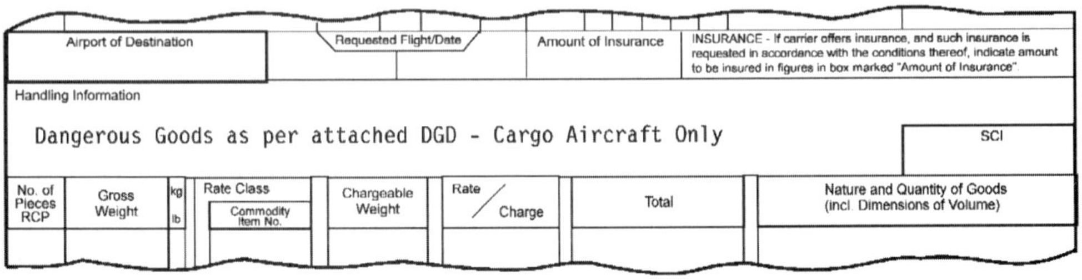

图 10－8　仅限货机的放射性物质的货运单

（3）含放射性物质例外包装件的货运单的填写如图 10－9 所示。

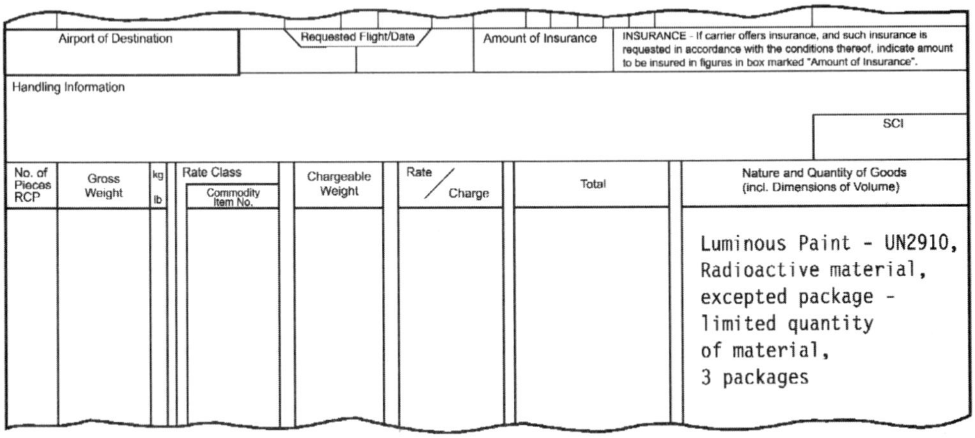

图 10－9　放射性物质例外包装件的货运单

第六节　放射性物质的操作

本书第八章介绍的收运、操作、信息条款、报告和文件存档等规定同样适用于放射性物质。此处只介绍对于放射性物质的一些特殊的操作要求和规定。

一、存储

放射性物质应放置在专门的危险品仓库内或指定的安全地点。

对于存放在任一存储区域装有易裂变物质的包装件、OVERPACK 和放射性专用货箱的数量都必须受到限制，以确保此类包装件、OVERPACK 和放射性专用货箱的临界安全指数总和不超过 50。另外，此类包装件在存放时必须与其他装有易裂变物质的包装件、OVERPACK 和放射性专用货箱保持至少 6m 的距离。

二、放射性物质与人员的隔离

为使人体接触的辐射剂量保持在合理可达的最低水平，放射性物品的包装件应放在尽量远离旅客和机组成员的位置，如下部货舱地板上或主货舱的最后部分。贴有“Ⅱ级－黄色”和“Ⅲ级－黄色”标签的包装件、OVERPACK、放射性专用货箱必须与人员隔离，最短距离如表 10－5 所示。这个最短距离是指从包装件、OVERPACK 或放射性专用货箱的表面到最近的客舱或驾驶舱内舱壁或地板的距离，与放射性物质运输时间无关。

表 10－5　　客货机放射性物质的隔离

（T. I.）总和	最短距离/m	（T. I.）总和	最短距离/m
0.1～1.0	0.30	13.1～14.0	2.05
1.1～2.0	0.50	14.1～15.0	2.15
2.1～3.0	0.70	15.1～16.0	2.25
3.1～4.0	0.85	16.1～17.0	2.35
4.1～5.0	1.00	17.1～18.0	2.45
5.1～6.0	1.15	18.1～19.0	2.60
6.1～7.0	1.30	19.1～20.0	2.90
7.1～8.0	1.45	20.1～25.0	3.20
8.1～9.0	1.55	25.1～35.0	3.50
9.1～10.0	1.65	35.1～40.0	3.75
10.1～11.0	1.75	40.1～45.0	4.00
11.1～12.0	1.85	45.1～50.0	4.25
12.1～13.0	1.95		

仅限货机上放射性物质隔离如表 10 – 6 所示。

表 10 – 6　　仅限货机上放射性物质的隔离

（T. I.）总和	最短距离/m	（T. I.）总和	最短距离/m
50. 1 ~ 60	4. 65	180. 1 ~ 190	8. 55
60. 1 ~ 70	5. 05	190. 1 ~ 200	8. 75
70. 1 ~ 80	5. 45	200. 1 ~ 210	9. 00
80. 1 ~ 90	5. 80	210. 1 ~ 220	9. 20
90. 1 ~ 100	6. 10	220. 1 ~ 230	9. 40
100. 1 ~ 110	6. 45	230. 1 ~ 240	9. 65
110. 1 ~ 120	6. 70	240. 1 ~ 250	9. 85
120. 1 ~ 130	7. 00	250. 1 ~ 260	10. 05
130. 1 ~ 140	7. 30	260. 1 ~ 270	10. 25
140. 1 ~ 1500	7. 55	270. 1 ~ 280	10. 40
150. 1 ~ 160	7. 80	280. 1 ~ 290	10. 60
160. 1 ~ 170	8. 05	290. 1 ~ 300	10. 80
170. 1 ~ 180	8. 30		

需要指出的是，如果飞机上装有一个以上的放射性物品的包装件、OVERPACK 或放射性专用货箱，每个放射性物品的包装件或放射性专用货箱的最短隔离距离必须依据它们的运输指数总和，并按表 10 – 5 或表 10 – 6 确定。如果将放射性物品的包装件、OVERPACK 或放射性专用货箱分组码放，每组至客舱或驾驶舱墙板或地板的最近表面的最短距离应与每组的运输指数总和相对应；组与组之间的隔离距离必须至少是运输指数之和较大的那一组相对应的隔离距离的三倍以上。

三、放射性物质人员的防护

放射性物品必须与工作人员和公众有足够的距离。必须使用以下的剂量值来计算隔离距离或辐射水平。

（1）工作人员经常工作区域的剂量为每年 5mSv。

（2）公众经常进入区域的剂量为每年 1mSv。

（3）所有与存储有关的人员必须得到所面临的危险及应遵守的预防措施之类的必要指导。

（4）为保证射线辐照越低越好的原则，“Ⅱ级 – 黄色”及“Ⅲ级 – 黄色”的包装件、OVERPACK 或放射性专用货箱在临时存储时应与人员隔离。

（5）在收运和操作期间，射线辐照应越低越好。

本章小结

本章主要介绍了放射性物质航空运输的相关要求。

由于放射性物质危害的特殊性，在运输过程中应根据放射性物质及所选择的包装材料来确定准确的运输专用名称、UN 编号等，并做好包装以防止辐射的泄漏，同时根据包装表面粘贴的标记标签，准备齐全的文件，做好距离防护。

习　题

1. 判断下列放射性核素是否符合 A 型包装？

放射性核素符号	形式	活度值	是否符合 A 型包装限制
.AC－225	特殊形式	0. 6TBq	
Ag－105	其他形式	2. 2TBq	
I－125	特殊形式	15TBq	
Hg－203	特殊形式	2000GBq	

2. 判断下列放射性包装件的包装级别。

运输指数（TI）	外表面上任一点的最高辐射水平	级别
1	10uSv/h	
3	3uSv/h	
0. 5	1uSv/h	
0. 9	570uSv/h	

3. 简述放射性物质的分类。
4. 简述放射性物质的包装类型。

附录一　托运人危险品申报单

SHIPPER'S DECLARATION FOR DANGEROUS GOODS　IATA

<table>
<tr><td colspan="2">Shipper</td><td>Air Waybill No.
Page of Pages
Shipper's Reference No.
(optional)</td></tr>
<tr><td colspan="2">Consignee</td><td></td></tr>
<tr><td colspan="2">Two completed and signed copies of this Declaration must be handed to the operator.</td><td rowspan="3">WARNING
Failure to comply in all respects with the applicable Dangerous Goods Regulations may be in breach of the applicable law, subject to legal penalties.</td></tr>
<tr><td colspan="2">TRANSPORT DETAILS</td></tr>
<tr><td>This shipment is within the limitations prescribed for:
(delete non-applicable)
<table><tr><td>PASSENGER AND CARGOAIRCRAFT</td><td>CARGO AIRCRAFT ONLY</td></tr></table></td><td>Airport of Departure (optional):</td></tr>
<tr><td colspan="2">Airport of Destination (optional):</td><td>Shipment type: (delete non-applicable)
<table><tr><td>NON-RADIOACTIVE</td><td>RADIOACTIVE</td></tr></table></td></tr>
<tr><td colspan="3">NATURE AND QUANTITY OF DANGEROUS GOODS</td></tr>
</table>

续表

Dangerous Goods Identification				Quantity and Type of Packing	Packing Inst.	Authorization
UN or ID No.	Proper Shipping Name	Class or Division (subsidiary hazard)	Packing Group			
Additional Handling Information						
I hereby declare that the contents of this consignment are fully and accurately described above by the proper shipping name, and are classified, packaged marked and labelled/placarded, and are in all respects in proper condition for transport according to applicable international and national governmental regulations. I declare that all of the applicable air transport requirements have been met.				Name of Signatory Date Signatory (*See warning above*)		

附录二　非放射性危险品收运检查单

2020

非放射性危险品收运检查单

下列推荐的检查清单用于始发站核实托运货物。检查单可从下列网址获得：http：//www. iata. org/whatwedo/cargo/dgr/Pages/download. aspx。在所有项目检查之前不得收运或拒收货物。

下列各项内容是否正确？

托运人危险品申报单（DGD）	是	否*	不适用
1. 英文申报单一式两份按 IATA 格式填写，只有当托运人申报单以电子数据方式获得时，此问题可以显示为不适用（N/A）［8.0.2.1，8.1.1，8.1.2，8.1.6.12］	☐	☐	
2. 托运人和收货人名称及地址全称［8.1.6.1，8.1.6.2］	☐	☐	
3. 如无航空货运单号，填上［8.1.6.3］	☐		
4. 页数，只有当托运人申报单以电子数据方式获得时，此问题可以显示为不适用（N/A）［8.1.6.4］	☐	☐	
5. 删除或不显示不适用的飞机类型［8.1.6.5］	☐	☐	
6. 如无起飞/目的地机场或所在城市的全称，填上［8.1.6.6 和 8.1.6.7］	☐		
7. 删除或不显示“放射性”字样［8.1.6.8］	☐	☐	
识别			
8. UN 或 ID 编号，编号前冠以 UN 或 ID 字样［8.1.6.9.1，步骤 1］	☐	☐	
9. 运输专用名称及必要时写在括号内的技术名称［8.1.6.9.1，步骤 2］	☐	☐	
10. 类别或项别，对于第 1 类，配装组代码［8.1.6.9.1，步骤 3］	☐	☐	
11. 次要危险性，紧跟于类别/项别后的括号内［8.1.6.9.1，步骤 4］	☐	☐	☐
12. 包装等级［8.1.6.9.1，步骤 5］	☐	☐	☐
包装数量及类型			
13. 包装件的数量及类型［8.1.6.9.2，步骤 6］	☐	☐	

14. 每一包装件的含量及计量单位（净重或适用时“G”后的毛重）符合相关限制［8.1.6.9.2，步骤6］	□	□	
15. 对于第1类，净数量后附加净爆炸质量且紧接度量单位［8.1.6.9.2，步骤6］	□	□	□
16. 当不同种类危险品包装在同一外包装中时，符合以下规定：			
16.1—根据表9.3.A是性质相容的	□	□	□
16.2—装有6.2项危险品的UN包装件［5.0.2.11（c）］	□	□	□
16.3—“All packed in one (type of packaging)”字样［8.1.6.9.2，步骤6（f）］	□	□	□
16.4—计算的Q值不得超过1［5.0.2.11（g）&（h）；2.7.5.6；8.1.6.9.2，步骤6（g）］	□	□	□
17. Overpack			
17.1—根据表9.3.A是性质相容的	□	□	□
17.2—“Overpack Used”字样［8.1.6.9.2，步骤7］	□	□	□
17.3—当使用1个以上Overpack时，标注识别标记及危险品的总量［8.1.6.9.2，步骤7］	□	□	□
包装说明			
18. 包装说明［8.1.6.9.3，步骤8］	□	□	
19. 对于符合IB部分的锂电池，“IB”跟随在包装说明后面［8.1.6.9.3，步骤8］	□	□	□
批准			
20. 如使用，相关特殊规定代码A1，A2，A4，A5，A51，A81，A88，A99，A130，A190，A191，A201，A202，A211，A212，A331［8.1.6.9.4，步骤9］	□	□	□
21. 指明附有政府批准证书，包括英文副本及其他项目下的额外批准［8.1.6.9.4，步骤9］	□	□	□
附加操作信息			
22. 对于4.1项中的自反应物质及相关物质、5.2项的有机过氧化物，或其样品、PBE、感染性物质及受管制物质、易燃黏稠物质以及烟火（UN0336和UN0337）的附加操作信息［8.1.6.11］	□	□	□
23. 签署者姓名，日期，托运人签字［8.1.6.13，8.1.6.14和8.1.6.15］	□	□	
24. 更改或修订时有托运人签字［8.1.2.6］	□	□	□
航空货运单			
25. 在操作信息栏显示“Dangerous goods as per attached Shipper's Declaration”或“Dangerous Goods as per attached DGD”［8.2.1（a）］	□	□	

26. "Cargo Aircraft Only" 或 "CAO" 字样，若适用［8.2.1（b）］	☐	☐	☐
27. 包含非危险品时，表明危险品的件数［8.2.2］	☐	☐	☐
包装件和 Overpack			
28. 包装无破损和泄漏［9.1.3（i）］	☐	☐	
29. 包装符合包装说明	☐	☐	☐
30. 交付的包装件及 Overpack 的数量及类型与托运人申报单中所注明的相同	☐	☐	
标记			
31. UN 规格包装，否则按 6.0.4 和 6.0.5 的要求做标记：			
31.1—符号和规格代码［6.0.4.2.1（a），（b）］	☐	☐	☐
31.2—X、Y、Z，与包装等级/包装说明一致［6.0.4.2.1（c）］	☐	☐	☐
31.3—不超过最大毛重（固体、内包装或 IBCs［SP A179，6.0.4.2.1（d）］）	☐	☐	☐
31.4—塑料的桶、方形桶及 IBCs 在使用期限内［5.0.2.15］	☐	☐	☐
31.5—感染性物质的包装标记［6.5.3.1］	☐	☐	☐
32. UN/ID 编号［7.1.4.1（a）］	☐	☐	
33. 运输专用名称包括必要时的技术名称［7.1.4.1（a）］	☐	☐	
34. 托运人及收货人的姓名和地址全称［7.1.4.1（b）］	☐	☐	
35. 所有类别的货物（除 ID8000 和第 7 类），在多于一个包装件时，包装件上标注净数量或必要时后跟 "G" 所表示的毛重，除非内容相同［7.1.4.1（c）］	☐	☐	☐
36. 固体二氧化碳（干冰），包装上标注净重［7.1.4.1（d）］	☐	☐	☐
37. 对 6.2 项感染性物质，责任人的姓名和电话［7.1.4.1（e）］	☐	☐	☐
38. 包装说明 202 所要求的特殊标记［7.1.4.1（f）］	☐	☐	☐
39. 有限数量包装件标记［7.1.4.2］	☐	☐	☐
40. 环境危害物质标记［7.1.5.3］	☐	☐	☐
41. 锂电池标记［7.1.5.5］	☐	☐	☐
标签			
42. 依据 4.2 节 D 栏，正确粘贴主要危险性标签［7.2.3.1；7.2.6］	☐	☐	☐
43. 依据 4.2 节 D 栏，正确粘贴次要危险性标签［7.2.3.1；7.2.6.2.3］	☐	☐	☐
44. 仅限货机标签［7.2.4.2；7.2.6.3］	☐	☐	☐
45. "方向" 标签，如适用则粘贴在相对的两个侧面上［7.2.4.4］	☐	☐	☐
46. 依据 4.2 节 D 栏，粘贴 "冷冻液体" 标签，如适用［7.2.4.3］	☐	☐	☐
47. 依据 4.2 节 D 栏，粘贴 "远离热源" 标签，如适用［7.2.4.5］	☐	☐	☐
48. 除去无关的标记及标签［7.1.1；7.2.1］	☐	☐	

关于 Overpack

49. 包装使用的标记、危险性标签及操作标签必须清晰可见，否则需重新书写或粘贴在 Overpack 的表面［7.1.7.1，7.1.7.2，7.2.7］	□	□	□
50. 如果所有标记和标签不可见，则需有“Overpack”字样［7.1.7.1］	□	□	□
51. 当交运的 Overpack 超过一个时，识别标记和危险品的总量［7.1.7.3］	□	□	□
一般情况			
52. 国家及承运人差异均符合［2.8］	□	□	□
53. 仅限货机的货物，所有航段均由货运飞机运输	□	□	□

意见：

检查人：

地点：　　　　　　　　　　签字：

日期：　　　　　　　　　　时间：

如果任何一项检查为“否”，工作人员将不得收运该货物，并将一份填好的检查单的副本交给托运人。

附录三　放射性危险品收运检查单

2020

放射性危险品收运检查单

下列推荐的检查清单用于始发站核实托运货物。检查单可从下列网址获得：http：//www.iata.org/whatwedo/cargo/dgr/Pages/download.aspx。在所有项目检查之前不得收运或拒收货物。

下列各项内容是否正确？

托运人危险品申报单（DGD）	是	否*	不适用
1. 英文申报单一式两份按 IATA 格式填写，只有当托运人申报单以电子数据方式获得时，此问题可以显示为不适用（N/A）［10.8.1.2，10.8.1.4；8.1.1；10.8.3.12.2］	☐	☐	
2. 托运人和收货人名称及地址全称［10.8.3.1，10.8.3.2］	☐	☐	
3. 如无航空货运单号，填上［10.8.3.3］	☐		
4. 页数，只有当托运人申报单以电子数据方式获得时，此问题可以显示为不适用（N/A）［10.8.3.4］	☐	☐	
5. 删除或不显示不适用的飞机类型［10.8.3.5］	☐	☐	
6. 如无起飞/目的地机场或所在城市的全称，填上［10.8.3.6 和 10.8.3.7］	☐		☐
7. 删除或不显示“非放射性”字样［10.8.3.8］	☐	☐	
识别			
8. UN 编号，编号前冠以 UN 字样［10.8.3.9.1，步骤 1］	☐	☐	
9. 运输专用名称及适用时在括号中加入特殊规定 A78 要求的补充信息［10.8.3.9.1，步骤 2］	☐	☐	
10. 第 7 类［10.8.3.9.1，步骤 3］	☐	☐	
11. 次要危险性，紧跟于类别 7 后的括号内［10.8.3.9.1，步骤 4］，及次要危险性的包装等级，如适用［10.8.3.9.1，步骤 5］	☐	☐	☐
包装数量及类型			
12. 放射性核素符号或名称［10.8.3.9.2，步骤 6（a）］	☐	☐	
13. 对于其他形式，物理和化学形态描述［10.8.3.9.2，步骤 6（b）］	☐	☐	☐

14. "Special Form"（UN3332 或 UN3333 除外）或"Low dispersible material"字样［10. 8. 3. 9. 2，步骤 6（b）］	□	□	□
15. 包装件数量和类型，及每个包装件的活度值，以 Bq 或其倍数表示，对于裂变物质，可用总质量（g 或 kg）代替活度值［10. 8. 3. 9. 2，步骤 7］	□	□	
16. 不同的单个放射性核素，注明每一放射性核素的活度值及"All packed in one"的字样［10. 8. 3. 9. 2，步骤 7］	□	□	□
17. A 型包装件（表 10. 3. A）、B 型或 C 型包装件（参见主管当局证明）的活度值位于允许的限值内	□	□	□
18. 托运人申报单中注明"Overpack Used"字样［10. 8. 3. 9. 2，步骤 8］	□	□	□
包装说明			
19. 包装件或 Overpack 的放射级别，如适用［10. 5. 15. 1（a），10. 8. 3. 9. 3，步骤 9（a）和表 10. 5. C］	□	□	
20. 对于Ⅱ级或Ⅲ级，包装件的运输指数和尺寸（按照长 × 宽 × 高的顺序为佳）［10. 8. 3. 9. 3，步骤（b）和（c）］	□	□	□
21. 裂变物质，应根据 10. 6. 2. 8. 1. 3（a）至（c）或 10. 6. 2. 8. 1. 4 的内容，注明临界安全指数（另请查阅本检查单第 22 项中相关＊内容），或注明"裂变例外（Fissile Excepted）"字样［10. 8. 3. 9. 3，步骤 9（d）］	□	□	□
批准			
22. 对于下列情况，显示识别标记以及随附 DGD 的一份英文文件［10. 5. 7. 2. 3；10. 8. 3. 9. 4，步骤 10；10. 8. 7］			
22. 1—特殊形式批准证书	□	□	□
22. 2—B 型包装件设计批准证书	□	□	□
22. 3—要求的其他批准证书	□	□	□
23. 附加操作信息［10. 8. 3. 11］	□	□	□
24. 签署者姓名和日期［10. 8. 3. 13 和 10. 8. 3. 14］，及托运人的签字［10. 8. 3. 15］	□	□	
25. 更改或修订时有托运人签字［10. 8. 1. 7］	□	□	□
航空货运单－操作信息			
26. 在操作信息栏显示"Dangerous goods as per attached Shipper's Declaration"或"Dangerous Goods as per attached DGD"［10. 8. 8. 1（a）］	□	□	
27. "Cargo Aircraft Only"或"CAO"字样，若适用［10. 8. 8. 1（b）］	□	□	□
28. 包含非危险品时，表明危险品的件数［10. 8. 2. 2］	□	□	□

包装件和 Overpack

29. 交付的包装件及 Overpack 的数量及类型与托运人申报单中所注明的相同	☐	☐	
30. 运输包装标志无破损［10.6.2.4.1.2］并且包装件处于适于运输的状态［9.1.3；9.1.4］	☐	☐	
标记			
31. 以 UN 前缀开头的 UN 编号［10.7.1.3.1］	☐	☐	
32. 运输专用名称，并在适用时，在括号中加入特殊规定 A78 要求的补充信息［10.7.1.3.1］	☐	☐	
33. 托运人及收货人的姓名和地址全称［10.7.1.3.1］	☐	☐	
34. 在包装件的毛重超过 50kg 时，显示允许的毛重（Permissible gross weight）［10.7.1.3.1］	☐	☐	☐
35. A 型包装件，根据 10.7.1.3.4 标记	☐	☐	☐
36. B 型包装件，根据 10.7.1.3.5 标记	☐	☐	☐
37. C 型包装件、工业包装和含有裂变物质的包装件，分别根据 10.7.1.3.6，10.7.1.3.3 或 10.7.1.3.7 标记	☐	☐	☐
标签			
38. 在包装件的相对两面按 DGD 贴有相同级别的标签［10.7.4］			
38.1—根据要求，标注核素符号或 LSA/SCO［10.7.3.3.1］	☐	☐	
38.2—活度，以 Bq（或其倍数）表示。对于裂变物质，用克表示的总质量（可能会替代使用）［10.7.3.3.2］	☐	☐	
38.3—对于Ⅱ级、Ⅲ级，与 DGD 一致的运输指数 TI，并进位到小数点后一位［10.7.3.3.3］	☐	☐	
39. 适用的次要危险性标签［10.7.3.2；10.7.4.3］	☐	☐	☐
40. 如适用，两个仅限货机标签，分别在危险性标签的同一侧面粘贴，并毗邻危险性标签［10.7.4.2.4；10.7.4.3.1；10.7.4.4.1］	☐	☐	☐
41. 对于裂变物质，粘贴两个正确填写了临界安全指数（CSI）的标签，与危险性标签位于同一侧面上［10.7.3.3.4；10.7.4.3.1］	☐	☐	☐
42. 除去或擦掉无关的标记及标签［10.7.1.1；10.7.2.1］	☐	☐	
关于 Overpack			
43. 包装件使用的标记和标签必须清晰可见或复制在 Overpack 的外表面［10.7.1.4.1；10.7.4.4］	☐	☐	☐
44. 如果 Overpack 内包装件的标记和标签不可见，标明"Overpack"字样［10.7.1.4.1］	☐	☐	☐
45. 当交运的 Overpack 超过一个时，显示识别标记［10.7.1.4.3］	☐	☐	☐

46. 危险性标签显示 Overpack 内装的核素、每单个核素的活度及运输指数［10.7.3.4］	□	□	□
一般情况			
47. 国家及承运人差异均符合［2.8］	□	□	□
48. 仅限货机的货物，所有航段均由货运飞机运输	□	□	□
49. 内装固体二氧化碳（干冰）的包装件，要符合相应的标记、标签和文件的要求［包装说明954；7.1.4.1（d）；7.2.3.9.1］	□	□	□

意见：

检查人：

地点：　　　　　　　　　　签字：

日期：　　　　　　　　　　时间：

如果任何一项检查为“否”，工作人员将不得收运该货物，并将一份填好的检查单的副本交给托运人。

附录四　干冰（固体二氧化碳）收运检查单

干冰（固体二氧化碳）收运检查单
（在不需要托运人危险品申报单时使用）

托运所有的危险品都应当适用检查单（9.1.3），以确保进行正确的收运检查。当干冰为自带包装或与其他危险品一起托运时，托运人和承运人可使用以下的检查单来收运干冰。

下列各项内容是否正确？

	是	否*	不适用
文件			
在航空货运单的“货物性质和数量”（8.2.3）栏中应包含以下信息：			
1. UN 编号，“1845”前面应冠以“UN”字样	□	□	
2. “固体二氧化碳”或“干冰”的字样	□	□	
3. 包装件数量（除非托运的货物中仅有干冰包装件）	□	□	
4. 以千克为单位的干冰的净重	□	□	
数量			
5. 每个包装件中的干冰在 200 千克以下［4.2］	□	□	
包装件及 Overpack			
6. 包装件数与货运单所示相同	□	□	
7. 包装件无破损和泄漏	□	□	
8. 包装件应符合包装说明 954，且包装件可以允许气体释放	□	□	
标记和标签			
9. 标记“UN1845”［7.1.4.1（a）］	□	□	
10. “固体二氧化碳”或“干冰”的字样［7.1.4.1（a）］	□	□	
11. 托运人和收货人的全名和详细地址［7.1.4.1（b）］	□	□	
注：包装件上显示的托运人及收货人名称及地址可以与货运单上的不一致			
12. 每个包装件中干冰的净重［7.1.4.1（d）］	□	□	
13. 粘贴第 9 类标签［7.2.3.9，7.2.6］	□	□	
14. 清除或涂去无关的标记和标签［7.1.1（b）；7.2.1（a）］	□	□	□

注：标记与标签的要求不适用于含有干冰的集装器（ULDs）

关于 Overpack

15. 包装适用标记、危险性标签及操作标签必须清晰可见或复制在 Overpack 的表面［7.1.7.1，7.2.7］	□	□	□
16. 如果所有标记和标签不可见，则需有“Overpack”字样［7.1.7.1］	□	□	□
17. 固体二氧化碳（干冰）的总净重标注在 Overpack 上［7.1.7.1］	□	□	□
注：标记与标签的要求不适用于含有干冰的集装器（ULDs）			
国家和经营人差异			
18. 国家及承运人差异均符合［2.8］	□	□	□

意见：

检查人：

地点：　　　　　　　　　　签字：

日期：　　　　　　　　　　时间：

如果任何一项检查为“否”，工作人员将不得收运该货物，并将一份填好的检查单的副本交给托运人。

参考文献

1. 危险品规则（第61版），国际航空运输协会，2020.

2. 2020 Lithium Battery Guidance Document，IATA，2020.

3. 锂电池航空运输规范（MH/T 1020－2018），中国民用航空局，2018.

4. 危险品货物航空运输存储管理办法（AC－276－TR－2018－01），中国民用航空局运输司，2018.

5. 民用航空危险品运输管理规定（CCAR－276－R1），交通部2016年42号令，2016.

6. 肖瑞萍编著，民用航空危险物品运输（修订版），科学出版社，2019.

7. 李芙蓉主编，民航危险品运输，清华大学出版社，2017.